Schwering · Das Kölner „Hänneschen"

Max-Leo Schwering

Das Kölner „Hänneschen"-Theater

Geschichte und Deutung

Verlag J. P. Bachem in Köln

CIP-Kurztitelaufnahme der Deutschen Bibliothek

Schwering, Max-Leo:
Das Kölner „Hänneschen"-Theater: Geschichte und Deutung / Max-Leo Schwering. – Köln: Bachem, 1982.
ISBN 3-7616-0642-7

Gedruckt mit Unterstützung des
„Vereins der Freunde und Förderer des
Kölnischen Volkstums e. V." in Zusammenarbeit
mit dem Kölnischen Stadtmuseum und dem
Institut für Theater-, Film- und Fernseh-
wissenschaft (Theatermuseum Köln-Wahn, Schloß)
der Universität Köln

Erste Auflage · 1982
© J. P. Bachem Verlag, Köln
Satz und Druck: J. P. Bachem, Köln
Reproduktionen: Willy Kühl, Köln
Einband: Hunke & Schröder, Iserlohn
Printed in Germany
ISBN 3-7616-0642-7

Inhalt

Einleitung 7

   I. Formen und Inhalte des Stockpuppenspiels 13

  II. Mysterien- und Volksschauspiel
     Die Krippe 20

 III. Figurentypen – Über Posse und Faxe 31

 IV. Vorläufer und Zeitgenossen
     des „Hänneschen"-Gründers
     Christoph Winters 81

  V. Johann Christoph Winters 100

 VI. Renaissance – „Puppenspiele
     der Stadt Köln" 131

Ausgewählte Literatur 163

*Meiner Frau Helga
und ihren Eltern
Ida und Anton Holzem*

Einleitung

Das Kölner „Hänneschen" zählt nicht zur Kategorie des Kunstpuppenspiels. Gleichwohl wurde es als „künstlerisch hochstehend" im Sinne der „Erhaltung und Pflege kölnischer Eigenart" offiziell anerkannt. Sehr viel näher steht es dem derb-urwüchsigen Volkstheater. Die augenfällige Parallelität beider Spezies fand bereits in dem Wiener Volkskundler Leopold Schmidt ihren Interpreten. Er sprach auch das Problem der Genealogie an, ohne indes eine befriedigende, ausdrückliche Antwort darauf zu geben. So bleibt die wissenschaftliche Diskussion um Volksschauspiel und Puppentheater offen, geht auch die Kölner Stockpuppenbühne an. Deren geographischer Raum wie die dazugehörige Kulturlandschaft sind von vornherein eindeutig fixiert.

Als volkskundlich bedeutsames, lange zweitrangig eingestuftes Phänomen einer in die Gegenwart hinreichenden, sich zuweilen aktualisierenden Institution fand das „Hänneschen" in der musealen wie pädagogischen Provinz wieder erhöhte Aufmerksamkeit.

Das Kölnische Stadtmuseum zum Beispiel verdankt Jan Brügelmann und Walter Franz drei ältere Stockpuppenbühnen, deren Fundus auf der Jubiläumsausstellung zur 175-Jahr-Feier des „Hänneschen" (1976) in der Kölner Kunsthalle zu sehen war. Mehrfach ist auch sonst das „Hänneschen" Demonstrationsobjekt der Kölner Museen gewesen. Nicht stumm, steril, in Vitrinen „verpackt". Im Gegenteil wurde „Hänneschen" *gespielt,* eine Wanderbühne aufgebaut und wie zu Johann Christoph Winters' Zeiten agiert.

Jüngst erst bediente sich die Berliner „Preußenausstellung" etlicher Kölner „Hänneschen"-Figuren. Wir werden noch sehen, warum. Der Kölner Universität und anderen wissenschaftlichen Instituten war das „Hänneschen", wenigstens in Teilaspekten, Forschungsgegenstand.

Was nun darf der Leser bei der Lektüre *dieses* Buches erwarten, worauf läßt er sich ein?

Den Autor bewegte zuerst die Frage nach dem „Woher" des „Hänneschen". Er beschäftigte sich damit seit über zwanzig Jahren in mehr oder weniger langen Unterbrechungen, eingeschlossen die dienstlichen „Hänneschen"-Obliegenheiten. Gerade der „amtliche" Kontakt, die ständige Auseinandersetzung mit seinem Forschungsgebiet, ließ ihn wohl kritischer hinter die „Britz" schauen als den Normalbürger. Seine fragende Neugier wurde dauernd angeregt und konzentrierte sich schließlich auf im „Hänneschen" noch heute wahrnehmbare, doch längst der Vergangenheit angehörende Erscheinungsformen. Ihnen nachzuspüren konnte schon reizvoll sein.

Wie zum Beispiel kommt das „Hänneschen" zu seiner eigentümlichen Führungstechnik? Vergleiche zur Genesis der Stockpuppe führen nach Asien, Afrika, wo man dergleichen seit urdenklichen Zeiten kennt. Gewisse Alpenregionen berufen sich darauf. Fragmentarisch sind von flämischen Bühnen Nachrichten zum „Stäbchenführungsspiel" überliefert. Hat demnach eine Kulturübertragung stattgefunden?

Oder: Mit welcher Intensität wirkte das Volksschauspiel als „wirkliches", „lebendiges" Theater auf das „Hänneschen"? Wie tief haben wir den Einfluß der „großen", „anspruchsvollen" Bühne zu bemessen? Sie dünkte sich ja immer schon mehr zu sein. „Vorreiter" neuer Errungenschaften war sie gewiß.

Es interessierte die Medienfunktion umherziehender Puppenbühnen, über deren Präsenz im reichsstädtischen Köln archivierte Papiere hinreichend unterrichten. Sie definierten oder signalisierten zeitig Motive, die sehr viel später auf das eben nicht nur kölnisch instrumentierte „Hänneschen" übergingen, manchmal verwandelt vielleicht,

doch in ihrer Substanz durchaus noch als übernommenes Element erfahrbar.
Darüber hinaus wird gerade bei den Wanderbühnen eine weitere, nicht minder wichtige Komponente zur Darstellung gebracht: Nämlich die Umwelt von Puppenspiel und Puppenspieler als Problem gesellschaftlicher Zu- wie Einordnung: Die Eingruppierung als Gesindel, suspekte Klasse, „Fahrendes Volk", dem gegenüber Mißtrauen am Platze war. So das Ergebnis des unerfreulichen Exkurses. Noch Johann Christoph Winters, der „Hänneschen"-Gründer, bekam im Umgang mit Behörden zu spüren, was es damit auf sich hatte. Wenn ihm massiv gedroht wurde, seine Siebensachen zu packen, der Affront ins Haus stand. An solcher Vergangenheitsbewältigung trug er besonders schwer.
Andererseits soll nicht die partielle Ablehnung unberücksichtigt bleiben, mit der neuerlich das Publikum bestimmte Typen des Kölner Figurentheaters bedenkt. Etwa im Bild und in der aktio des „Speimanes" als eines von der Natur hintangestellten Wesens, in dessen Imago und Verhaltensweisen sich noch immer längst vergilbte Klischeevorstellungen manifestieren. Derartiges bestimmt mitunter nicht nur die äußeren Konturen des „Hänneschen", sondern gleichermaßen dessen Essenz, wie noch zu zeigen sein wird.
Alles in allem birgt die „Hänneschen"-Bühne trotz ihrer spezifischen Wesensinhalte recht uneinheitliche „Erbstücke" tradierten Theatergeschehens. Die Linien akzentuieren sich als fernes Echo meist inhomogen über Mysterien- und Volksschauspiel, das Jesuiten-Schuldrama, Fastnachtsspiel, Krippe oder Krippenfigur. Anfänglich noch ganz und gar den ernsten Inhalten christlicher Heilsbotschaft verpflichtet, setzte seit dem 16. Jahrhundert der merkwürdig anmutende Säkularisierungsprozeß ein. „Faxen", „Possen" werden in das heilige Geschehen eingeblendet, dem „Lustigmacher" das Feld geräumt. Trivialitäten, obszöne Entgleisungen, groteske Aufzüge sind schließlich an der Tagesordnung. Der Büttel ist dann auch schnell zur Stelle, um die Akteure „Mores" zu lehren.

Bei aller Eigengesetzmäßigkeit bleibt das Puppentheater von den Entwicklungen nicht unberührt. Denn immer schon schielte es ja nach dem, was sich im Volksschauspiel, bei den geistlichen Theaterstücken oder aber auf der „großen" Bühne mit Niveau tat. Platte Kopie durfte man das nicht nennen. Es war vielmehr ein näher Heranrükken, saloppes Aussortieren von Brauchbarem, weil Attraktivem. Die kleine, unscheinbare Welt der Puppen rang ja um ständige Anerkennung in oftmals unwürdiger Unterwürfigkeit.
Unsere Erzählung hat es mit den Beziehungen „Hänneschen" und Commedia dell' arte als Typentheater und Stegreifspiel zu tun. Wie überhaupt „erfand" das „Hänneschen" seinen Typenkatalog? Was steuerte neben der italienischen Komödie die Antike, was die Flämische Bühne bei?
So reflektierte das Kölner Stockpuppentheater weithin gültige theatergeschichtliche Strömungen. Rückbindungen dorthin verdichten sich vor allem im Anfangsstadium seines Daseins. Insofern ist die Frage nach der Genealogie des „Hänneschen" paradigmatisch für die rheinische Theaterhistorie insgesamt.
Aus einem wahrhaft vielschichtigen Konglomerat von Gewesenem und originellen neuen Einfällen trat zu Beginn des 19. Jahrhunderts das unter dem Namen „Kölner Hänneschen" firmierende Theater als bodenständige Sondergattung vor die Öffentlichkeit. Die Terminologie zielt auf das mundartlich gebundene Moment, die unmittelbare, fast starre Typisierung der Figuren bis hin zur Garderobe, dem textilen „Muß", sowie auf den topographisch bedingten Rahmen des Bühnenprospektes und des Szenariums.
Der hier unternommene Versuch einer Klärung genealogischer Faktoren ist ganz und gar aufs Monographische angelegt. Es wird damit eine Tendenz aufgegriffen, die schon vor mehr als fünfzig Jahren Carl Niessen formulierte, als er seinem Buch „Das rheini-

sche Puppenspiel" eine sehr wesentliche Einschränkung, die zugleich Konzentration bedeutete, mit auf den Weg gab: nämlich die Historie des Figurentheaters im Rheinland mit der des Kölner „Hänneschen" weitgehend zu identifizieren, wobei bedacht werden muß, daß Niessen kein Historiker im strengen Wortsinn war, die „nähere Beschäftigung" mit dem „Hänneschen" „nur geliebte Peripherie" blieb, auch die „von mir vernachlässigten französichen Akten" in dieses Bild passen. Ihm galt anderes als vorrangig, etwa die Interpretation und Einordnung überlieferter Spieltexte: Theaterwissenschaft, wie sie damals verstanden wurde. Nur am Rande verfährt er interdisziplinär. Ganz ungeschmälert bleibt indessen sein Verdienst – auch ein für den Universitätsbetrieb seiner Zeit mutiges Bekenntnis –, das Phänomen „Hänneschen" zuerst erkannt und wissenschaftlich gewertet zu haben. „Puppentheater als Vorhof des großen Theaters", das „Freude an mimischer Darstellung weckt" – ebenfalls eine seiner Arbeitsmaximen. Carl Niessen wußte, wie intensiv das von ihm nachhaltig angestoßene, weite Fragenfeld die Forschung zwischenzeitlich beschäftigt hatte und die Überprüfung der eigenen, früheren Ergebnisse angezeigt war. Die letzten theatergeschichtlichen Beiträge aus seiner Feder sprachen im mehr allgemein gehaltenem, weit gefächertem Rahmen die auch für unsere Studie zur Diskussion stehenden Probleme und Meinungen an. Die Prämisse allerdings, unter der dieses *nun* geschieht, ist eine gänzlich von der des Niessenschen Opus anno 1928 verschiedene. Damals fand das Kölner „Hänneschen" nach lang andauernden Bemühungen endlich einen festen Standort im ideellen wie realen Sinn. Es stieg zur allseits anerkannten und belobigten, nun etablierten kulturhistorischen Einrichtung auf. Solche Momente kündigten die Renaissance der Kölner Stockpuppenbühne als sehr späte, noch „romantisch" eingeschätzte Äußerung an, wenn man nicht schon mitten darin stand. Carl Niessen nutzte die günstige Situation mit der Inventarisierung im geschichtlich-theoretischen wie auch musealpraktischen Bereich. Mit dem Aufbau der Utensiliensammlung lief Hand in Hand die literarisch-wissenschaftliche Deutung.

Die Wiedergeburt der Kölner Stockpuppenbühne forderte zur Niederschrift ihrer Geschichte auf.

Anders die Aspekte heute, wo wiederum kritische Bestandsaufnahme nottut. Daß die Illustration dabei einen nicht geringen, wichtigen Part ausmacht, sei am Rande vermerkt.

Doch leitete den Autor über alles notwendige wissenschaftliche Engagement hinaus eine sehr aktuelle Sorge, gemessen am Gewesenem: wie lange man wohl noch so Stockpuppentheater, Kölner „Hänneschen", wird spielen können und dürfen.

Das zeitbedingte Sicheinfügen wurde auch dieser Bühne zur bedrängenden, bedrückenden Frage. Nicht immer sollte Traditionsbewußtsein, Beharrungsvermögen allein die zwingende, oft nachgerade retardierende, einzwängende Devise sein. Als Leitmotiv bieten sich daneben zweifellos Alternativen an. Natürlich, das Kölner Stockpuppenspiel hat seine Gesetzmäßigkeiten, bezogen auf die von der Historie festgelegten Konturen. Dennoch lebt das Theater vom Experimentieren, von der Anpassungsbereitschaft, dem ständigen Kontakt mit seiner Umwelt. Es darf nicht nur Schöngeistiges, Volkstümliches, Gewordenes intendieren, historische Kuriositäten mumifizieren, Weltfernes anbieten. Damit triebe man sich selbst in die Isolation.

Das „Hänneschen" müßte wieder mehr Zeittheater werden, in das eigentliche Spannungsfeld des „Heute" treten – darin allein liegt seine Chance, zu überleben. Oder „Tragödie, Komödie und zeitsatirisches Alaaf-Drama in einem sein, das den Kölner Alltagssinn anspricht", wie Heinz Schaarwächter meinte, der vor Jahrzehnten den Versuch unternahm, das „Hänneschen" zu erneuern, doch ungute Erfahrungen dabei machte. Wenngleich die von ihm gelegte Spur durchaus nicht falsch war, vielmehr richtige Ansätze enthielt.

Und es kann nicht verschwiegen werden, daß sich wiederum in der jetzigen Hänneschen-Ära hoffnungsvolle, allmähliche Veränderungen ankündigen. Dies tut bitter not, damit nicht Götterdämmerung, Abgesang, ein Stehen auf verlorenem Posten einzieht. Bei allem lokalpatriotischen Eifer: Umdenken im „Hänneschen" darf kein Tabu mehr sein. Auch Geldmangel sollte als Alibi nicht herhalten. Das Konzept einer dringlichen Reform wurde längst erarbeitet und als richtig erkannt. Dazu gehören nicht nur bauliche Maßnahmen. Zeitgemäße Spielstücke sind das Wichtigste. Die Förderung des Nachwuchses muß endlich gelöst werden. Versuche in dieser Richtung werden seit kurzem erfolgreich und auf unkonventionelle Weise unternommen. Die Installation einer Wanderbühne gehört genauso in den Wunschkatalog wie ein modernes Management mit dichter Korrespondenz zu Presse, Rundfunk und Fernsehen. Der viel gehörte Vorwurf, das „Hänneschen" würde bei solcher Öffentlichkeit seine Intimität, sein sehr spezielles Fluidum einbüßen, gilt nicht. Es wird das Eine weiter tun, das Andere seiner Existenz wegen wagen müssen.

Dem Verfasser bleibt noch Dank abzustatten. In erster Linie Herrn Professor Dr. Carl Niessen, der mit fürsorglicher Teilnahme in häufigem Kontakt und persönlicher Aussprache bis zu seinem Tod das Ziel dieser Arbeit markierte. Sodann fühle ich mich dem Theatermuseum in Köln-Wahn (Schloß) verbunden, besonders dem dort länger tätigen und früh verstorbenen Herrn Professor Dr. Günther Hansen. Mit dem hier amtierenden, die Objektsammlung seit langem betreuenden Herrn Helmut Grosse kam mir eine Hilfe zustatten, ohne die wichtige Fragen dieser Untersuchung nicht hätten geklärt werden können.

Dank sagen möchte ich meinem Vorgänger im Amt, Herrn Dr. Joseph Klersch, dem in der neueren Geschichte des Kölner „Hänneschen" profunden Forscher. Noch wenige Wochen vor seinem Tod war unser gemeinsames Gesprächsthema Vergangenheit wie Zukunft der Kölner Stockpuppenbühne. In seine mit äußerster wissenschaftlicher Akribie angelegten Zettelkästen gab mir der große Kölnkenner verschiedentlich Einsicht.

Dank gebührt sodann dem Historischen Archiv der Stadt Köln (Herrn Archivdirektor Dr. Hugo Stehkämper) sowie der Kölner Universitäts- und Stadtbibliothek (Herrn Bibliotheksoberrat Dr. Hans Blum). Beide Institute haben auf recht unbürokratische Weise zum Teil schwer zugängliches Akten-, Buch- oder Zeitungsmaterial herbeigeschafft und entliehen. Viele Jahre hindurch genoß ich das liebenswürdige Interesse des Direktors der Erzbischöflichen Registratur (heute Historisches Archiv des Erzbistums Köln) Monsignore Maximilian Baeumker. In den von ihm betreuten Urkunden stieß ich vor mehr als dreißig Jahren zum erstenmal auf den Namen „Johann Christoph Winters". Längst ist auch Monsignore Baeumker nicht mehr unter den Lebenden. Hilfe fand ich ebenso in den Haupt-Staatsarchiven von Düsseldorf und Koblenz wie auch bei meinen Kolleginnen und Kollegen im Kölnischen Stadtmuseum (insbesondere Herrn Dr. Heiko Steuer und Herrn Werner Neite).

Herr Dr. Helmut Asper gab mir manchen fachlichen Hinweis und übernahm die allererste Durchsicht des Manuskriptes. Gerne und mit Freuden erinnere ich mich der zahlreichen Gespräche oder brieflicher Korrespondenzen mit ihm.

In Herrn Jan Brügelmann, Bürgermeister der Stadt Köln, fand das „Hänneschen" seit eh und je seinen steten Freund wie Förderer. Immerhin ist für das Gelände des heutigen „Brügelmann"-Hauses eine der Spielstätten des „Hänneschen"-Gründers Johann Christoph Winters überliefert. Der „genius loci" trieb den Mäzen zur Tat. Unsere gemeinsamen freundschaftlichen Überlegungen in Sachen „Hänneschen" währen nun schon Jahrzehnte. Neue Horizonte haben sich dabei für das Kölner „Nationaltheater" aufgetan. Sie wollten ebenfalls bedacht sein.

Unserem Sohn Markus verdanke ich manchen wertvollen Fingerzeig zu neueren Forschungsergebnissen der deutschen Literatur- und Theaterwissenschaft. In kritischer Diskussion konnten bislang wenig beachtete Vorgänge deutlicher herausgearbeitet werden und in die Arbeit einfließen. Er las zudem Korrektur und fertigte das Literaturverzeichnis an.

Ein Wort der Anerkennung muß dem Verlag und seinem Lektor, Herrn Willy Leson, gesagt werden. Erstens dafür, daß er Geduld mit dem Autor und seinen – manchmal ausgefallenen – Wünschen hatte. Zweitens endlich, wie er dann dem Opus die buchtechnische Ausstattung gab.

Bleibt noch, dem „Hänneschen" selbst ganz persönliche Reverenz zu erweisen. Es begleitet mich seit frühesten Kindheitstagen und hinterließ als unüberhör- wie unübersehbare kölnisch-köstliche Einrichtung tiefe Eindrücke für das, was wir Stadtgesinnung, Heimatliebe und Geborgenheit nennen. So stehe ich in seiner Schuld.

Köln, im Juni 1982   Max-Leo Schwering

I. Formen und Inhalte des Stockpuppenspiels

Die rheinische Geschichte kennt das Puppenspiel spätestens seit dem 13. Jahrhundert. Frühere Nachrichten kommen aus dem heutigen Flandern. Die Puppen wurden damals „tocken" genannt und gehören zu den ältesten in Europa.

Flandern, die „Niederen Lande" überhaupt bleiben ein klassisches Puppenspielerland. Das hier tradierte „Poeschenellenspiel" (nicht zu verwechseln mit den Polichinell-Puppen, von denen Fritz Hönig spricht und die er den Handpuppen zurechnet) zeigt dem Kölner Stockpuppentheater verwandte Züge. Die gegenseitige Durchwanderung darf als gesichert gelten. Es gab in Amsterdam Kölner Puppenakteure als „drie kronenspieler". Sie erfreuten sich großer Popularität. Doch intonierte hier wie dort die lokale Gebundenheit ganz entscheidend den Theaterstil.

Es interessiert zunächst die *Puppenführung*. Die Etymologie des Wortes „tocke" ist nicht umstritten (auch Docke, Docca, Toccha, Tocha u. a. m.). Wir haben es als „Puppe" oder im weiteren Wortsinn als „Puppenspiel" zu interpretieren. In solcher Bedeutung wird es noch von englischen Komödianten bei Kölner Gastvorstellungen während des 17. Jahrhunderts gebraucht.

Handelt es sich um Handpuppen, Marionetten, Stockpuppen? Flögel-Bauer bringt eine Illustration aus dem „Hortus sanitatis" (15. Jahrhundert) „Puppen- und Marionettenschnitzer", wo Marionetten dargestellt sein könnten. Indes scheint der Puppenkorpus so beschaffen, daß eine Verwendung als Stockpuppe ebenfalls denkbar wäre.

Und wie hat man den Satz „Die Gaukler trugen ihre Puppen unter dem Mantel verborgen und brachten sie erst zum Vorschein, wenn das Spiel beginnen sollte" zu erklären? Da liegt doch die Vorstellung der Handpuppe nahe.

Wir besitzen keinerlei authentische Beweise, wann im rheinischen Raum und endlich vor allem in Köln zum erstenmal mit der Stockpuppe agiert wurde. Das „stehende Puppenspiel" als „Stäbchenführungsspiel" sieht Leopold Schmidt in den „katholischen Landschaften vor allem am Rhein und an der Donau" beheimatet. Er konstatierte dies als deren „charakteristischen Besitz".

Die Mechanik der Stockpuppe ist ja doch wesentlich verschieden von anderen Führungstechniken. Etwa von der der Marionette, der Stab- oder Handpuppe. Stockpuppe – darunter versteht man die spezielle Führung der Figur. Der Korpus sitzt auf einem Stock, dem „Faulenzer". Flämischen und kölnischen Puppen gemeinsam ist die Bewegung der rechten Hand (seltener der linken) durch einen Eisenstock oder gelegentlich einen Haltedraht.

Kaum unterscheidet die Beschreibung einer Puppenbühne in den uns überlieferten frühen schriftlichen Zeugnissen korrekt die

Puppen- und Marionettenschnitzer im 15. Jahrhundert. Holzschnitt aus dem „Hortus sanitatis"

„Teufel" aus dem Theater Christoph Winters(?) mit steifem (verlängertem) rechtem Bein als Führungsstock. Anfang 19. Jhdt.

Puppenhandhabung. Als Sammelbegriff taucht vielfach das Wort „Marionette", „Polcinellospiel" auf, was längst nicht heißt, daß es sich dabei um eine spezifische Spieltechnik handelt. Aus den Jahren 1702, 1712 und später liegen für Köln detaillierte Nachrichten umherziehender Puppenspieler vor. Auch da nirgendwo eine Beschreibung der Führungstechniken. Doch scheint die Stockpuppe in der Tat exemplarisch für den niederrheinischen Raum zu sein. Kölner Hänneschenpuppen wurden ursprünglich an einem verlängerten Bein geführt. So berichtet Carl Niessen: „Unter den ältesten erhaltenen Figuren (Theatermuseum Köln-Wahn) befindet sich ein Teufel, dessen Führungsstab die Verlängerung eines Beines ist, während die anderen Figuren einen Führungsdraht haben, der sich zwischen den Beinen in den Unterkörper einbohrt." Niessen wies auf ähnliche Techniken im polnischen Krippenspiel und dem alpenländischen „Kripperl" hin. Für ihn war ausgemacht, daß es da unmittelbare Beziehungen über in Köln gastierende Wandertruppen gab. Niessen entdeckte auch Gemeinsamkeiten mit dem alten Antwerpener Puppenspiel (Poesjenellekelder): „Zwar hängen die Figuren an einem Kopfdraht, während das Hänneschen Stockpuppen hat, doch ist die primitive Beschränkung der Führung auf einen Eisendraht an der rechten Hand vergleichbar der des ‚Hänneschen'." Winters könnte angeregt worden sein, die Führungstechnik umzukehren, worauf Hans Purschke verweist.

Genaue Beschreibung wie Anweisung zur Herstellung von Stockpuppen gab Fritz Hönig in dem längst zur Seltenheit gewordenen Büchlein „Kölner Puppentheater", das seit 1884 in mehrfachen Ausgaben erschien. Der Name „Stockpuppe" ist hier nirgendwo zu finden. Seine Theaterakteure heißen „Gliederpuppen". „Zuerst gilt, daß alle Teile aus Holz gefertigt, als sozusagen unverwüstlich und die einzelnen Glieder recht beweglich sind." Das obligate Schlagen wird damit programmiert. Wesensinhalte sind angesprochen.

Die Bühne des „Hänneschen" hat einen offenen Boden. Er wird zum Zuschauerraum hin durch die „Britz", die „Spielleiste" kaschiert. Dahinter operiert der Spieler mit den Puppen, „die so hoch zu halten sind, daß die Füße dem Publikum sichtbar werden. Der Puppenführer muß auch darauf achten, daß durch stetes Hin- und Herdrehen des Griffholzes am Führungsdrahte, beim Vorwärtsgehen der Figuren, Arme und Beine derselben in Bewegung kommen. Es ist dies besonders nötig, wenn eine Figur der Vorschrift nach im Laufschritt geführt werden muß, denn es sieht gar schlecht aus, die Puppen, ohne jede Bewegung der Glieder, am Zuschauer vorüber wandern zu lassen." Zur Beweglichkeit des rechten Armes meinte Hönig, sie sei „besonders gut einzuüben, denn die sachge-

Figuren aus dem polnischen Krippenspiel als Stockpuppen. Ende 19. Jhdt.

mäße Hantierung desselben trägt viel zum Erfolg der Darstellung bei und bezeichnet zudem dem Publikum die Figur, welche redet".

Den älteren „Hänneschen"-Freunden mochte es wie ein Sakrileg scheinen, daß schon unter dem Spielleiter Karl Funck einige wenige Figuren mechanisiert wurden und mit beiden Händen zum Beispiel täuschend exakt dirigieren oder den Kopf bewegen können. Die Puppe muß dann von zwei Spielern geführt werden. In der Technik nähert man sich dabei der Marionette, doch nicht von oben, vielmehr von unten an Fäden geleitet. Es trifft dies allerdings noch nicht auf die historischen Typen zu, signalisiert indessen zögernd das Wagnis, den Schritt nach vorn.

Verblüffend im Vergleich zu den Kölner Hänneschen-Puppen wirkt die Handhabung javanischer Wayang-golek-Figuren, wenngleich die Verwandtschaft problematisch bleibt. Dafür sind die Kulturregionen zu verschieden voneinander. Auch sollte die räumliche Entfernung bedacht werden. Sicher kommt – darin wohl dem „Hänneschen" angenähert – das javanische Puppenspiel aus dem religiösen Bereich, war ursprünglich eine Art Kultspiel. Die Thematik dreht sich um den Dualismus gut-böse, wobei die zu Hilfe eilenden Götter das gute Element personifizieren. Auch die Posse – erneut werden wir ans „Hänneschen" wie von fern erinnert – ist für den Gang der Handlung wichtig, so der Spaßmacher Semar, dem die Faxenmacherei obliegt. Eine Reihe stehender Gestalten„typen" ist den Javanern vertraut und mag auch beim „Hänneschen" als „Urerfahrung" gelten. Etwa: Fürst, Prinz, Diener, Dämon oder andere. Die Physiognomie läßt Rückschlüsse auf Charakter und gesellschaftliche Stellung zu. Als Sprecher des Spiels fungiert, fast auf sich allein gestellt, der „Dalang".

Musterbogen für die Anfertigung der „Hänneschen"-Typen nach Fritz Hönig. 1884

Ihm fällt die schwere Aufgabe zu, den an Stäben geführten Figuren Leben zu vermitteln. Vorstellungen von solcher Art des Stockpuppenspiels wurden in erster Linie an Familienfesttagen unter musikalischer Begleitung inszeniert. Das Orchester konnte mit zwanzig oder mehr Instrumenten besetzt sein.
Der Kopf jener Wayang-golek-Puppen sitzt auf einem, den ganzen Figurenkorpus durchlaufenden Stock, fast dem „Faulenzer" beim „Hänneschen" entsprechend. An diesem Stock hält der Spieler seine kleinen Akteure. Zwei Gelenke geben den hölzernen Armen ihre Aktionsfähigkeit. Sie werden vom Dalang an zwei Stäben mittels Daumen und Zeigefinger dirigiert.
Clara Pink-Wilpert hat das so beschrieben: „Zum Wayang-golek (golek-Puppe) treten runde, bemalte Holzpuppen auf, durch de-

Javanische Schattenspiel-Aufführung. In der Mitte der „Dalang", Figuren haltend

Figurengruppe aus dem Fundus der „Puppenspiele der Stadt Köln". 1975

ren Körper – der untere Teil ist nicht modelliert und mit Stoff bekleidet – ein drehbarer Haltestab geht, auf den der Kopf gesteckt ist [...]. Die Arme der westjavanischen Figuren können nur in einer Ebene, nämlich vorwärts und rückwärts, bewegt werden, die lockere Bindung der mitteljavanischen erlaubt auch eine seitliche Bewegungsfreiheit." Demnach auch hier regionale Variationen.

In der Proportion scheint der Kopf jener Puppen reichlich groß geraten. Die Überlänge der Arme ermöglicht ein gestenreiches, temperamentvolles Spiel, ähnlich dem der Kölner Stockpuppe. Auch Hans Purschke rückte diese noch jüngst in die Nähe der Wayang-golek-Figuren. Die schon erörterte Frage nach möglichen historischen Binde-

Bild rechts oben und unten:
Wayang-golek-Figuren aus Java mit der den Stockpuppenfiguren des „Hänneschen" vergleichbaren Führungstechnik

Javanische Schattenspielfigur

gliedern, einer eventuellen Kontinuität drängte sich ihm auf. Aber wie das? Man sollte derlei Vermutung nur als interessante Spekulation gelten lassen. Mehr ist sie nicht. Die Jawik-Figuren der Pasum in Nordost-Neuguinea, wie sie Carl A. Schmitz beschreibt: „Alle sind aus leichtem Korkholz geschnitzt und mit Pflanzenfarben in Rot und Schwarz bemalt", können fast als „Modell zur Stockpuppe" gedeutet werden, was ebenso von den Bambara im westlichen Sudan gilt. Sie stehen als „Ahnen der Stockpuppe" dem Kulturbereich des „Exotisch-Primitiven" (Niessen) nahe und wurden beim Totenkult verwendet. „Ahnen"? Zufälligkeiten wohl, die nur mit Vorsicht in die Nähe des Kölner „Hänneschen" gerückt werden dürfen.

Sergej Obraszow hat aus eigener Anschauung weitere „Quellen" zur Stockpuppe erschlossen: „Sie bildete eine der Grundlagen des chinesischen Puppentheaters. In ihrem Äußeren, in ihrer Konstruktion und schließlich in ihrem Repertoire ist die jahrhundertealte Tradition beinahe in noch stärkerem Maße als bei den Handpuppen zu sehen. Auch hier gibt es einen Herkunftstrang zum Schattenspiel."

China hat von jeher das Schattenspiel der „bodenständigen Volkskunst" zugeordnet, die in der hohen Literatur kaum Erwähnung fand und wohl auch nicht als wünschenswert galt. Die Figuren sind 30–40 cm hoch. „Der Kopf wird mit einem Draht auf den Rumpf aufgesteckt und bleibt starr mit diesem verbunden. [...] Drei Eisendrahtstäbchen, die in dünnen Rohrgriffen stecken, dienen zur Bewegung der Figuren. [...] Das dritte, etwa doppelt so lange Stäbchen, ist fest mit der Brust der Figur verbunden. An ihm wird die Figur gehalten oder in Ruhestellung gegen die Spielfläche gelehnt." (Roger Goepper)

Man hörte und las unlängst wieder von Hypothesen einer Kulturübertragung ins Kölnische. Wie sich die javanische und (mit Einschränkung) chinesische Stockpuppe aus dem Schattenspiel entwickelte, könnte solche „Verwandlung" insofern für Köln und seine Stockpuppe Geltung haben, als hier verschiedentlich „Les ombres chinoises" angepriesen wurden. „Mit alle Tage wechselndem Programm" gab sie im Steinmetzzunfthaus der Prinzipal Vaneschi zum besten (1781). Die Spielfolge publizierte Carl Niessen. Elf Jahre später sind es „Chinesische Schattenwerks-Lustspiele", von Herrn Philibert produziert.

Doch überlassen wir dem Leser, sich ein Urteil zu dergleichen anregenden Gedankenspielereien zu bilden.

Auf einem Farbenholzschnitt mit dem Spieler des ländlichen Bunraku (1867) scheint man in Japan die Kombination von Hand- und Stockpuppe zu praktizieren.

Kommen wir auf eine andere, direktere, für uns entschieden handfestere Komponente der Stockpuppengenealogie zu sprechen. Sie weist nach Österreich und in die Alpenländer. Hier spielte bei der Ausbildung die vollplastische Krippenfiguration eine wesentliche Rolle. Beim Krippenspiel setzte sich schließlich die von unten geführte Stockpuppe durch. Polnische Komödianten übernahmen die Führungstechnik. Zum Spiel „trug man einen Aufbau herein, der die Szenerie der Krippe darbot." Auf der Bühne tummelten sich bewegliche Stockfiguren. (Niessen)

Andererseits machte neuerlich die „Kölner Führungstechnik" Schule und regte zur Nachahmung an, wie moderne flämische, tschechoslowakische oder auch Schweizer Figurentheater deutlich zeigen.

Niessen verwies dann auf den südfranzösischen Kulturraum. In Lyon z. B. habe man sich der Marionette beim Krippenspiel bedient, während Lemercier de Neuville in Marseille „die gleiche Technik wie im deutschen und flämischen Puppenspiel sah: von unten bewegte und in Rinnen gleitende Standfiguren, die aus Ton modelliert und bemalt wurden. Auch sind Puppen oder Figuren häufig auf Laufbrettchen montiert und werden von unten her mit der Hand sowie durch Befestigen der Führungsdrähte an Rädern der Laufvorrichtung bewegt."

Gerhard Bogner notierte für das heutige Polen: „Auch das Puppenspiel ‚Lalki' (Puppe) fließt in die Krippentradition ein, indem es nicht nur mit Handpuppen, sondern auch mit geschnitzten (Stock-)Figuren die alte Überlieferung der Herodesspiele fortsetzte; der Sensenmann enthauptet Herodes, die Hexe fegt das abgeschlagene Haupt und die Reste des Körpers hinweg, Spieler führen dabei Figuren oder lebende Personen agieren in vielfältigen, manchmal grotesken Verkleidungen bei Aufführungen auf dem Land oder in Großstädten."

Es ist damit ein wichtiger Hinweis zur Verbindung von Puppenspiel und Krippe, auch jene von Mysterien- und Volksschauspiel gegeben.

II. Mysterien- und Volksschauspiel. Die Krippe

Das ortsgebundene Krippentheater wird schon zeitig als einheimische Kleinkunst betrieben. Es bot die Möglichkeit eines bescheidenen Nebenverdienstes, dem gewöhnlich permanentes Mißtrauen der Obrigkeiten auf dem Fuß folgte. Reisende Komödianten waren ebenso häufig. Sie sind vielfach der Motor für Neuerungen geworden, brachten frische Luft in die starr gewordene „Theaterwelt" des kleinen Mannes. Die Krippe selbst war natürlich von Inhalt und Vorstellung her bekannt, vor allem im Kulturbereich der „Niederen Lande". Es kam nun nur auf die Veränderungen in Richtung „Hänneschen" an.

Das Phänomen Krippen-Puppentheater spricht Max von Boehm in der Gesamtschau des Themas an. Zusammenhänge vermutete bereits Goethe. Im Tagebuch seiner Italienischen Reise sinnierte er am 27. Mai 1787: „Hier ist der Ort, noch einer anderen entschiedenen Liebhaberei der Neapolitaner überhaupt zu gedenken. Es sind die Krippchen (presepe), die man zu Weihnachten in allen Kirchen sieht, eigentlich die Anbetung der Hirten, Engel und Könige vorstellend, mehr oder weniger vollständig, reich und kostbar zusammen gruppiert. Diese Darstellung ist in dem heitern Neapel bis auf die flachen Hausdächer gestiegen; dort wird ein leichtes hüttenartiges Gerüst gebaut, mit immergrünen Bäumen und Sträuchern aufgeschmückt. Die Mutter Gottes, das Kind und die Umstehenden und Umschwebenden, kostbar aufgeputzt, auf welche Garderobe das Haus große Summen verwendet. Was aber das Ganze unnachahmlich verherrlicht, ist der Hintergrund, welcher den Vesuv mit seinen Umgebungen einfaßt. Da mag man nun manchmal auch lebendige Figuren zwischen die Puppen mit eingemischt haben, und nach und nach ist eine der bedeutendsten Unterhaltungen hoher und reicher Familien geworden, zu ihrer Abendergötzung auch weltliche Bilder, sie mögen nun der Geschichte oder der Dichtkunst angehören."

Die gegenseitige Durchdringung von Krippe, Mysterienspiel und Puppentheater kann kaum exakter vermerkt werden. Es bieten sich dafür auch andere Vergleichsmöglichkeiten.

So etwa am aktuell gebliebenen Objekt des Steyrer wie Traismaurer Krippenspiels, worauf Carl Niessen immer wieder mit besonderer Intensität zu sprechen kam. Über ältere polnische Krippen-Stockpuppentheater arbeitete Alfred Szcepanski, und unlängst schnitt Michat Maslinski die Thematik im Katalog einer Krippenausstellung des Heimathauses Münsterland in Telgte (Westfalen) an.

Der rheinische Raum kennt vornehmlich zwei Zentren, in denen die Stockpuppe dominiert: Aachen und Köln, wobei Köln der absolute Vorrang gebührt.

Aus der unmittelbaren Nachbarschaft sind im Krippenspiel von Verviers Anhaltspunkte zur Entwicklung der Stockpuppe gegeben. Die Figuren des „Béthléem verviétois" „wurden mit ihren Gehäusen wie eine mittelalterliche Simultandekoration auf Tische um eine Raumfeld gestellt und von unten bewegt". (Niessen)

Die Stockpuppe in der hier beschriebenen Funktion wird man aus der allgemeinen Tendenz des Krippen- und Mysterienspiels nicht isolieren können. Sein Szenenbild, die Spieltexte, die Dramaturgie sind gleichermaßen als Vorbilder der Kölner Hänneschen-Bühne mit einzubeziehen. Selbst deren ursprünglicher Name, die frühe Firmierung, macht das allzu offenkundig.

Adam Wrede gibt dazu Erklärungen: „Krepp", „Kreppe" oder (älter) „Krebbe" bedeutet ihm zunächst die Krippe zur Weihnachtszeit. Im „Neuen Kölnischen Sprachschatz" verbindet er das „Kreppenhännesje" nahtlos mit dem Krippen-Weihnachtsspiel.

Ferdinand Franz Wallraf hat in seinem bekannten „Epilog", der als zeitgenössisches Dokument (1811) zu werten ist, „Krippe" und „Hänneschen" in einem Atemzug genannt: „Erst kannt man nur Kribben zur Jugendlust; der Ort war nur Kindern und Mägden bewußt, allwo die erbaulichsten Bibelgeschichten, in wackelnden Puppen und Knittelgeschichten, zum Stüber per Stunde am Ende vom Jahr" öffentlich gemacht wurden.

Otto Nettscher, der sich schon zeitig mit dem Winters'schen „Hänneschen" erinnernd und wertend auseinandersetzte, schreibt: „Ich halte deshalb mit der Vermutung nicht zurück, daß die allerersten Anfänge des Hänneschentheaters in der Weihnachtskrippe zu suchen sind, die noch jetzt übliche Benennung ‚Krippchen' für das heitere Puppenspiel deutet mit großer Wahrscheinlichkeit darauf hin. Mit der Verweltlichung der Mysterienbühne wird dann auch die des Puppentheaters gleichen Schritt gehalten haben."

Das „Hänneschen" der ersten Jahrzehnte trägt sehr unterschiedliche Benennungen. Mehr als zwanzig sind mittlerweile bekannt geworden. Konkurrenzneid der Puppenspieler untereinander, die klare Abgrenzung gegeneinander, Effekthascherei, Reklamerummel haben dabei sicherlich mitgewirkt. Die Zeitungsinserate jener Jahre sind dafür geradezu rührend anmutende Offerten. Immerhin erhielten sich etliche dieser Namen bis heute – und gerade jene, die den Ursprung der spezifisch kölnischen Spielweise meinen. Das Wort „Krippe" steht dabei im Mittelpunkt. Im Dialog „Hänneschen kömt wieder" spricht der Held unverblümt gezielt von „der Krebben". Ernst Weyden erzählt von „de Krep" = die Krippe, eine vom Kölner Volk geprägte Redensart, bezogen auf das „Hänneschen". Daneben findet sich die Diminutivform „Kreppchen". Die Wortverbindung „Kreppe-Hännesche", eine Zusammenziehung der beiden landläufigen Namen blieb ebenfalls mundartlich geläufig, nämlich, im Sinn von „drolliger, scherzhafter, ergötzlicher, erheiternder, wunderlicher Auftritt, etwa eine Schlägerei, ein Familienstreit, ein Krach im Hinterhaus".

„In Aachen heißt es: ‚Doe es et rechtig Kreppche beieä', womit unwissentlich die Erinnerung an eine Zeit, die auch die Puppenbühne mit Christgeburt-Spielen in den Dienst religiöser Erbauung, aber auch urkräftigen Behagens an den eingeschobenen und sich immer mehr ausbreitenden Szenen derben Volkshumors stellte" (W. Hermanns) erneuert wird.

Der „Große Kölnische Maskenzug vom Jahre 1828" notierte unter „Verzeichnis der Masken Nr. 31" „Krippchen". Die dazugehörige kolorierte Lithographie von Jodocus Schlappal brachte in der Tat die Kulisse des Kölner Hänneschen-Theaters. Und der „Begleiter auf Reisen durch Deutschland" machte seine Leser anno 1808 mit den Kölner „Marionettentheatern und sogenannten Krippen fürs gemeine, auch manchmal vornehme Volk" bekannt.

Zweifellos war das Kölner Hänneschen-Theater im Anfang mehr dem Krippen- als dem Faxenspiel verpflichtet. Noch aus der Direktion Klotz (nach 1850) ist ein Szenar zum „Weihnachtsspiel" bekannt geworden. In Erinnerung an längst Zurückliegendes wagte man sich zuletzt 1932 an ein „Christgeburtspiel", wie überhaupt die kölnische Mundart dem Krippen-Theaterspiel als möglichem Vorwurf fürs „Hänneschen" immer wieder Anstöße gab.

In der Frühzeit orientierte sich die Puppenbühne am „großen" Theater. Ja, sie konkurrierte mit der „richtigen, wirklichen" Bühne Jahrhunderte hindurch als vielfach gleichwertiger (wohl auch in Personalunion vereinigter) Partner. Artverwandte, mechanische Schaustellungen nahmen – vor allem im 19. Jahrhundert – wie ein „Theatrum mundi" bänkelsängerisch die heutige „Wochenschau" im Vorführen aktuellen Tagesgeschehens vorweg. Die gebotenen Stücke blieben ohne konkrete Handlung, eine Aneinanderreihung gerade interessanter Begebenheiten, „Ankündigungen", wie sie – in manchmal meinungbildender Zielrichtung –

Anspielung auf das Kölner „Hänneschentheater" im Rosenmontagszug 1828. Kolorierte Lithographie von J. Schlappal

das Kölner „Hänneschen" von Anfang an dem Spielplan einfügte. Es geschieht dies auch heute noch mit bisweilen außergewöhnlichem Erfolg.

Der dem „Hänneschen" hier Rezepte lieh, war Mathias Josef De Noel. Maler, Poet und Stadtrat, machte er vielleicht mehr als erster Konservator des „Wallrafianum" von sich reden. (So hieß anfangs die respektable Kunst- und Antiquitäten-Sammlung des Ferdinand Franz Wallraf.) Sein „Jocosa Descriptio" zum Beispiel sprach gleich zu Beginn der „Hänneschen"-Ära Zeit- wie Stadtereignisse an, als das opus zu Fastnacht 1808 auf dem Maskenball im „Komödienhaus" zur Aufführung gelangte: „... das ist: Beschreibung gar lustig und froh von dem was sich Neues in unseren Tagen, merk-, schreib-, sodann druckenswerth zu hat getragen; als nemblich was sich in der hiesigen Stadt Colonia (Cöllen) ereignet hat..." Ein nur vorläufiges, vereinzeltes Beispiel der Integration angenommener Elemente und Theatereffekte, wie sie für die Modifikation der Kölner Stockpuppenbühne schließlich exemplarisch wurde. Darüber hinaus erhielt sich eine gedruckte Sammlung von „Schwänken" mit ebensolcher aktueller Intention, deren starker Einfluß auf das „Hänneschen" der Frühzeit deutlich wird im Sinne von „Wat hück passeet, kütt ovends op et Tapeet".

Trotz allem Nachahmungstrieb fand das kölnische Figurenspiel auch rasch zu den ihm eigenen, selbständigen Stilgesetzen und Ausdrucksmöglichkeiten, die eine gesonderte Theaterdisziplin konstituieren.

Die „wirkliche" Theaterwelt des Mittelalters ist in erster Linie Darstellung biblischer Stoffe, demnach vornehmlich Mysterienspiel mit den zentralen Inhalten des Weihnachtsgeschehens, von Passion oder Auferstehung in unterschiedlichen, doch in sich abgeschlossenen Szenen. Erst zur Reformationszeit sind die Volksbücher als „Schauspiel" so etwas wie „Bestseller". Exemplarisch verdeutlicht wie kein anderes Volksspektakel „Doktor Faustus" die Wechselbeziehungen Theater–Puppenspiel, desgleichen solche von Literatur und Volksgut. Der unheimliche Doktor war den Kölnern bedenklich nahe auf den Leib gerückt, lebte „noch im Munde des Volkes" (Ernst Weyden), als Christoph Winters sich anschickte, 1846 eine Faust-Bearbeitung fürs „Hännschen" zu planen. Er bezog sich dabei auf eine seltsame Nachricht aus dem Jahre 1587: „Von Florenz wandte sich Faust gegen Köln, am Rheinstrom gelegen. Darinnen ist ein Stift, das hohe Stift genannt, da die drei Könige, so den Stern Christi gesucht, begraben liegen. Als Doktor Faustus solches sah, sagte er ‚Oh ihr guten Männer, wie seid ihr so irr gereiset ...'"

Neben „Faust" gelangten „Genoveva", „Don Juan" und anderes zu Bühnenehren. Haupt- und Staatsaktionen, bombastischumständlich inszeniert, sollten die Leute locken. Ritter- und Räubergeschichten, „Rührstücke" – häufig genug in der Manier des Exotenmilieus orientalisch aufgemacht – zählten gleichfalls zum ständig wiederkehrenden Repertoire, dem Stoffkreis der Wanderbühnen. Die Inhalte wurden recht schrill als Schwarz-Weiß-Malerei vorgetragen, meist ohne künstlerischen Anspruch. Sensationslust war zu befriedigen, und der Geschmack des Publikums auf der Straße. Geldmachen um jeden Preis stand obenan. Dies alles fand eine entsprechende Umsetzung oder Imitation im Puppentheater, wofür neben Leonhard Ennen und Carl Niessen auch Josef Bayer aus den frühen Spielplänen der Kölner Hänneschenbühne eine Unmenge Beispiele bieten, auf die im einzelnen einzugehen sich darum erübrigt.

Nur an zwei Erfolgsstücke sei erinnert. Beide stehen in der Tradition biblischer Stoffe: „Die drei Jünglinge im Feuerofen" und „Der heilige Laurentius wird auf der Pfanne gebraten", wobei letztgenannte Vorführung einer gewissen Kuriosität mit drastischem

Ankündigungszettel des „Hännschen" von 1927 mit „Genoveva"

Akzent nicht entbehrte. „Die Puppe des Laurentius war aus Wurstfell gemacht. Bei der Verbrennungsszene wurde eine Bratpfanne aufgestellt und darunter bengalisches Feuer angefacht. Während sich in der aufkommenden Hitze die Laurentiusfigur zu allen möglichen Formen krümmte, konstatierten die Zuschauer durch lautes Zurufen: ‚Dä hift es Bein in die Höh! Seht ens, do eß hä geplatz!'" Das dem Vorgang innewohnende Moment einer Faxe ist nicht zu übersehen.

Die wiederholte Durchsicht der Originalpapiere in Form von Text- und Versbüchern, auch Liedsammlungen im „Buch über verschiedene Stücke zum Aufführen durch Josef Spiegel, 1807" vermitteln keinen anderen Eindruck, als den einer Rezeption. Es finden sich darin Titel wie: „Die Weiber Treu" (7), „Die schöne Rosa" (8), „Ritter Rosenbaum" (11), „Kaiser Oktavian" (12), „Hamlet" (16). In einem weite-

Die „Hänneschenkrippe" in St. Ägidius, Köln-Porz. 1974

ren Textbuch aus gleicher Zeit (Christoph Winters?) nimmt „Der König Herodes" neben anderem das Weihnachtsgeschehen als Teilaspekt wieder auf.

So entfaltete sich Puppenspiel zum „Großspiel" auf engem Raum, wie Leopold Schmidt zu Recht meinte. Es war die geistige Welt von Spätrenaissance und Barock, an die man unbekümmert anknüpfte.

Krippen-, ganz allgemein Mysterien- und Volksschauspiel, sind in Aussage wie Akzentuierung für den rheinischen, alemannischen und endlich oberösterreichisch-alpenländischen Sprachraum allerdings unterschiedlich beheimatet. Es werden italienische, englische, französische Motive assimiliert und inkorporiert, als Eigenschöpfung schließlich ausgegeben.

Die „Hänneschen"-Krippe ist jedenfalls heute noch gegenwärtig, und zwar in der katholischen Pfarrkirche St. Ägidius (Köln-Porz-Wahn). Ihr Bildhauer war Willi Müller (1963).

Indirekt mit dem „Hänneschen" zu schaffen hat auch das, was Guillot de Marcilly auf einer Reise durch Flandern und Brabant anno 1718 erlebte. Da begegnete ihm in einer Löwener Kirche die große hölzerne Figur des Heilandes, „wie er auf einem Esel reitend in Jerusalem einziehet". In Antwerpen wurde bei der jährlich großen Prozession der „Riese Goliath" herumgeführt. Bei den Dominikanern bemerkte unser Gewährsmann eine „Krippe, worin die Mönche mit beweglichen Puppen und mit Hilfe der Laterna magica eine groteske Darstellung der Strafen des Fegefeuers gaben". Und er bestätigte, „dasselbe Schauspiel auch noch an anderen niederländischen Plätzen, nämlich in Gent und Brügge", gesehen zu haben. Da ist die Tendenz der Einblendung von „Faxen", „Possen" bereits gegeben und der Hergang symptomatisch.

Es stellt sich die Frage, wie viel Johann Christoph Winters bei seiner Gesellenwanderung in Flandern noch davon gesehen hat

Szene aus einer Passionskrippe der Schnitzerfamilie Propst (Tirol). Anfang 19. Jhdt. (mit Andeutung einer „Faxe")

und präzise im Gedächtnis bewahrte, als es um seine Gründung, das „Hänneschen", ging. Denn Faxen wie Possen werden uns als Sonderkapitel der kölnischen Stockpuppenbühne mit der zentralen Figur des „Lustigmachers" an anderer Stelle beschäftigen.
Übrigens hätte der spätere „Hänneschen"-Prinzipal nicht unbedingt nach Flandern ziehen müssen, um ähnliches wie Guillot de Marcilly zu erfahren. Bei den seit Jahrhunderten bestehenden engen Verflechtungen des Rheinlandes mit dem flandrischen Raum gab es nicht minder im kirchlichen Leben dichte Korrespondenzen, die auch jene Auswüchse und Deformationen des religiösen Brauches betrafen, von denen die Zeitgenossen erzählen. Seit dem 17. Jahrhundert lesen wir über grobe, obszöne, wildwuchernde Schauspiele. Die kirchlichen Behörden hatten alle Hände voll zu tun, den Mißständen Einhalt zu gebieten.
Köln machte von alledem keine Ausnahme. Ganz unbedenklich mischte man in altgeübte Bräuche derb Profanes. So in das berühmte Dreikönigenspiel, worin es jetzt zu lustigen Maskeraden und drolligen Dialogen kam. Nicht viel anders war es um die Darstellung Kölner Märtyrerlegenden bestellt. Im Ursulaspiel traten als „Derwische" sich toll gebärdende Hunnenhorden auf. Weihnachts- oder Osterspiele wurden mit denselben burlesken Auftritten bedacht. Den Palmesel begleitete eine johlende, feixende Menge. Wandernde Puppenspiel-Komödianten übernahmen ungeniert die heiklen Episoden „von der Straße" und priesen sie als „Krippe" an, lösten sich damit immer weiter von der Urform und leiteten, wenn auch unter nachdrücklichem Protest des Kölner Rates, die Säkularisierung ein.
Das Absinken in die Niederung des Trivial-Vulgären mutet desto erstaunlicher an, als es sich zum Beispiel beim Dreikönigenspiel um einen quasi hochpolitischen Akt handelte, gestiftet (1164) von Erzbischof Reinald von Dassel, dem Reliquienbringer.

Figuren aus einem geistlichen Umzugsspiel in Trier (Karfreitagsprozession) (1784). Tuschzeichnung. Ende 18. Jhdt.

Was dies mit dem „Hänneschen" zu tun hat? Als „späten Abkömmling jener archaisierenden Figuren, die ehedem bei Mysterienspielen und Prozessionen Verwendung fanden", ordnete Günter Böhmer die Exemplare des „rheinischen Hänneschen-Theaters" ein.

Und endlich die „Krippe". Andeutungsweise artikulierte sie sich bereits in der mittelalterlichen Kölner Kunst. Übrigens keineswegs nur auf das biblische Weihnachtsgeschehen beschränkt. In erster Linie rücken natürlich die Heiligen Drei Könige ins Zentrum der Betrachtung, wie etwa beim Grabmal des Kölner Erzbischofs Dietrich von Moers (um 1460) oder auch im Epitaph des Jakob von Croy (gest. 1516). Der bühnenartige Aufbau des letztgenannten Grabmals, die Rahmung in reicher Renaissancearchitektur mit den „handelnden" Personen darunter – dies ist in der Tat eine Krippenszenerie, die zur Nachahmung auffordern konnte.

Die wirkliche mimische Aktivität einerseits wie das Umsetzen heilsgeschichtlicher Themen in bildnerische Komposition andererseits waren Pole, die sich ergänzten, gegenseitig durchdrangen, beseelt von denselben Orientierungsinhalten.

Aber nicht nur von daher bieten sich Anknüpfungspunkte eines unmittelbaren Einflusses auf das Werden der „Hänneschen"-Stockpuppenbühne.

So etwa brachte Kölns Jesuitenniederlassung während des 16. Jahrhunderts neue, gravierende Impulse, die das Theaterleben insgesamt berühren sollten und auf Jahrhunderte lebendig blieben. Laurentianer- und Montanerburse waren ihr dabei vorausgegangen. Am Gymnasium Tricoronatum wurde der szenische Dialog seit 1561 systematisch gepflegt. Er hatte seine Wurzel in Schülergesprächen der Humanisten. Durch musikalische Arrangements bereichert, mit erheblichem Kostüm- und Kulissenaufwand dargeboten, machte das weithin gerühmte Schuldrama der Kölner Jesuiten viel – und mit einigem Recht – von sich reden. Propagandistisch-didaktische Schaustücke biblischen Inhalts, Heiligengeschichten, Märtyrerlegenden waren dabei tonangebend. Die Marianische Schülerkongregation agierte gerade in diesem Metier als der eigentliche, immer präsente Spiritus rector. Über die Beteiligung der Bevölkerung gibt es keinen Zweifel. Sie war allgemein und groß, das jesuitische Theatergeschehen Tagesgespräch, besonders 1626 mit repräsentativ-luxuriösen Vorbereitungen. Es war etwas Gravitätisches an alledem und bewußt zur Schau Gestelltes. Die von den Jesuiten veranstalteten Prozessionen glichen wandelnden Theaterauftritten. Und dabei ging es wieder um das „Ins-Bild-Setzen" allseits bekannter Heiligenviten, wobei die der Kölner Stadtpatrone vornan standen.

Auch über die Belebung des Weihnachtsspiels im Jesuitengymnasium sind wir näher

Dreikönigsgruppe vom Grabmal des Kölner Erzbischofs Dietrich von Moers (1414–1463). Kölner Dom. Um 1460

Epitaph des Jakob von Croy als Beispiel krippenartigen Aufbaues. Kölner Dom (Schatzkammer). Entstanden nach 1516

unterrichtet. „Eine Krippe wurde errichtet, vor welcher die Theologiestudenten gemäß der Sitte des Vaterlandes nach der Vesper deutsch und lateinisch sangen. Es wird kaum die erste und älteste Krippenaufstellung gewesen sein."

1559 meldet Leonhard Kessel (seit 1544 Oberer der Kölner Jesuitenniederlassung) Einzelheiten über das Jesuitenpraesepio: Es „stand in der Mitte des Heiligtums, war schön geschmückt und von einem wächsernen Gefolge umgeben. 1570 wurde die Krippe inmitten der Kirche in quadratischer Form erneuert. Weitere Belege finden sich 1578 und 1600." Endlich: „Ihre Anordnung entsprach wohl dem Vorbild der Weihnachtsspiele, war letztlich ein Stück ‚gefrorenes Theater'. Später versetzten die Prager und auch die Kölner das praesepe auf den Platz, wo es sich durch zweihundert Jahre behaupten sollte: auf oder über den Hochaltar." (Karasek-Langer)

Für Köln war das eine völlig neue Krippenpräsentation, jedenfalls, was die Allgemeingültigkeit anlangt. Als etwas Fremdes, bislang nicht Dagewesenes empfand sie der Normalbürger. Die Jesuiten sorgten auch da für Überraschung.

Der sonst so redselige Kölner Stadtchronist des 16. Jahrhunderts, Hermann von Weinsberg, wußte nur vom Brauch des „Kindleinwiegens". Nichts von Krippe oder einem sonstwie gearteten Figurenaufbau. In Dokumenten aus derselben Zeit ist vom Tanz der Kölner Jugend um die auf den Altar gelegte Christuspuppe die Rede.

Erst durch die Vermittlung der Jesuiten wanderte die Krippenaufstellung aus dem süddeutschen Verbreitungsgebiet an den Niederrhein und traf oder verband sich hier mit dem seit langem heimischen Mysterienspiel, das sich ebenso in Prozessionsgängen äußern konnte.

Dies also war – bestimmt zu einem wesentlichen Teil – das geistig-religiöse Klima, der Schauplatz, auf dem wir spätestens seit 1558 namentlich faßbare Puppenschaubühnen und ihre Ensembles finden. Carl Niessen äußerte die Vermutung, daß „Krippentheater aus dem Alpenländischen den Weg an den Rhein fanden" und im Steyrer Kripperl entscheidenden Einfluß auf den äußeren Rahmen und die „Hänneschen"-Kulisse nahmen. Für ihn exemplifizierte nicht nur der dreiteilige Bühnenaufbau die Identität. Sie gehe gar bis ins Detail. „Wenn die Trennwand des ‚Hänneschen' ‚Britz' heißt, also ‚Zaun', so trennt wirklich die Zuschauer ein durchlaufender kleiner Zaun von dem ganzen Aufbau ab."

Das Alter des Steyrer Kripperl konnte freilich nicht exakt definiert werden. Und ob Johann Christoph Winters wirklich davon Kunde hatte, als er seine „Hänneschen"-Bühne konzipierte, ist gleichfalls ungewiß, auch schwierig zu beweisen.

Unzweifelhaft indes erlebte Winters den Terminus und die Vorstellung von „Krippe" in ihrer allmählichen Ausweitung auf die Wiedergabe der Heilsgeschichte oder deren Umfeld schlechthin mit der dazugehörigen Faxenanreicherung. Ein Vorgang, den „keine der romanischen Sprachen ... kennt, auch nicht das Englische". (Rudolf Berliner)

Die Weihnachtskrippe ist nur ein inhaltlich bestimmter Sonderfall umfassender künstlerischer Gestaltungsformen; ihre Wortgeschichte ein Konglomerat verschränkter Wege.

Wie nun haben wir uns nach solchen Voraussetzungen die Entstehung des „Hänneschen" vorzustellen, da zeitgenössische Kölner Quellen nicht zur Hand sind? Theaterpraktiken im nahen Aachen oder im benachbarten Düsseldorf müssen hier weiterhelfen. In erster Linie bietet Aachen ein geradezu klassisch glaubhaftes Beispiel für den Umwandlungsprozeß. Nicht nur von der räumlichen Nähe her. Viel mehr noch spielt dabei die Homogenität der Kulturlandschaft eine Rolle.

Die „Jülich-Bergischen Wöchentlichen Nachrichten" machten in den Jahren 1780–1818 ihre Leser mit Krippenvorführungen zu Aachen und Düsseldorf vertraut. Es ging dabei unter anderem um die „Parabel vom verlorenen Sohn in sechs Abteilungen".

Das Aachener „Krippchen" zumal löste wie kein anderes seine annoncierten Versprechen ein. Es stand während der achtziger Jahre des 18. Jahrhunderts in beachtlicher Blüte. Wie gegenwartsnah in ihrer ursprünglichen Aussage die Krippe dort noch um jene Zeit empfunden wurde, demonstriert ein in den Besitz des Kölnischen Stadtmuseums gelangtes Krippenwerk. Der mündlichen Tradition nach entstammen die zahlreichen Figuren einem Aachener geistlichen Frauenkonvent. Ihre Köpfe und Gliedmaßen sind aus Wachs gefertigt, das Material der Gewänder besteht aus Brokat, Samt, Seide und Brüsseler Spitzen. Ein fast prunkender Geschmack war da am Werk und sollte wohl die lokale Selbstverständlichkeit von „Krippe" bewußt machen.

Das Aachener geistliche Puppenspiel fand zur Adventszeit seine Sonderprägung in der Art „lebender Bilder" und mit der Technik des „Theatrum mundi", möglicherweise auch als Guckkasten. Aus Wien sind dafür vergleichbare Beispiele bekannt geworden. „Nicht weniger als 36 verschiedene Bilder... beginnend mit der Erschaffung der Welt brachte das Krippenspiel eine Skizze des Alten Testamentes und schloß mit der Hochzeit zu Kana ab. Hinzugefügt waren weltliche Szenen... auch komische Elemente." (Blümmel-Gugitz)

Die Metamorphose zum Krippen-Puppenspiel, das in Handlung wie Textinterpretation die tradierten Stoffe des im ausgehenden Mittelalter weit verbreiteten Mysterienspiels konservierte, bezeugen gleichfalls die Aachener Zustände.

Nur vereinzelt allerdings kommt es zu mechanisierten Bühnentechniken, wo „alles gehet, stehet und reden thut". Allseits beliebter Treffpunkt derartiger Schaustellungen war für Aachen die „Trompette" am Markt als ein ortsansässiges Figurentheater. Erstaunlich bleibt die Anzahl der auftretenden Akteure – sie werden mit „Posturen" bezeichnet –, die im Dezember 1774 das Spektakel bevölkern: „hundert große, bewegliche". Eine grobe Schätzung sicherlich, doch wahrscheinlich nicht aus der Luft gegriffen.

Krippenfigur aus Aachen(?). Köpfe und Gliedmaßen teilweise in Wachs. Gewänder aus Brokat, Samt, Seide und Leinen. Ende 18. Jhdt.

Wie geschildert, weiten sich Inhalt, Szenerie und Staffage auch in Aachen über die Thematik der Christgeburt hinaus, drängen diese dann ganz und gar in den Hintergrund. Der „Sündenfall" schien da mehr an schillernden Attraktionen herzugeben (1775), oder das Spiel um den „Gehorsam Abrahams und die Berufung des Sünders" als alttestamentarische Attitüde. Ebenso kommt auf dem Aachener Krippenspiel die Passion, „durch eine Menge gehender Personagen redend vorgestellt", zur Aufführung. Natürlich mit dem Einschieben von Faxen, losen Reden, lachendem Spott (A. Fritz).

Wie lagen derweil die Dinge in Köln? Ernst Weyden knüpfte bei seiner Schilderung kölnischen Lebensstils zu Anfang des 19. Jahrhunderts vermutlich an reichsstädtische Gepflogenheiten an.

Krippenfigur aus Aachen(?). Köpfe und Gliedmaßen teilweise in Wachs. Gewänder aus Brokat, Samt, Seide und Leinen. Ende 18. Jhdt.

„Krippchen" – so heißt es erinnernd – in Kirchen wie Privathäusern sind ihm durchaus geläufig: „... und zwar mitunter, in Bezug auf die Figuren und Ausstattung reich und künstlerisch schön..." „Aus Spekulation wurden aber auch wohl in einzelnen Nachbarschaften solche Krippen errichtet und für Geld gezeigt. Hierin der Anfang des Marionettenspiels. Verkleinerungsform von Maria, kölnisch noch Krippchen genannt..."

Die von Ernst Weyden gebotene Etymologie für Marionette bleibt phantastisch. Wir wollen uns darauf nicht einlassen. Anders hingegen seine Bemerkung zur ökonomischen Seite des „Krippchen". Auch beobachtete er in der Krippenszenerie „Zerrbilder" vom Zeitgeschehen. Beides läßt schon an eine direkte Assoziation zum „Hänneschen" denken, dessen frühe Tage er ja miterlebte, das seit 1802 in Köln Heimatrecht genoß. Hier fanden Parodie wie Ironie in zeitbedingten Glossen von Anfang an ihr Feld, wenn auch noch ohne kritischen, mäkelnden Akzent an waltenden Übelständen. Keine Auflehnung demnach, vielmehr sind bänglich-blasse Grundhaltung und Obrigkeitstreue bestimmender Tenor. Im Revolutionsjahr 1848 galt dies nicht mehr. Da dankten die Idealfiguren von wohlmeinenden, um das Leben ihrer Untertanen besorgten Fürsten vorübergehend ab. Darüber gibt es gelungene „Hänneschen"-Karikaturen, worüber zu berichten sein wird. Hie *Bürger,* dort *Adel,* Herrschaft – das ist erst damals neu pointierte „Hänneschen"-Variante. Eine sozusagen wiederentdeckte Spannungsformel. Rückerinnerung an die Epoche nach 1794, die „Franzosenzeit" und ihre unerfüllten Hoffnungen, Sehnsüchte, Wünsche, denen sich das „Hanneschen" mit einem Mal solidarisch fühlte. Ziemlich lautstark klang der vorübergehende Protest. Die „Knollendorfer" Sippschaft betrat eine gefährliche Arena im Einüben politischer Nörgeleien mit den zu Gebote stehenden Mitteln der „Posse" und „Faxe". Wie waren die Typenfiguren beschaffen, und was hat es mit „Posse" und „Faxe" beim Näherzusehen auf sich? Nur rudimentär nahm davon die bisherige Kölner Stockpuppenforschung Notiz. Das Bild bedarf einer längst fälligen Ergänzung.

III. Figurentypen – Über Posse und Faxe

Seit der Mitte des 16. Jahrhunderts formierte sich in Italien die Commedia dell'arte. Ganz maßgeblich hat sie seitdem den Theaterbetrieb beeinflußt, nicht ausgenommen das Puppenspiel. Neben neuen technischen Errungenschaften waren es vor allem Figurentypen, die brillierten, einen „Solopart" auf der Bühne zu spielen begannen. Die Wechselwirkung „großes Theater" – Puppenspiel galt auch hier, ähnlich wie für das Mysterien- und Volksschauspiel.

Auf die Kölner Stockpuppenbühne bezogen, müssen wir als dritte wichtige Wurzel das Typentheater der Commedia dell'arte nennen.

Andeutungsweise bieten sich Parallelen zum Antwerpener „Poesjenellen Kelder" an, übrigens nicht nur im Führen der Puppen. Der Name zielt auf die Dienertype „Pulcinella", wie sie die Commedia dell'arte kennt, und wurde wahrscheinlich von italienischen Wandertruppen rezipiert. Das soziale Umfeld der Antwerpener „Voddebalen" ist das Hafenquartier, demnach – wie in Köln – regional begrenzt. Und dann die Figuren! Etwa „De Neus" mit auffallend großer Nase, im Gemüt einfältig gutgläubig. Dazu das bezeichnende Textil: nämlich blauer Kittel und rotes Halstuch. „De Schele" schielt und stottert, könnte demnach „Schäl" und „Speimanes" in einer Person vorwegnehmen.

Das „Hänneschen" und seine Hauptakteure (Typen) sind nach charakterlicher Deutung, dem Persönlichkeitsbild, endlich auch in der vielfältigen Aktion sehr buntgefächerter Spielabfolgen ebenso als Reflexion von Stadthistorie und Stadtbewußtsein im Sinne der Romantik einzuordnen, deren theoretischer Wortführer, Friedrich Schlegel, damals in Köln wohnte. Wie überhaupt zu Beginn des 19. Jahrhunderts die alte Reichsstadt zum Mekka der Romantiker wurde.

Bei allen Veränderungen des Spielrepertoires über mehr als 180 Jahre hin haben die immer redseligen, nie fad-abgeschmackten Figurentypen des Kölner „Hänneschen" nur unwesentliche Korrekturen erfahren. Eben deshalb mögen sie ursprünglich eine Art Spiegel spezifisch kölnischer Verhaltensweisen gewesen sein, wobei Charaktereigenschaften und körperliche Mängel in simplifizierender Manier abgehandelt werden. Aber es ist dies keine Provokation, keine Herausforderung ans Publikum. Heute inkarnieren die Figuren in ihrer Dauerhaftigkeit den Charme einer alten Überlieferung, die nichts an Reiz verloren hat. Sehr direkt und unproblematisch, bisweilen ganz undifferenziert, wird von ihnen die Thematik „Mensch" angegangen. Grob sind die Konturen wie Unterscheidungen. Um eines recht vordergründigen Beifalls, der Stimmungsmache wegen, scheint es mitunter komplizierter zuzugehen. Also im Ganzen nichts Rätselvolles, Subtiles. Aber das erwartet der Besucher auch gar nicht. Ihm geht es um ein volksnahes, deftiges Vergnügen in einer Welt ohne Arbeit, ohne den Zwang des Geldverdienens. Fast herrschen paradiesisch-kölsche Zustände: Utopia wie in der Sage von den Heinzelmännchen. Einen richtigen „Beruf" hat von den Knollendorfer „Boore" nämlich niemand.

Zur Ensemble-Standardisierung wie sie jetzt üblich wurde, kam das „Hänneschen" erst im Jahre 1925. Es bleibt abzuwarten, was daraus in Zukunft wird.

In der Frühzeit gab es Sekundärfiguren, Randtypen. So zum Beispiel Hänneschens Vater „Steffen" (Stephan), den Nachbarn „Dores" (Theodor). Die Frau des Tünnes trat als „Annekatring" (Anna-Katharina) auf, „Jungfer Druckchen" (Gertrud) war Dienstmagd vom Lande. Leitbilder sind das nicht geworden. Es kam im Gegenteil allmählich zu einer Reduktion zugunsten der dann gängig gewordenen Konzentration, die seit dem Auftreten der Familie Millowitsch

„Besteva"(?) aus dem Theater Klotz-Hamacher. 2. H. 19. Jhdt.

„Besteva" oder „Alter Diener" aus dem Theater Klotz-Hamacher. 2. H. 19. Jhdt.

in der Person des „Schäl" einen weiteren, stark polarisierenden Exponenten des ausgesprochenen Konfliktspieles fand. Doch war der „Schäl" keine grundsätzliche Neuschöpfung, nur Variante der Wintersschen Konzeption, wenn auch nicht auf *eine* Puppe beschränkt. Ähnliches trifft für die Figur des „Speimanes" zu, die erst unter der Regie von Karl Funck in den vergangenen Jahrzehnten ihre gültige Prägung erhielt und sie bis heute unangefochten bewahrt.

Variabel blieben über Jahrzehnte die Kostüme. Grundtenor war dabei das Arbeitskleid der Kölner Gemüsebauern, wie überhaupt Charaktere, Spieltexte, Kulissen und endlich die Kostümierung zur Einheit des „Kappesbooren"-Milieu verschmelzen.

Von Anfang an steht die Gestalt des „Hänneschen" im Vordergrund. Als „komischer Diener" wird er noch 1807 „Zipperle" genannt. „Es muß also offen bleiben, ob Winters die Gestalt des Hänneschen erfand."

(Niessen) undefinierbar ist dessen Alter, die obere Grenze vielleicht um 20. Der Gesichtsschnitt einer Hänneschenfigur aus der Frühzeit des Theaters läßt keinerlei Rückschlüsse auf deren Naturell zu. Flach und ausdruckslos ist von ungekonnter Hand und mehr improvisiert die Physiognomie verfertigt – wohl nur auf Fernwirkung berechnet, auf Wirbel und die drastische Wirkung des gesprochenen Wortes. Denn das Hänneschen exemplifiziert rührige Aktivität an sich, sprüht voller Einfälle, führt lockere Reden im Munde, demonstriert den Typ des „Hans Dampf", doch ohne den unangenehmen Beigeschmack von sich aufdrängendem Geltungstrieb. Ein Erzschelm, gewiß! Mit Selbstverständlichkeit, auch unbekümmert beherrscht er überlegen, tatendurstig die kritischen Spielsituationen. Seine Kapriolen sind unerschöpflich, schlagfertig, er figuriert als waghalsiger „Tausendsassa", auch, wenn eigentlich Hasenpanier vonnöten wäre.

Das „Hänneschen" aus dem Theater Klotz-Hamacher. 2. H. 19. Jhdt.

„Kumessär" oder „Musjö Ampmann" aus dem Theater Klotz-Hamacher. 2. H. 19. Jhdt.

„Tünnes", „Hänneschen", „Bärbelchen" (Jungfer Drückchen?), „Mählwurms Pitter"(?). Aus dem Theater Klotz-Hamacher. 2. H. 19. Jhdt.

„Jungfer Drückchen" („Bärbelchen"?) aus dem Theater Klotz-Hamacher. 2. H. 19. Jhdt.

Der „Hans-Wurst" Martin Engelbrecht im typischen Kostüm. Kolorierter Kupferstich. Augsburg um 1720

Lapidar kommt Fritz Hönig auf den „Charakter der Puppen" 1884 zu sprechen. Vom Hänneschen heißt es: „Johannes Knoll, Bauernjunge, Enkelsohn der Eheleute Knoll ... Johannes ist ein aufgeweckter, fideler Junge etwa 17 bis 18 Jahren. Er ist stets zu tollen Streichen aufgelegt ... Helle Knabenstimme, rasch und schnippisch, doch recht verständlich ... ganz besonders gelenkig."

Von vornherein hat er sich als unverwüstlicher kölnischer Lustigmacher zu profilieren. Auch dem Kostüm nach. Wahrscheinlich aus dem Theater der Witwe Klotz stammt eine ältere Hänneschenfigur, die im Vergleich mit einer Hanswurst-Illustration von 1720 (Martin Engelbrecht zu Pferd) das Herkommen des Hänneschen aufzeigt. Es geht nicht nur um den Namen „Hans", auch das Habit gibt Hinweise: der spitze Hut, die Halskrause, das kurze Mäntelchen. Alles dies sind Kleidungsstücke der Hänneschenmontur im ersten Stadium ihres Daseins. Christoph Winters war offensichtlich immer wieder auf der Suche nach Vorbildern und fand sie im Rückblick: „,Henneschen', der Kölnische Hanswurst, ein Sprößling aus jener umfangreichen Blutsfreundschaft, wozu außer manchen andern auch der Rüpel in Deutschland, Clown und Punch in England, der unflätige Karagös (Schwarzauge) in der Türkei, Pagliazzo, Arlecchino und der hochberühmte Pulcinello in Wälschland gehören. Die wahre Lustigkeit ist die ursprüngliche menschliche, die lustige Person aber eine volkstümliche Darstellung des gemeinen Mannes in seiner Gesamteigentümlichkeit, roh, jedoch reichlichst mit Mutterwitz bedacht, sinnlich je nach Landesart und nach dem Stande der sittlichen Bildung. Henneschen im Krippenspiel ist hanswurstliches Vollblut." (Wilhelm von Chézy, 1864).

Bis um 1870 wird dem Hänneschen eine gepuderte Zopfperücke aufgestülpt, wichtiges Attribut zur Bereicherung des Spiels mit komischen Gags. Hänneschen trägt das aus Wolle geschneiderte, ärmellose Wams oder ein grünes Kamisol, doch meist die rote Samtweste mit Goldknöpfen über weißem Hemd und Umschlagkrause von gleicher Farbe. Zu Winters' und Klotz' Zeiten noch deutlich als Harlekinkragen erkennbar. Schwarz ist die Kniehose, Strümpfe und Zipfelmütze sind rot-weiß geringelt, wie insgesamt die Grundfarben der Montur auf die kölnische Stadtcouleur abgestimmt wurden. Anders noch beim Rosenmontagszug 1825: Eine von Jodocus Schlappal kolorierte Lithographie präsentiert das Hänneschen dem Betrachter mit Besteva (Beste-Vader) und Mariezebill (Maritzebille) als die „lustigen Helden des hiesigen Kasperle-Theaters", wie die Programmfolge ausdrücklich verheißt. Gravitätisch und steif zugleich sitzen Hänneschen, „auf einem winzigen Pferdchen voranreitend" und seine beiden Begleiter zu Pferd. Der „kölsche Lotterbov" trägt eine weiße Zipfelmütze (fast einer Nachtmütze ähnlich), blauen Frack und gelbe Röhrenhosen. „Lustig" im Sinn der Programmierung wirkt die Trias nicht.

Der „Rock von blauem Leinen oder Kattun" ist auch für Hönig ein dem Hänneschen adäquates Textil. Dessen Knöpfe sind „weiß ... hinten ist der Rock geschlitzt. Weste blau, mit großem weißleinenem Umfallkragen ... an der Weste weißleinene Ärmel ... Knöpfe von Metall ... Hose von weißem Madapolam (Baumwoll-Gewebe) ... Kopfbedeckung: Zipfelmütze". Man hat darin Anklänge an den deutschen Michel sehen wollen.

Des Hänneschen Familienverhältnisse bleiben weithin ungeklärt – diffus. Die Mutter tritt nie in Erscheinung. Der Vater „Steffen" wurde nach kurzer Gastrolle, ohne je wirklich Bedeutung zu erlangen, aus dem Ensemble gestrichen. Als weibliches Element treten dafür „Bärbelchen" (Barbara) und „Mariezebell" (Maria Sybilla) um so energischer in den familiären Umkreis des Helden.

„Bärbelchen", auch „Bäbb" oder „Bäbbche", ist im Kölnischen die Koseform des in

Hänneschen begegnet dem Teufel. Szenenbild aus „Die Teufelsmühle" (überliefertes Repertoire aus der Spielzeit Christoph Winters). Nach 1945

der Stadt seit alters her geläufigen Mädchennamens „Barbara".

Am Festtag der Heiligen, dem 4. Dezember, stellten ehedem die Kölner Kinder geputzte Schuhe vor die Haustür. Als Lohn durften sie Süßigkeiten in Empfang nehmen. Beinahe in keiner Familie fehlte früher der Barbara-Kirschzweig. Noch kahl und nackt in die Wärme der Stube gestellt, brachen die weißen Blüten zum Weihnachtsabend auf. Sankt Barbara war seit jeher Schutzpatronin der Harnischmacher, auch der Artilleristen, zu denen in Köln lange die „Funken" (Stadtsoldaten als Söldnertruppe) zählten. Das Kloster der Kartäusermönche am heutigen Sachsenring trug durch Jahrhunderte den Namen der heiligen Märtyrerin.

Christoph Winters „erfand" im „Bärbelchen" seines Stockpuppentheaters demnach eine Figur, die von Namen und Brauch her den Kölnern nichts Unbekanntes war. Aber was er dann in das Persönlichkeitsbild, den

Gruppenbilder aus dem großen kölnischen Maskenzug von 1825. In der unteren Reihe „Hänneschen", „Marietzebill" und „Besteva". Kolorierte Lithographie von J. Schlappal

Charakter dieses meist liebenswürdigen kölschen Puut hineinlegte, zeugt doch von scharfer Beobachtungsgabe – traf den Menschenschlag dieser Stadt. War es darüber hinaus ebenso eine Reverenz an Stefan Lochners lächelnde Mädchen- und Madonnengesichter oder auch eine Erinnerung an den Liebreiz kölnischer Ursula-Büsten?

Drall-bäuerisch bringt sich zunächst Bärbelchen ins Spiel. Sehr kokett dabei das rote Röckchen, denn auf Reinlichkeit ist Bärbelchen bedacht. Temperamentvoll ist allemal der Gesichtsausdruck. Und die fliegenden, rotblonden Zöpfe unterstreichen noch ein Ständig-in-Bewegung-Sein. Das rot-weiße Textil macht deutlich, wohin diese Figur gehört: an die Seite des ewigen Verlobten (zuweilen auch des Bruders, wenn es das Spiel erfordert), des Hänneschen. Manchmal ist von ihr als der Tochter des Tünnes die Rede. Da unterscheidet sie allerdings ein ausgeprägt vorlauter, witzig-sarkastischer Habitus und eine Eloquenz, die der des Pendants gleichkommt – bei fraulicher Fürsorge und Bedachtsamkeit. Nur zu Anfang sind Eltern überliefert. Hänneschen wie Bärbelchen bleiben elternlose Geschöpfe, fast zeitlose Wesen, und werden zur Personifizierung dessen, was Kölner Jungen und Mädchen im Urtypus vorstellen.

Zu einem „happy end" zwischen den beiden kommt es nie. Man wirbt umeinander. Doch Heirat?! Nein! Dies ist bei Gott kein abgekartetes Spiel, sondern seit eh und je heiliger Brauch im kölnischen Puppentheater. Dem Immer-von-vorn-Anfangen werden damit (was das Verhältnis Hänneschen–Bärbelchen angeht) unbegrenzte Möglich-

„Bärbelchen" und „Hänneschen". Die Figuren heute. Bildhauer W. Müller

„Bärbelchen"(?) aus dem Theater Klotz-Hamacher. 2. H. 19. Jhdt.

Ursulabüste aus der Schatzkammer von St. Ursula (Köln). Köln 14. Jhdt.

keiten eingeräumt. Es ist das Spiel von Fangen und Gefangenwerden im Spannungsfeld einer unerfüllten, ungelösten Zuneigung.
Resolut kann bei alledem dies kleine Frauenzimmer sein. Vor allem dann, wenn Hänneschen die Dummheit zu weit treibt, dem Tausendsassa Lebensgefahr droht. Als Schutzengel tritt Bärbelchen jetzt in die Szene. Vorsichtig und keß zugleich das unübersichtliche Terrain sondierend. Erstaunlich, wie weit die Selbsteinschätzung ihres Einflusses dann geht. Winters erfaßte damit das Phänomen „Weiblichkeit" und plazierte es klug als wichtigen Spielfaktor. Ohne die hartnäckige Aktivität des Bärbelchen und dessen untrügliche Witterung für Leib wie Leben des Helden würde die Knollendorfer Sippschaft insgesamt Schaden leiden oder tragisch enden. Der Knollendorfer Großfamilie ist mit diesem schlagfertigen „bäbbelnden" Mädchen – sehr jung, doch hellhörig und ein der bäuerischen Mitwelt häufig überlegenes Geschöpf – Fröhlichkeit und unbeschwertes Dasein als Kontrapunkt zur mitunter ernsten Welt der Erwachsenen eingepflanzt worden.
Ihr direktes Gegenteil wird von Mariezebe(i)ll – die Schreibweise wird sehr unterschiedlich gehandhabt –, Hänneschens Großmutter, verkörpert.
Ein erstes Bild der Mariezebill ist uns aus dem Kölner Rosenmontagszug 1825 überliefert. Sie reitet im Damensitz daher. Das Gesicht mit den auffallend roten, hageren Backen kehrt sie dem Bestevader zu. In der Hand hält Maria-Sybilla einen storksigen Besen. Das gelockte Haar bedeckt die weiße, gerüschte Haube. Über eine braune Weste mit langen Ärmeln ist ein Umschlagtuch gelegt. Der schwarze, lange Rock und die ebenso lange, weiße Schürze reichen bis zu den schwarzen Schuhen. Im ganzen präsentiert sich die Gestalt durchaus respektabel, jugendlich im Gehabe, nichts Schreckhaftes ausströmend.
Sechzig Jahre später beschreibt Fritz Hönig

das Kostüm. Da hat der lange Rock „Taille mit Schößen von dunkelfarbigem, fein gestreiftem oder klein carrirtem Kattun, Rock von hellfarbigem klein geblümtem Kattun. Kopfbedeckung: weiße Haube".

Wie sehr veränderte sich das Image gerade dieser Type während der vergangenen hundertachtzig Jahre! Vollends in der zweiten Hälfte des 19. Jahrhunderts erfährt Mariezebill (Bestemo, Maria Sybilla) das heute noch gültige Aussehen, den spezifischen Charakter. Wenngleich die Schnittbögen nach Fritz Hönig ein eher gemäßigtes Porträt vermitteln: Mariezebill mit gerüschtem Schlafhäubchen, geschoßtem Jäckchen und weitem Rock.

Doch trügt der optische Eindruck, denn „Maria Sibilla Knoll" (Marizzenbill) wird auch von Hönig als „meistens zänkische Frau" vorgestellt, „die ihren Mann stets schilt, weil er trunksüchtig ist. Alter etwa 70 Jahre. Sprechweise: schleppende Sprache nach Art alter, gewöhnlicher Frauen; in erregtem Zustande kreischende Stimme mit

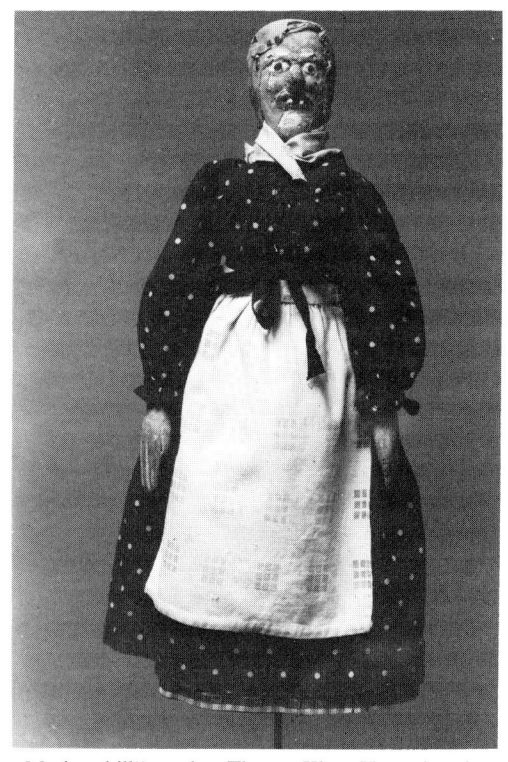

„Marietzebill" aus dem Theater Klotz-Hamacher. 2. H. 19. Jhdt.

Figurengruppe (Detail) aus dem „großen kölnischen Maskenzug 1825" mit „Hänneschen", „Marietzebill" und „Besteva". Kolorierte Lithographie von J. Schlappal

„Marietzebill" und „Besteva". Fundusbild von heute

„Besteva" oder „alter Diener" („Steffen") aus dem Theater Klotz-Hamacher. 2. H. 19. Jhdt.

rascher, jedoch vollkommen verständlicher Aussprache."
Aus Mariezebill, der Frau des Nikola Knoll (Besteva), wurde endgültig die böse Alte. So sind giftige Altersbosheit, enttäuschte Ehejahre ungute Voraussetzungen aller Spielaktivitäten dieser Weibsperson. Ihre rabiat schroffe Veranlagung zielt eindeutig aufs unflätige Zanken, Keifen in Sprache wie Gebärde. Ganz allgemein zum Lamentieren ist unsere „Bestemo" aufgelegt, deren Name (beste Mutter) daher wie Ironie wirken muß. Das Schwadronieren hat sie zum Prinzip erhoben, das Klatschen und Tratschen. Nicht ohne Grund gilt heute noch ein alter Kölner Neckreim: „Mariezebill, no schwich ens still!" Taucht Mariezebill in der Szene auf, führt allzuleicht der kräftige Besen aggressive Regie. Da wird dem Zuschauer sogleich die Assoziation von etwas Hexenhaftem gegeben: vielleicht in später Erinnerung an das von der Kölner Sage immer wieder ausgeschmückte Hexenunwesen vergangener Zeiten. Blocksberg, Besenreiten, Walpurgisnacht, dies alles sind Begriffe und Motive, die das Volksschauspiel seit eh und je kennt. Derlei fließt ein ins Gebaren der Bestemo, mag vage Erinnerung an Kölner Hexenprozesse des 17. Jahrhunderts sein, die im Verfahren gegen Katharina Henot und in deren Verbrennungstod am 19. Mai 1627 auf der Kölner Richtstätte Melaten einen weithin diskutierten Höhepunkt fanden.
Der Intelligenzdurchschnitt des alten Weibes Mariezebill ist nicht allzu hoch bemessen, doch schließt dies bei ihr Ranküne keineswegs aus. Im Theatermuseum Köln-Wahn (Schloß) wurde aus dem Theater Klotz (?) (Sammlung Niessen) eine Puppe in unsere Zeit hinübergerettet und unter der Bezeichnung „Mariezebill" inventarisiert. Große, böse Augen schauen uns an. Ein fast zahnloser Mund wird halbwegs vom derb geknoteten Kopftuch verdeckt. Strähnige Haare drücken sich unter dem geblümten

„Besteva" oder „alter Diener" („Steffen") aus dem Theater Klotz-Hamacher. 2. H. 19. Jhdt.

„Besteva" oder „alter Diener" („Steffen") aus dem Theater Klotz-Hamacher. 2. H. 19. Jhdt.

Textil hervor. Dazu zeigt die Figur ziemliche Beleibtheit, unübersehbaren Körperumfang, von einem bis zu den Füßen reichenden schmuddeligen Kattunkleid mit Schürze verdeckt. Die überkräftigen, ganz unproportionierten Hände scheinen wie zum Streiten, zum harten Zupacken und Schlagen geschaffen. Man weiß inzwischen, wie der gutmütige Besteva solche Handgreiflichkeiten zu spüren bekommt, wie hitzig ihm die Leviten gelesen werden und der Schreck in die Beine fährt.

Das jetzige Aussehen der Mariezebill ist dem eben konturierten Bild durchaus ähnlich. Es war dem Bildhauer Willi Müller Modell. Der spärliche Haarwuchs wurde zur „Knuuz" gerafft, kantig das Gesicht geschnitten, mit wachen Augen und breitem Mund. „En ahle Zang", die zubeißen kann. Mehr noch, die Gestalt flößt auf den ersten Blick Furcht, Strenge, Unerbittlichkeit ein. Mariezebill verband Christoph Winters in komischer Unzertrennlichkeit mit Besteva zu bisweilen auch ungewollter Zweisamkeit. Der behäbige Alte – übrigens eine Type, die bereits das römische Theater im Komödienspiel kennt und der man in ähnlicher Funktion bei italienischen Commedia dell'Arte-Auftritten begegnet – bringt sich als „bester Vater", auch als „Niklos", „Niklas", „Nikola Knoll" ins Rampenlicht. Die wenig zimperliche Bestemo hat da eine geduldige Ehehälfte ohne Energie zur Seite, an der sie ständig herumnörgeln kann. Besteva wird gegängelt, wo immer sich Gelegenheit dazu bietet, ist ganz Pantoffelheld, wobei der Bestemo-Besen in heftiger Gemütsart regiert. Dies noble Paar also sind die Großeltern des Helden Hänneschen. Bei ihnen wächst er auf, hier verbringt er mit seiner immerwährenden Verlobten Bärbelchen die Teenager-Jahre. Auf den ersten Blick wahrhaftig keine trauliche Familienidylle; dubiose Verhältnisse. Doch gibt es insgeheim so etwas wie familiäre Geborgenheit in wunderlicher Eifersüchtelei.

Wird die mißvergnügte Bestemo von ihrer Mit- und Umwelt mehr gefürchtet denn geliebt, so erregt der Besteva vielfach Mitleid. Er spürt instinktiv die ihm zugedachte Solidarität, schwingt sich manchmal als Sippenältester wortgewaltig auf und kaschiert damit seine im Grunde erbärmliche „Autorität". Indes: Niemand nimmt ihm die selbstgewählte Rolle einer Respektsperson ab. Besteva flüchtet sich in erträgliche Kompromisse. Sein mitunter gravitätisches Gehabe steht im Widerspruch zur sprichwörtlichen Trunk- und Prügelsucht, zur Wesenseinfalt mit allen Erscheinungsformen eines sehr niedrig angesiedelten Intelligenzquotienten. Der Mann ist einfach zu simpel, als daß ihn die Knollendorfer ernst nehmen könnten. Mit dem Tünnes hat er den gutmütigen Charakter, ein gewisses Phlegma, die stupide Gleichgültigkeit gemein. Die dunkle Stimmlage gibt dem Ausdruck, mimt Überlegenheit bei immer wieder drohendem Malheur. Mit sich selbst im Unreinen, bleibt sein Naturell schwankend, unzuverlässig.

Daß der Besteva jedweder Arbeit aus dem Wege geht, versteht sich von selbst. Er flunkert beharrlich von unerfindlichen „Altersgebresten" und hofft zuversichtlich, daß sich der Wind irgendwann zu seinen Gunsten drehen wird.

Besteva „amtiert" heute in einem biedermeierlichen Kostüm. Über einer bunten Weste trägt er einen braunen Gehrock aus Tuch, dazu die lange Hose. Gerne setzt er einen grauen Zylinder auf. Frühere Konterfeis präsentieren ihn in altertümlicher Tracht des ausgehenden 18. Jahrhunderts. Dort mit Strümpfen, vornehmlich weißen, Kniehose, Weste und langem Leibrock, dieser oftmals aus hellfarbigem Drillich, bekleidet. Dazu gehört der Dreispitz. Er setzt dem merkwürdig zusammengewürfelten und eigentlich keinem Modetrend verpflichteten Habit sozusagen die Krone auf. Erscheint er barhäuptig auf der Szene, titulieren ihn die Kumpane mit „ahle Plaatekopp". Und in der Tat: Zwischen schütterweißem Haarkranz leuchtet eine Glatze. Gerne spielt Besteva in derlei Kostümierung den „Mann von Welt". Aber doch auf eine allzu lächerliche Weise. Denn er ist und bleibt ein törichter Banause.

Bildhauer Simon Kirschbaum schuf 1914 den Hännschen-Besteva-Brunnen, der noch heute „Im Dau", nahe der Severinstraße, steht. Hier wird mehr das Respektvolle in den Mittelpunkt gerückt; Besteva als betulicher Großvater und Beschützer, wohl ebenso als Erzieher des Hänneschen. Das Generationsproblem ist angesprochen: Weise, verklärt steht der erfahrene Alte dem Springinsfeld Hänneschen gegenüber. Eine sicherlich zu ideale, mehr das Erzieherische im Sinn habende Interpretation. Die Bühnenwirklichkeit sieht anders aus.

Einer älteren literarischen Quelle (Szenenbuch Winters?) verdanken wir die Beschreibung des Nikola Knoll. Danach soll er ursprünglich die steife Kniehose aus Bocksleder, einen braunen Gehrock sowie eine gleichfarbige Weste getragen haben. Seine Glatze verbarg Besteva damals noch unter einer Zopfperücke, die im Spielablauf zu allerlei Allotria verlocken konnte. Sie wird versteckt, gerät in Brand, ist überhaupt nicht mehr vorhanden und schafft auf solche Weise Verlegenheiten, Konfusionen reizt das Publikum zu Gelächter. Die „Pürk" des Besteva demnach Attribut wie Requisit, das die Spielhandlung ermunternd beeinflussen konnte.

Wiederum sei hier auf ein Zitat Fritz Hönigs zurückgegriffen, was die Gestalt des Nikolas Knoll angeht. Mir scheint dies schon darum am Platz, weil Hönig dem alternden Winters zeitlich noch halbwegs nahestand. „Mit Vergnügen" hat ihn das Wintersche Puppenspiel ausgefüllt und beschäftigt. Einigermaßen schleierhaft bleibt, daß er dessen Namen mit „Gottfried Winter" zu Papier brachte. Sicherlich eine jener zahlreichen „prominenten" Unrichtigkeiten, aus denen sich der verwirrende Gebrauch des falschen Namens für die Zukunft speiste.

Nach Hönig stolziert Bestevader im „Rock von weißem Madapolam (Baumwollgewebe)" daher. Letzterer hat „Knöpfe vom Metall, vorne fünf Stück [...] hinten ist der

Rock geschlitzt [...]". „Als Sonntagsanzug trägt er einen langen braunen Rock [...] Knöpfe von Metall, vorne fünf Stück und hinten zwei Taillenknöpfe, der Rock ist geschlitzt. Weste braun, mit großem weißleinenem Umfallkragen [...] an der Weste weißleinene Hemdsärmel, Knöpfe von Metall. Die Weste muß Ärmel haben, weil diese Figur wie auch die übrigen Bauern häufig ohne Rock auftritt. Hose von weißem Madapolam. Kopfbedeckung nach jeweiliger Vorschrift [...] Nikolas Knoll (Hänneschens Großvater) stellt einen schlichten Bauern von 70 Jahren vor, der immer guter Laune ist, gerne trinkt und andere zum Besten hält. Sprechweise ruhig und gemütlich, nur bei besonderen Fällen spricht er rasch und derb."

Hönigs peinlich genaue, fast penetrante Regieanweisungen haben lange Schule gemacht, auf seine Autorität durfte sich Jahre hindurch das „Hänneschen" berufen.

Wie sehr das Mannsbild Besteva im Hänneschenensemble gefragt war, macht deutlich, daß Christoph Winters selbst bis ins hohe Alter hinein diese Puppe mit Vorliebe selbst zur Hand nahm, während „Frau Directeurin Winters" Mariezebill spielte.

Zur Kerntruppe des Kölner Figurentheaters zählen die Typen Tünnes (Antonius) und Schäl (Schieler).

In Adam Wredes „Neuer kölnischer Sprachschatz" heißt es zum Stichwort „Tünnes" kurz und bündig „Tün, Tünnes = Kurzform zu Antonius... Tünnes, abgebildet mit übertrieben roter, knolliger Nase, ist eine Hauptfigur im Kölner Hännesje [...] Tünnes mehr gutmütig, harmlos, ulkiger Kerl [...]". Sicherlich eine zu karge Fassung der Tünnes-Individualität wie -Mentalität. Denn was steckt nicht alles an Einfällen und zweifelhafter Eigentümlichkeit hinter diesem „Knollendorfer".

Tünnes und sein automatisch mitagierender Kompagnon Schäl sind das unzertrennliche Paar geworden, die Hauptmatadore ungezählter Witze, Schwänke, Verrücktheiten. Die Darstellung kölnischer Grielächerei schlechthin von fast internationalem Ruf.

Besteva-Hänneschenbrunnen „Im Dau". Zeichnung von H. Brands

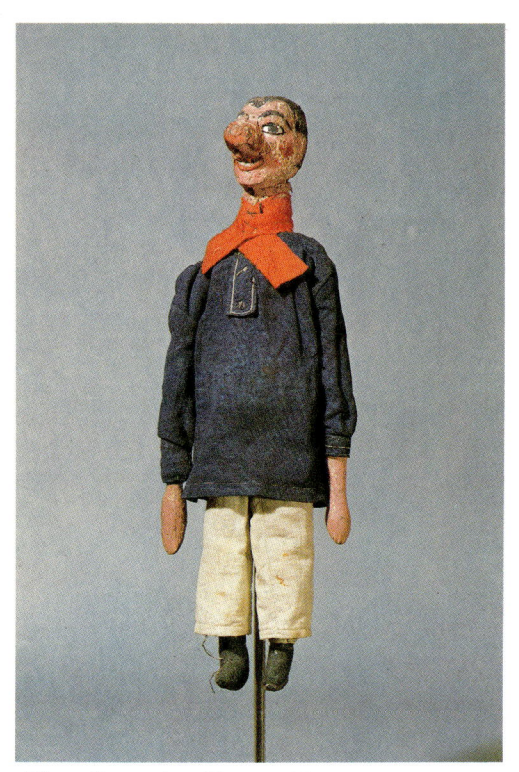

„Tünnes" aus dem Theater Klotz-Hamacher. 2. H. 19. Jhdt.

Ewald Mataré nennt ihre Namen auf den Bronzetüren des Gürzenich. Für dessen Wiederaufbau durften die beiden Helden seinerzeit paradieren (1950). Es ging dabei um die überlebensgroße Holzplastik des Bildhauers Wallner. Die Spendenaktion war mit dem Benageln des Standbildes gegen entsprechende Geldzuwendungen verbunden.
Das Denkmal „Tünnes und Schäl" im Schatten von Groß St. Martin, gestiftet von Josef Engels, sei als jüngste Verbeugung genannt. Im Bewußtsein der Kölner Bürger sind beide derart fest verwurzelt, daß die Frage nach ihrer Herkunft so gut wie nie gestellt wird. Tünnes und Schäl sind einfach da, irgendwann aus der Taufe gehoben, eine Augenblickslaune vielleicht? Doch ist ihr Herkommen keinesfalls so nebulös, wie mitunter behauptet.
Tünnes – Namenstag feiert er am Fest des Einsiedlers Antonius, der in Köln zu den vier „Marschällen" (neben Antonius die Heiligen Kornelius, Quirinus und Hubertus, in besonderer Ehrenstellung an Gottes Thron. Daher „Marschälle") gehörte und am ganzen Niederrhein als Patron der Schweine gilt – kam zuerst in die kölnische Szene, und zwar im Hänneschen-Theater des Christoph Winters 1802. Schäl folgte sehr viel später, war ein Kind der Mitte des letzten Jahrhunderts und spielte im Konkurrenzstreit zwischen Winters und Franz Millewitsch (so hieß der Prinzipal damals noch) eine Rolle.
In frühen Spieltexten führte Tünnes den Namen „Scheffen Tünnes" und tritt als der Vater des Bärbelchen auf. Seine eigentümlichen und heute noch gültigen Charaktereigenschaften bilden sich erst allmählich: die dunkle, schleppende Sprache als unverkennbare Beigabe einer auf den ersten Blick tölpelhaften, dumpfen Existenz, deren Gutmütigkeit unter der rauhen Schale schroffer Manieren fast an den Rand des Erträglichen reicht. Ist es eine gehörige Portion Dummheit oder Kalkül? Wie dem auch sei: Die obligate Prügelei wird meistens auf seinem Buckel ausgetragen. Der Mitleidseffekt beim Publikum bleibt dann nicht aus. Tünnes erfreut sich uneingeschränkter Sympathie.
Unübersehbar ist das, was den Tünnes vor allem auszeichnet, optisch ins Bild rückt, nämlich das mächtige Riechorgan. Ganz verschiedene Namen sind für jene Besonderheit überliefert. Der „Gesichtserker" figuriert als „Flötschen" oder „Kindernüggel", wird „Nashorn" geheißen und „Ballon", „Wurst". Schier unerschöpflich sind die Benennungen, der Phantasie keine Grenzen gesetzt. Kurzum, Tünnes handelt als „Naserienes".
Die Freude am Alkohol und deftigem Schmausen ist unserem Unikum mit „fuchsiger" „Pürk" ins Gesicht geschrieben und wird damit zum Verhängnis seiner vielen auch gnädig verhüllten Verstrickungen.
Hiermit wie auch durch andere Eigenschaften steht Tünnes in alter Tradition. Vorbilder, beinahe Modelle, bieten die römischen

Szenenbild aus: ,,Doktor Bewah" (Schneider-Clauss). Links ,,Tünnes", rechts ,,Marietzebill". 1968

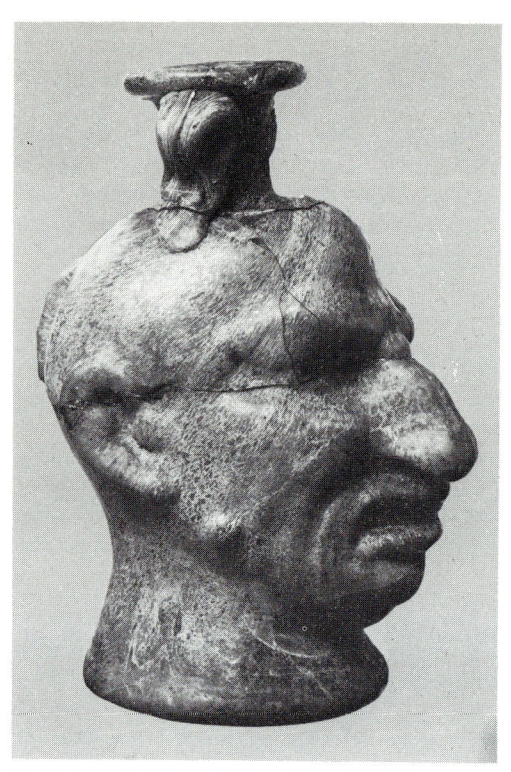

Karikatur mit „Tünnes"-Nase. Glas. 3. Jhdt.

Karikatur mit ausgeprägter Nase. Bronze. 3. Jhdt.

Atellanae, eine Nebenform der antiken Komödie. Der pausbäckige Tölpel Bucco könnte durchaus eine Urform des Tünnes sein. Es ist nicht ausgeschlossen, daß diese Type des Hänneschen-Theaters über die gelehrte Kölner „Olympische Gesellschaft" inspiriert wurde.

Der Commedia dell'Arte sind derlei grobe Personen ebenfalls nicht fremd. Und in weite Vergangenheiten führt uns anderes. Tünnes' Nase taucht bereits an Terrakotten oder Gläsern in den Sammlungen des Römisch-Germanischen Museums zu Köln auf. Hier spielte die Lust am Zurschaustellen des Grotesken, Bizarren mit, die Freude an der Karikatur. Christoph Winters hat den „Nasentyp" sicherlich auch im flämischen Puppenspiel entdeckt, erlebt, als er auf Gesellenwanderschaft war. Die „Nas" ist dort heute noch ein Begriff.

So fließen in der Figur des Tünnes gleich mehrere genealogische Ströme zusammen, unter denen der niederrheinisch-flämische dominiert. Das betrifft auch die Bekleidung. Carl Niessen beschreibt den Tünnes der Anfangszeit in seiner blauen „Bluse mit bescheidener Stickerei auf den Achseln und am vorderen Halsschlitz. Bei den Fuhrleuten hat sich diese Arbeitstracht der Kappesbooren wie auch auf dem Lande lange erhalten. Die Kniehose ist heute durch ein langes Drillich-Beinkleid ersetzt. Er geht in Holzklumpen und hat über das fuchsige Haar eine weiße Zipfelmütze gestreift". Man sieht: Die Zipfelmütze ist verschwunden; dafür kam das rote, geknotete Halstuch zu Ehren.

Der blaue Kittel war ursprünglich die Arbeitskluft flämischer Bauern. Noch während der dreißiger Jahre unseres Jahrhunderts sah man darin die holländischen Heringsverkäufer in Köln. Manchmal erscheint Tünnes mit einer Art Ballonmütze. Und genau diese erinnert wiederum an Flämisch-Holländisches.

Tünnes ist demnach in allem, was er dar-

„Schäl" (links) und „Tünnes" (rechts) vor der Kulisse von „Knollendorf". Szenenbild aus: „Der gestiefelte Kater" (Gossmann). 1965

„Schäl"-Vorbild. Ton. 3. Jhdt.

stellt und was er sein will, ein Mann mit „Geschichte", keine zufällige Neuschöpfung, nichts Wildfremdes.
Tünnes und Schäl sind die entscheidenden Kontrahenten, die eigentlichen Gegenspieler auf der Kölner Stockpuppenbühne.
Ursprünglich hatte Christoph Winters das personifizierte Böse auf diese oder jene Figur verteilt. Den Schäl als Type gab es während der ersten Jahrzehnte bei dergleichen Überlegungen nicht. Er trat erst um das Jahr 1850 auf die Hänneschen-Bühne. Ausgerechnet von der „schäl Sick", dem Deutzer Gegenüber Kölns, nahte für den bis dahin konkurrenzlos spielenden Winters das Unheil in der Gestalt des Franz Andreas Millewitsch (so sein ursprünglicher Name), der ihm, dem schon Alternden, das Feld streitig zu machen suchte. Und er fürchtete das Spieltalent jenes „Schäl". Die Rache trug Winters in der härter werdenden Auseinandersetzung nun auch in seine Figurenwelt. Er erfand den Schäl als Partner des Tünnes. Ob Winters sich selbst als den gutmütigen kölschen Tölpel – gerade um jene Jahre herum gewinnt dieser klarere Umrisse – bemitleidete? Er, der meinte, vom Schäl (sprich Millewitsch) bedenkenlos übers Ohr gehauen zu werden?
Josef Klersch fand noch eine weitere Deutung für die Schäl-Figur. Er charakterisierte sie als den Typ des „Grenzlandmenschen", mit einem Auge immer über die Landesgrenze schielend. Solcher Interpretation lag wohl die Vorstellung des frankophilen Kölners zugrunde. Als einigermaßen kühn doch unfundiert mag man sie wohl gelten lassen. Unser Schäl gibt fortdauernd reichliche Proben kühl berechneter Winkelzüge. Ein Grobian ist er und Halunke im Innern. Nach außen spielt er den Jovialen, Weltmännischen. Auch mit Biedermannsmiene kann Schäl einherstolzieren. Die Regie plaziert ihn da, wo die Handlung nach Intrige riecht, die Spielvorgänge undurchsichtig sind, die Katze nicht aus dem Sack gelassen wird. Wo das Tückische der Unverbogenheit entgegensteht. Oftmals lauernd mustert Schäl mit schiefem Blick sein Gegenüber, vermißt die Gelegenheit, hat teuren Rat zur Hand, der sich schließlich als Hinterhalt Kabale erweist. In heimlichen, fein gesponnenen Ränkespielen – darin kennt sich unser Dunkelmann bestens aus, dies ist sein breitgefächertes Revier. Grelle Farben vermeidet er. Seine Sache ist das Schwarze, Unauffällige. Schäl geht im Cut mit gestreifter oder graumelierter Hose. Auf dem Kopf den „Bibi". Eine „graue Eminenz" mit dem Anspruch des „Gesellschaftslöwen" sozusagen, der das Licht scheut und die Grauzonen sucht, maulfrech und vulgär sich in die Kulisse schiebt als Alleskönner, Alleswisser von perfidem Kaliber. Eine Präfiguration der Schäl-Gestalt überliefert möglicherweise ein Terrakotta-Exponat im Kölner Römisch-Germanischen Museum mit dem Konterfei des „Schielenden".
Auch Speimanes offenbart körperliche Gebrechen. Der spuckende Hermann, liebevoll „et Hermännche" genannt, kann zur unübertroffenen Hauptperson des Spiels wer-

Kostümfundus „Puppenspiele der Stadt Köln". Im Vordergrund die Figur des „Speimanes" bei der „Anprobe"

Karikatur mit weitgeöffnetem Mund und großen Augen (Maske?). Ton. 3. Jhdt.

den. Stotternd und spuckend – also mit reichlich saftiger Aussprache – tritt er auf die Bühne. „Dä hätt en Muhl, wo mer en Botz dren wäsche kann", hört man aus dem Publikum. Doch nicht nur dies. Kaum endenwollend ist sein Redeschwall. Der Buckel verleiht dem Winzling unter den Typen fast etwas Gnomenhaftes. „Zwerg Buckel" könnte der Märchenwelt entlaufen sein. Angeboren scheint dem „Hermännche" die Neigung zum jovial-drastischen Zupacken, zum spontanen Handeln aus dem Stand – bei realistischer Einschätzung seiner Möglichkeiten. Das mutet wie Urinstinkt, Witterung an.
Unbefangen teilt uns Hönig mit, wie Spei-Manes, den er als „Hermann Quanzius" tituliert, im Spiel zu agieren hat: „Langsam, stottert, stößt mit der Zunge an, je nach der Befähigung des Puppenspielers. Das Stottern erfordert einige Übung, doch darf man diese Sprechweise durchaus nicht übertrei-

ben, damit dieselbe für das Publikum verständlich bleibt. Zum Anstoßen muß die Zunge zwischen die Vorderzähne geschoben werden, so daß sie über die Lippen vorsteht. Beim Sprechen spritzt Quanzius anscheinend Speichel aus, weshalb derselbe den Spitznamen Spei-Manes hat."
Die körperliche Unzulänglichkeit trägt Speimanes mit Fassung, er hält sie für sein Gütezeichen, hadert damit nicht, und in diesem Sinne wird sie auch von der „Nohberschaff", der familiären Umwelt, akzeptiert. Niemanden beschwert, schert dies. Speimanes hat von den Knollendorfern nichts Gehässiges oder Niederträchtiges zu gewärtigen, im Gegenteil: Sie schätzen des Manes ausgleichendes, witziges Naturell, seine Lebensklugheit, Souveränität trotz oder gerade wegen anatomischer Anomalität. Rohes Vergnügen kehrt er ins Passable, entwickelt Energie, wo es darum geht, das Ansehen der Sippschaft zu retten, die verfahrene Situation ins Gleichgewicht zu bringen. Da braucht es keines besonderen Kleidungsstückes, um des Speimanes Gegenwart ausdrücklich kenntlich zu machen. Es sei denn, man nähme das pfiffige Hütchen dafür. Schon bei Winters wird das stotternde „Hermännche" erwähnt, ohne indes eine direkt tragende Rolle zu spielen. Die Figur deutet auf einen Rückgriff zur italienischen oder englischen Komödie, mit der die Kölner Theaterwelt durch wandernde Truppen Jahrhunderte hindurch enge Kontakte hatte. Es gibt da Hofnarrentypen sehr ähnlicher Statur. Im Hänneschen-Fundus des Theatermuseums Köln-Wahn (Schloß) findet sich erst aus dem Theater Klotz eine Speimanes-Figur, die der zweiten Hälfte des vergangenen Jahrhunderts zugerechnet werden muß. Sonst blieb sein „Bild" aus der Frühzeit unbekannt.
In den Mittelpunkt der Handlung trat der liebenswerte Knirps unter dem Spielleiter Karl Funck (bis 1979). Er machte ihn zur Attraktion der alljährlichen karnevalistischen Hänneschen-Puppensitzung. Mit immer neuen Einfällen brachte Speimanes die berühmt-berüchtigte „Woosch" wieder an

den Präsidententisch zurück. Zweifellos war er der Topstar des Abends. Schon wurde das „Speimanes-Lied" (Melodie und Text: Hans Knipp, 1975) Hänneschen-Historie:

„Ich heiße Speimanes
Un ben d'r Literat vun d'r Hänneschen-Sitzung.
Ich sorge immer doför,
Dat jeder sing Woosch kritt.
Jeder, dä bei uns optritt,
Kritt en Woosch.
Ävver nur bes vür de Dür,
Dann muß hä se widder avgevve.
Dat wor bei uns schon immer esu.

Mer müsse nämlich spare ...

Här Präsident die Woosch ...
Ich han se he en minger Hand.
Dä Fätz wor mir bahl fottgerannt.
Ich ha en noch ze packe krääch.
Här Präsident, die Lück sin schlääch.
Här Präsident, die Lück sin esu schlääch.

Nä, nä, nä, nä, wat et nit all git.
Hät dä wahrhaftig gedaach,
Dä künnt uns gode Woosch behalde.
Dä wollt vör de Dür schon erenbieße.
Ojeh, wor schon et Gebeß en singer Täsch am söke,
Nä, wat et Minsche git, Nä!

Wenn se doch all esu wöre wie ich,
Nur su wie ich,
Dann wör et got, eja –
Dann wör alles got!"

Mit dieser Selbstanpreisung im Schlußsatz des köstlichen Liedchens hat Speimanes sein Spielverhalten getroffen. Er weiß, wie gut er allenthalben gelitten ist, auch beim Schäl, der ihn von seinen vielfachen Rankünen ausnimmt. Speimanes wird nicht geduldet, er wird respektiert. Trotz Stottern, Spucken und Buckel. Speimanes steht als Exempel für Toleranz. Äußerlichkeiten gelten nicht. Über sie wird kurzerhand hinweggesehen. Mitleidsattitüden sind da mehr als unangebracht. Zuneigung ist diesem fidelen Kerlchen immer gewiß.

Diener mit gerunzelter Stirn und weit geöffnetem Mund als Vorbild des „Speimanes"(?). Ton. 3. Jhdt.

Die Puppe des Schnäutzerkowski steht der Kölner Stadtgeschichte in besonderer Weise nahe. Ihr merkwürdiger, für rheinische Ohren fast exotisch klingender Name zielt aufs Preußische, Ostelbische. Doch gibt es eine weitere, nicht minder wichtige Komponente. Schnäutzerkowskis Vorgänger kam nämlich aus Regionen weit westlich des Rheins und stellte sich als „Här Kumessär", auch als „Musjö Amtmann", der französischen Besatzungsmacht nach 1794 dar.
So deutet diese Hänneschen-Figur gleich mehrere die Kölner Stadthistorie illustrierende Phasen. In ihr wird die kritische Distanz gegenüber der französischen Ordnungsmacht zum einen und hinsichtlich der ungeliebten preußischen Verwaltung nach 1815 zum anderen manifest. Beide waren dem Kölner von Anfang an einigermaßen suspekt, seinem Lebensstil zuwider: die Figuren des Schnäutzerkowski und die des

malistische Verordnungen und Anweisungen, Gängelei, Eingriff in die Intimsphäre, Bärbeißigkeit, schnarrender Kommandoton. An all dem entzündete sich Mißtrauen gegen Staatsomnipotenz, Amtshabitus, ungute Herrschaft. Die Uniform, nicht der Mensch steht im Mittelpunkt. Der jeweils Gebietende setzte sich bunt und dekoriert, optisch hervorgehoben – und immer aufdringlich – in Szene.

Es sind Blätter aus dem Skizzenbuch Christoph Winters (?) erhalten, die offenbar machen, wie zeitig sich das Kölner „Hänneschen" und seine Theatermacher mit dem Darstellen der Ordnungsmacht auseinandersetzten. Uniformröcke, Drei- und Zweispitze, Gamaschen und Stiefel werden exakt gezeichnet, wie für ein Schneiderjournal bestimmt. Auf einem weiteren Blatt wird mit Menschen in Uniform experimentiert. Die Bildaussage ist schon mehr ins Lächerliche gekehrt. Ansätze zur Karikatur sind gegeben.

„Speimanes"(?) aus dem Theater Klotz-Hamacher. 2. H. 19. Jhdt.

Schutzmann „Schnäuzerkowski" von Bildhauer W. Müller. 1960

„Kumessärs" stellen sich dar als Negativ-Projektion der Köln-Mentalität.
Es war der Nichtkölner Christoph Winters, der in beiden Uniformträgern das Unbehagen kölnischen Bürgersinns an einem Auftreten artikulierte, welches ganz und gar nicht der Welt des Menschen dieser Stadt entsprach: Gehorsam um jeden Preis, for-

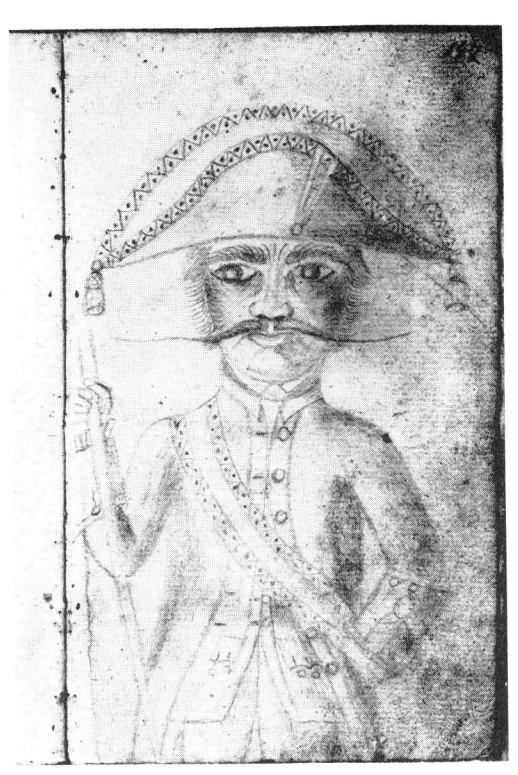

"Kumessär" oder "Musjö Ampmann" aus dem Skizzenbuch Christoph Winters (?). 1. H. 19. Jhdt.

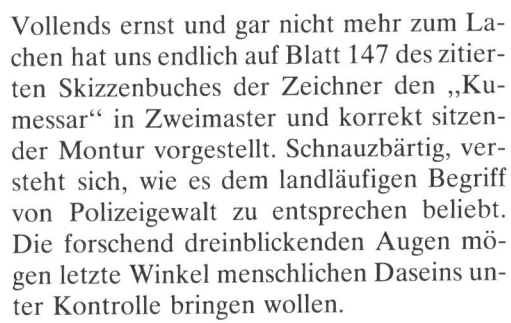

"Diener" in "Hoftracht" aus dem Theater Klotz-Hamacher. 19. Jhdt.

Vollends ernst und gar nicht mehr zum Lachen hat uns endlich auf Blatt 147 des zitierten Skizzenbuches der Zeichner den "Kumessar" in Zweimaster und korrekt sitzender Montur vorgestellt. Schnauzbärtig, versteht sich, wie es dem landläufigen Begriff von Polizeigewalt zu entsprechen beliebt. Die forschend dreinblickenden Augen mögen letzte Winkel menschlichen Daseins unter Kontrolle bringen wollen.

Der "Kumessär", auch "Musjö Ampmann" (in unterschiedlicher Schreibweise) blieb als ältere Stockpuppe in der Sammlung des Theatermuseums Köln-Wahn (Schloß) erhalten. Er trägt die damals (um 1805) gängige (oder doch so gedachte) Uniform der französischen Armee und hat das Gehabe eines kleinen Napoleon. In solchen Zusammenhang paßt eine Studie Winters' (?), bei der es um die Zeichnung Kaiser Napoleons auf einem Säulenpostament geht. Ganz offensichtlich gab es gedankliche Verbindungen zwischen dem Kaiser und seinem Minipendant – eben jenem "Kumessär". Winters (wer sonst noch?) war sich wohl bewußt, wen er mit dem Typus des "Musjö Ampmann" eigentlich treffen wollte.

Nun aber das Kostüm: Da springt als erstes der blaue Uniformrock mit rotem Kragen, ebensolchen Ärmelaufschlägen und Schößen ins Auge. Fangschnüre und mächtige Epauletten, schließlich der Ordensstern am Halse sind Abzeichen der zur Schau gestellten Autorität. Weiße Hosen und eng anliegende schwarze Stulpenstiefel ergänzen die martialische Erscheinung. Korrekt sitzen Schnauz- und Kinnbart. Auf dem Kopf thront der schwarze Zweimaster, wie er um diese Zeit auch in der bürgerlichen Mode usus war.

Ähnlich in Auftreten und Statur stellt sich sodann der Repräsentant einer stadtgeschichtlichen Epoche vor, die der Franzosenzeit folgte. Mit dem Beschluß des Wiener

Preußischer Schutzmann. Figurenfundus 19. Jhdt. Drei unterschiedliche Beispiele, wie das „Hänneschen" „Preußen" sah

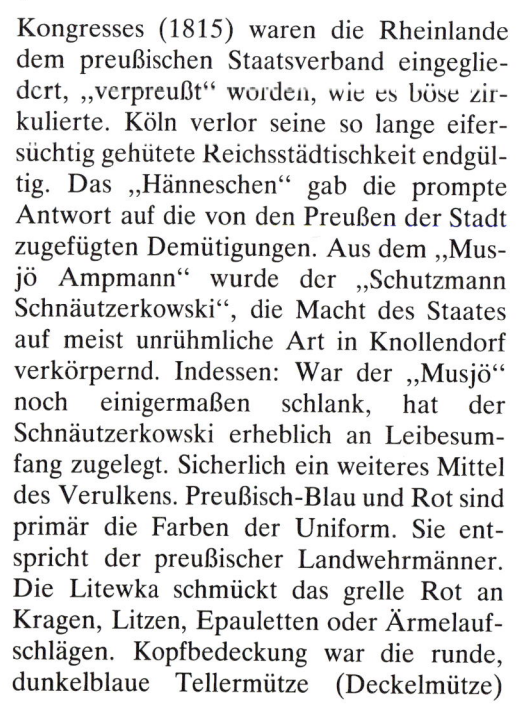

Preußischer Schutzmann. 19. Jhdt.

Kongresses (1815) waren die Rheinlande dem preußischen Staatsverband eingegliedert, „verpreußt" worden, wie es böse zirkulierte. Köln verlor seine so lange eifersüchtig gehütete Reichsstädtischkeit endgültig. Das „Hänneschen" gab die prompte Antwort auf die von den Preußen der Stadt zugefügten Demütigungen. Aus dem „Musjö Ampmann" wurde der „Schutzmann Schnäutzerkowski", die Macht des Staates auf meist unrühmliche Art in Knollendorf verkörpernd. Indessen: War der „Musjö" noch einigermaßen schlank, hat der Schnäutzerkowski erheblich an Leibesumfang zugelegt. Sicherlich ein weiteres Mittel des Verulkens. Preußisch-Blau und Rot sind primär die Farben der Uniform. Sie entspricht der preußischer Landwehrmänner. Die Litewka schmückt das grelle Rot an Kragen, Litzen, Epauletten oder Ärmelaufschlägen. Kopfbedeckung war die runde, dunkelblaue Tellermütze (Deckelmütze) mit roter umlaufender Paspellierung und gelacktem Schirm. Bei hochnotpeinlichen Befragungen erscheint Schnautzerkowski schon einmal in der Pickelhaube, sozusagen dem Amtlichen die Spitze aufsetzend. Trug der „Musjö" zuweilen Schärpe und Sponton, dekoriert den preußischen Schutzmann schwarzes Koppelzeug oder ein weißer breiter Schulterriemen (umgeschnallt), an dem der ungefüge Schleppsäbel befestigt war und ist. Bei erregten Disputen schwankt dieser bedenklich.

So gekleidet, stolziert „das Auge des Gesetzes" schnauzbärtig daher, immer der Lächerlichkeit preisgegeben. Wider erwarten bekam das Kölner Stockpuppentheater mit dieser Figur nur ab und zu Ärger, geriet unter gnädige Zensur. Genau besehen waren die Preußen denn doch nicht so humorlos, wie gerne hingestellt. Oder war es nur ein diplomatischer Schachzug, keinesfalls mehr Unwillen zu provozieren als unbedingt

Preußischer Schutzmann. 19. Jhdt.

Orden der Großen Carnevalsgesellschaft mit dem preußischen Schutzmann in Aktion. Köln 1893

notwendig, in der noch so fremd-unzugänglichen, aufmüpfigen preußisch-rheinländischen Provinz?
Auch Hönig läßt am „Amtsdiener und Polizist" kein gutes Haar, wenngleich aus den von ihm verfaßten Parodien ganz anderes tönt: Nationale Propaganda für Preußens Gloria. Da greift er kräftig in die Leier. Von altem Schrot und Korn sein „Musjö Fritz". Des „Hänneschen" „Amtsdiener und Polizisten" dagegen gelten „durchweg als Trunkenbolde. Hohen Personen gegenüber treten sie sehr unterthänig auf, bei Bürgern und Bauern recht grob." Ihre Sprechweise: „... rauhe kräftige Militärstimme, meist in abgebrochenen Sätzen redend, barsch, jedoch deutlich". Also doch das alte, überkommene Lied. Die Erinnerung ließ sich nicht ohne weiteres auslöschen, bei aller Annäherung an Preußen seit den 70er Jahren. Wohltemperierter aber war das Klima schon geworden.

Wiederum in stattlicher Beleibtheit begegnet uns unter den Typen eine jüngere Figur, die letzte hier vorzustellende und zum Standard zählende. Gemeint ist der Wirt aus Knollendorf: Peter Mählwurm, allgemein „Mählwurms Pitter" geheißen. Wie alle anderen der dörflichen Sippe hat auch er die Arbeit nicht erfunden.
„Mählwurms Pitter" stieg eigentlich erst im Theater Klotz und Millowitsch zum Charakterkopf auf. Ursprünglich war er in anderem Metier tätig: als Müller nämlich. Darauf zielt der Name. Denn der „Mehlwurm" meint die Mehllarve. Sie nistet in altem, verschimmeltem Mehl. Unser Pitter hat es bei seiner Arbeitsscheu so weit kommen lassen. Faulheit und Lust am „Schwaade" fanden mit solcher Namensgebung ihre umschreibende Deutung. Dem Müllerdasein sagte Pitter bald auf immer Lebewohl. Dafür steht dann „et Gesöff" und der Tresen in hoher Blüte. Auch die immerwährenden

„Mählwurm-Pitter"(?) aus dem Theater Klotz-Hamacher. 2. H. 19. Jhdt.

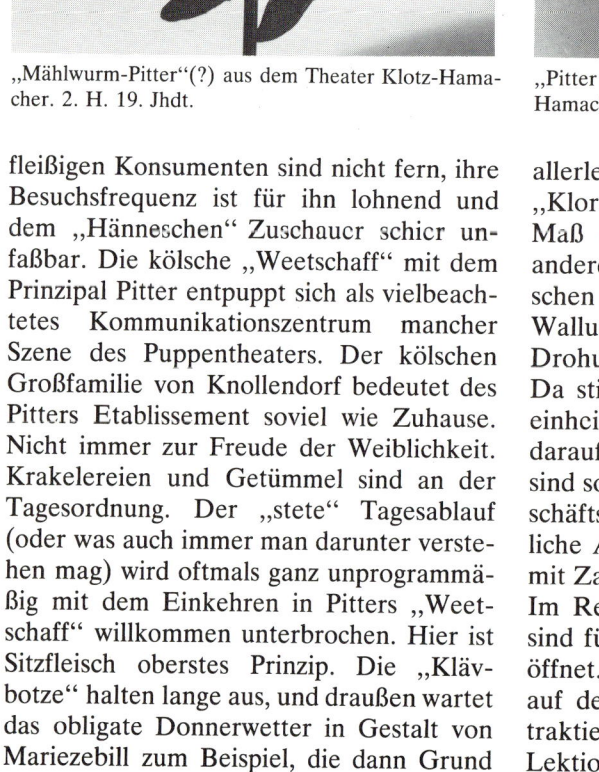

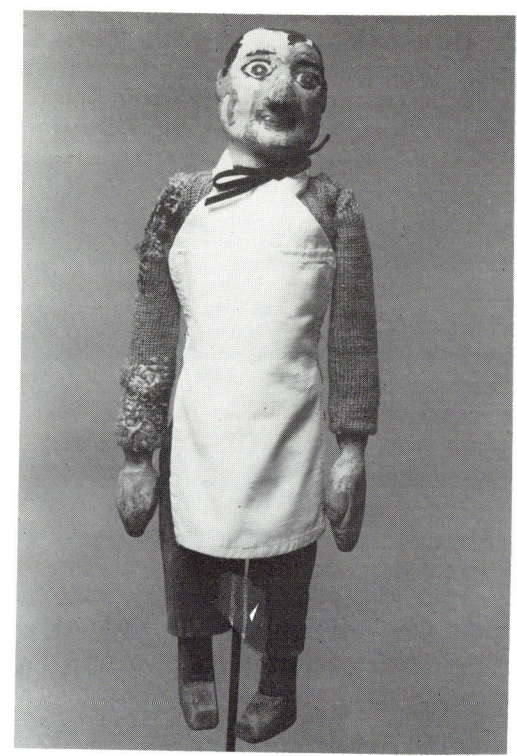

„Pitter Mählwurm" (Wirt) aus dem Theater Klotz-Hamacher. 2. H. 19. Jhdt.

fleißigen Konsumenten sind nicht fern, ihre Besuchsfrequenz ist für ihn lohnend und dem „Hänneschen" Zuschauer schier unfaßbar. Die kölsche „Weetschaff" mit dem Prinzipal Pitter entpuppt sich als vielbeachtetes Kommunikationszentrum mancher Szene des Puppentheaters. Der kölschen Großfamilie von Knollendorf bedeutet des Pitters Etablissement soviel wie Zuhause. Nicht immer zur Freude der Weiblichkeit. Krakelereien und Getümmel sind an der Tagesordnung. Der „stete" Tagesablauf (oder was auch immer man darunter verstehen mag) wird oftmals ganz unprogrammäßig mit dem Einkehren in Pitters „Weetschaff" willkommen unterbrochen. Hier ist Sitzfleisch oberstes Prinzip. Die „Klävbotze" halten lange aus, und draußen wartet das obligate Donnerwetter in Gestalt von Mariezebill zum Beispiel, die dann Grund hat, sich keifend ins Zeug zu legen.
„Mählwurms Pitter" weiß seine Freunde mit allerlei Sprüchen zu halten. „Beer" und „Klore" wechseln den Besitzer – bis das Maß voll ist, wozu der „Weet" auch auf andere Weise Anlaß gibt. Fudelei und Feilschen bringt bisweilen die Sippschaft in Wallung, lauthals und mit handgreiflichen Drohungen braut sich Unheil zusammen. Da stimmt weder das Geld noch die Maßeinheit. Dabei ist der Pitter nicht unbedingt darauf aus, seine Gäste zu betrügen. Eher sind sogenannter „sportlicher Ehrgeiz", Geschäftstüchtigkeit auf eine ihm eigentümliche Art im Spiel. Das korrekte Umgehen mit Zahlen und Maßen ist nicht seine Sache. Im Rechnen bleibt der Pitter schwach. So sind für Mißverständnisse Tür und Tor geöffnet. Das „Auge des Gesetzes" erscheint auf der alkoholgeschwängerten Bildfläche, traktiert das „Schmötzge" mit rüffelnden Lektionen, die sich als völlig untauglich herausstellen. Die Situation ist da, das Gewiß-Ungewisse fällig. Vor der „Weetschaff" flie-

Die „Typen"-Figuren des Kölner „Hänneschen". Szenenbild aus „Hänneschen op d'r Fahrt nohm Glück" (W. Boes) nach 1945

gen die Fetzen im Aufeinanderdreschen – dies immer noch absoluter Höhepunkt im „Hänneschen". In solch prekären Augenblicken bewährt sich dann vorteilhaft das „Mählwurms Pitter-Gemöt". Beschwichtigend, zur Ruhe mahnend tritt er, wagt er sich behutsam unter die Streithähne. Wohl auch voller Bangen um seine berufliche Existenz. Trotz allem bleibt des Pitters „Weetschaff" weiterhin erhalten und wird irgendwann mit Sicherheit erneut Zentrum unerwarteter Krawalle, Tumulte sein, die jedem die Sprache verschlagen.

In all dies spielt natürlich auch ein Stück Kölner Wirklichkeit hinein: die Freude am Wirtshausbesuch, die Stammtischatmosphäre, das Palaver. Unser „Hänneschen" steigert sie ins Groteske, ins Parodistisch-Faxenhafte, wie das auch mit anderen Kölner Spezialitäten geschieht.

Christoph Winters hatte dafür als Nichtkölner wohl ein schärferes und kritischeres Auge als die Einheimischen. Übrigens entdeckte er seine Wirtstype im nachhinein, wogegen die Wirtschaft (nicht Kneipe) bereits in den ersten bekannten Spieltexten präsent ist, als Versammlungsort, Treffpunkt der für die Spielhandlung entscheidenden Absprachen nämlich. Hier laufen die Fäden zusammen, und von hier aus fasern sie häufig in die Breite. Im Ansatz machte sich schon Winters über die dort agierende Gestalt Gedanken. Das hier bereits öfters zitierte, möglicherweise von ihm selbst stammende Skizzenbuch bringt die Zeichnung eines recht voluminösen Mannes mit dem später berühmt gewordenen Wirtskäppchen. Charakteristikum einer bereits in Umrissen entworfenen „Weets"figur alias „Mählwurms Pitter" scheint der mächtige Bauch zu sein, der sich dem Betrachter förmlich entgegenstreckt.

Carl Niessen schreibt 1928: „Das dörfliche Personal vervollständigt Peter Mehlwurm

57

(Mählwurms Pitter), der Wirt. Er trug die bis heute in den bodenständigen Wirtschaften erhaltene Zappes-Tracht der Köbesse, blaue, zweireihige Strickjacke mit weißen Hornknöpfen und rundumlaufendem blauen Leinenschurz. Zur festen Umgrenzung der Figur ist es später gekommen, nachdem die übrigen dörflichen Typen allseitig entwickelt waren."

Die Korpulenz blieb, doch veränderte sich das Textil: Bundhose, weiße Strümpfe, grüne Jacke, schwarzes Käppchen und endlich ein brauner Lederschurz. So sieht „Mählwurms Pitter" heute aus. Da steht die Vorstellung vom Zappes, vom kölschen Köbes nicht mehr im Vordergrund. Der „Weet" nahm mehr die Stellung des Lokalprinzipals ein, avancierte zum „Präses". Es schwingt viel Neureiches, falsch ausgelegtes Selbstbewußtsein mit hinein und verdeckt die tatsächliche Bedeutungslosigkeit. Aber solche Eigenschaften ordnen sich durchaus der Spielentfaltung ein, ja, können sogar Motiv für den Gang der Handlung werden.

Die Figur des kölschen „Weet", wie man sie heute kennt, scheint als Type noch nicht voll ausgeschöpft. Kräftigere Konturen wären vonnöten. Wie überhaupt der klassische Typenkatalog erweitert und unseren Zeitverhältnissen angepaßt werden sollte.

Das so in seinen Hauptfiguren umschriebene Kölner „Hänneschen"-Theater war in der Substanz die von glücklicher Hand geleitete „Erfindung" Johann Christoph Winters. Natürlich gab es Vorbilder für die hier ganz und gar kölnisch empfundenen Knollendorfer. Solche kamen über die Commedia dell'arte, wie sie eben ein Dilettant verstand. Endlich war da das importierte flämische Puppenspiel mit dem Arsenal der weithin bekannten Eulenspiegeleien.

Eulenspiegel – auch er den Kölnern früh geläufig. Wrede erzählt von einem Wirtshaus „Zum Eulenspiegel", das 1544 von sich reden machte. „Till Eulenspiegel mit dem Narrenkolben in der Hand" heißt es in der Festzugfolge Rosenmontag 1825.

Christoph Winters gelang mit all diesen Kombinationen zweifellos ein großer Wurf. Doch wird man beim Revuepassieren seiner Figurenwelt bei allem Respekt vor der theatergeschichtlichen Tat aufs Überdenken nicht verzichten können. Zwei Beispiele seien herausgegriffen:

„Mariezebill" etwa aktualisiert einen uralten Topos von Frauenfeindlichkeit (siehe z. B. Schwänke des späten Mittelalters): Klischee der verheirateten Frau als giftig-bösartige Xantippe, die dem Mann das Leben schwermacht. In stumpfsinnigen, ewig wiederkehrenden Büttenreden des heimischen Karnevals, feiert dieses garstige „Muß" Jahr für Jahr fröhliche Urständ. Es wäre eine gesonderte Untersuchung wert, „Hänneschen"-Theater und offiziellen Karneval in ideologiekritischer Hinsicht, bezüglich des hier wie dort vermittelten Menschenbildes, der Tradierung von Vorurteilen usw., gegenüberzustellen.

In der Gestalt des Schäl sind inneres Wesen und äußere Erscheinung auf primitive Weise gleichgesetzt. Der körperliche Mangel – Schäl schielt – wird zum Indiz, ist Symptom seiner charakterlichen Schäbigkeit. Ein Vergleich mit dem höfischen Epos des hohen Mittelalters drängt sich unwillkürlich auf: Helden erscheinen dort in strahlendem Glanze, die das negative Prinzip verkörpernden Mächte als unförmige Riesen, Zwerge oder Krüppel.

Das Christentum räumte tendenziell mit solchen Bildern auf: Gerade im Niedrigsten, Unscheinbarsten und Verachtetsten wird Gott erfahrbar, wie die Lebens- und Leidensgeschichte Christi offenbart. Vollends die Aufklärung überwindet die alten Vorurteile, der psychologische Roman des späteren 18. Jahrhunderts (Anton Reiser z. B.) entdeckte das Innenleben des Menschen und die komplizierten Wechselverhältnisse von Innen und Außen.

Die Figurenkonzeption des „Hänneschen" signalisierte einen eindeutigen „Rückfall" – nicht nur in autonom künstlerischer Hinsicht – hinter diese Errungenschaften. Sie ist antipsychologisch und antiaufklärerisch. Dabei läßt sich von „Rückfall" eigentlich nicht einmal sprechen: Denn die „hohe Literatur" hat auf die Entstehung der „Hänneschen"-Bühne so gut wie keinen Einfluß ausgeübt. Das Fehlen dieses Kontaktes zu den literarischen Leistungen der Zeit bekam dem Theater nicht gut. Das hängt nicht zuletzt mit der sozialen Herkunft seines „Schöpfers" Christoph Winters zusammen. Wollte man den Zug dumpfer Archaik, der in der Typenbildung des „Hänneschen" wirksam ist, auf die spezifischen Traditionen der Volkskunst und des Volkstheaters zurückführen, so hätte man nur teilweise recht. Es gibt zahlreiche Beispiele gelungener und fruchtbarer Wechselbeziehungen zwischen der sogenannten Volkskunst und der Sphäre „hoher Dichtung". Zu denken wäre etwa an die Wiener Volkskomödie von Winters' Zeitgenossen Johann Nestroy, die beste Traditionen der Aufklärung wieder aufnimmt und weiterführt.

Es bedarf derlei Betrachtungsweise einer Ergänzung und Relativierung. Denn wir haben z. B. anhand der Figuren des Schnäutzerkowski und des Speimanes gesehen, daß das Theater sehr wohl in der Lage war, einerseits kritische Akzente zu setzen und andererseits Vorurteile zu zerstören, d. h. den prädestinierten Außenseiter unpathetisch und selbstverständlich in die menschliche Gemeinschaft aufzunehmen. Doch macht der Gestus der „Heimholung in die Humanität" merkwürdigerweise vor Mariezebill und Schäl halt. Das „Hänneschen" gibt eine schillernde Vieldeutigkeit zu erkennen. Kritische und rückwärtsgewandte, humane und weniger humane Züge hat es höchst heterogen in sich aufgenommen.

Hier nun bewegt uns die Frage nach den Mitarrangeuren im Hintergrund. Nach denen, die nicht genannt sein wollten, aus welchen Gründen auch immer. Etwa die gelehrten, hochmögenden Herren der sogenannten „Olympischen Gesellschaft" und anderer Kölner Intellektuellenzirkel. „Aufklärerisch" durfte man sie bestimmt nicht nennen, und auch nicht von jener Gedankenschwere belastet, wie eben angedeutet. Man war in allem noch ganz konservativ, auch

Hardy, De Noël und Wallraf – Mitglieder der „Olympischen Gesellschaft". Öl auf Leinwand um 1810

heiter unbeschwert. Und nur das Skurrile hatte seinen Reiz, faszinierte.

Die „Olympische Gesellschaft" verstand sich, „abgesehen von dem Zopfwesen der damaligen Zeit", als eine „Art Sprachgesellschaft, wie sie das 17. Jahrhundert kannte. Sie bestand aus Künstlern und Gelehrten oder doch solchen, welche an Kunst und Wissenschaft Interesse hatten". Und der Name: „Im Sommer bezog sie ein am Bollwerk ziemlich hoch gelegenes Lokal, das, ein zweiter Olymp, frei und keck über den Rhein hinausschaute..."„Absonderlich darf man das Ritual der Samstags-Nachmittagssitzungen nennen „bei Thee und einer Pfeife Tabak", wie der Kölner Stadthistoriker Leonhard Ennen über das Gelehrtenrefugium ulkte. Was wurde hier nicht alles diskutiert, was war *nicht* aus alter Zeit lebendig geblieben bei gut gewürzter Unterhaltung? Antike und des Heiligen Römischen Reiches Größe gleichermaßen, die kölnische Vergangenheit insbesondere. Natürlich standen künstlerische Fragen obenan, auch solche von Philosophie, der Theologie – dafür sorgte Franz Ferdinand Wallraf – und endlich „Theatralisches". Mathias Josef De

59

Noël zum Beispiel hatte an letzterem seinen sehr persönlichen Spaß. Das schien vom Vater auf ihn gekommen zu sein. Dieser nämlich war einst Mitglied der „Interessengemeinschaft des Comoedienhauses" gewesen. Der Sohn produzierte sich im Kreis seiner Freunde und Gleichgesinnten mit „unübertrefflich komischem Talent". Es wird ausdrücklich versichert, daß dabei die „italienische Comedie" sein Vorbild und Antrieb war, wie Josef Bayer in seinen handschriftlichen Notizen zu bekannten Kölner Persönlichkeiten vermerkt. Sie blieb es – auch, als die „Olympische Gesellschaft" „An Witz und Laune gänzlich arm ... Die hochberühmte, hochgelehrte vom Anfang bis zum End' verkehrte ..." anno 1813 ein schnelles, unrühmliches Ende fand. Das hier in einigen wenigen Zeilen zitierte Poem war De Noëls Grabgesang auf jene, auch von Lächerlichkeit nicht freie, Institution. Unser „Hofpoet" hatte Jahre hindurch aus dieser merkwürdigen Runde das mittlerweile im Bekanntheitsgrad aufsteigende „Hänneschen" mit „witzigen Bonmots" und „beliebtesten Lokalpossen" bedacht und hielt ihm auch später die Treue: „Jocosa descriptio", „Ein nagelneues Büchelein", „Der verlorene Sohn" ist nur einiges davon. Längst vergessen scheint sein – wenn auch mittelmäßiger – Dichtversuch „Die Poststation oder die Verlobung im Gasthofe" (1818) – eine Verspottung des schleppenden Postbetriebs zwischen Köln und Aachen: „Jungfer Schmuddel oder der Deckelstrog" für das „Linksgasser Hänneschen" – „Hänneschen auf'm Kirchhof in Meditation versunken, nach Hamlet" und: „Ein noch unbekanntes Drama, worin Hänneschen als Bouffon ein Selbstgespräch hält ...", fand Beifall und ging in die Kölnische Literatur ein. Seine spritzige Feder machte das Hänneschen zum Spaßmacher im Kampf mit der Dramaturgie:

    Herrschaften, ich han et üch eesch als gesaat,
    Wat sich met meer he zo hät gedraht:
    Ich han mich om Triater als Bufong ankarscheet;
    Dat heisch esu vil als för Hanswoosch vermeet.
    Hanswoosch es e Kählche, dat de Späscher mäht,
    'Ne gooden Hanswoosch es om Triater vil wäht,
    Dröm ston ich en Gaasch, dat heisch em Gehalt,
    Un wann ich net jung sterven, dann wäden ich alt.

    Ich han e Kunzep, ävver eer möht mich net uhslaachen,
    Ich wil ens för Spass der Geleete gät maachen.
    'Ne Geleete, west eer auch, wat dat Wöhtchen bedück?
    Dat heisch: Dä gät mich weiss we ander Lück;
    Uder besser gesaht, dä vun unbekannten Saachen
    Et Publikum allerhand wies kann maachen.
    Ich weiss vil uder winnig, dat es auch genog,
    Ich halden üch anjetzo mingen Prolog.

    Eer Hähren un Juffers, de Dramaturgik,
    De küt mer jetz för wie en Wooschfabrik!
    Däh schrief, däh mäht Wöösch, un ein Jeder welt leven,
    Dröm heisch et bei denen: ald drop geschreven;
    Zwohr küt dodhurch nit vil Gescheidts en de Welt,
    Dat hät nicks zo sagen, et gif doch als Geld.
    Der geven et vil, de sich seer strapezeeren

Un doch dröm et Publikum nit amüseeren;
Ich meinen, de, de esu op Stelzen gon
Un Woht schrieven, de se of selfs nit verston.
Perfek wie de Wöösch, de de Wooschmächer maachen,
Wo der Pfeffer un et Gekrücke (Gewürze) üch verbrennen die Raachen.

De is mer un drink ens derbei un weet satt,
Dann hat mer get gessen un weis selver nit wat.

Nu hät mer dohgegen auch wiesse Woosch,
De es nit för den Hunger un nit för den Doosch.
Doch künnen sich vil Lück esu met trakteeren,
Doorop mög ich kein öhdentlich Minsch enfiteeren (einladen),
Do dunt se nicks en, als gät Milch un gät Weck,
E Schiefchen Zitron un ei Stöckelchen Speck.
Dat es auch prizis su en weichelich Essen,
We en Kummeede, woh se et Salz en vergessen,
Woh nicks ene förküt als Eiveldigkeit
Vun Seufzen un Ohnmaach un vun Empfindsamkeit.

Nu gif et er auch, die Kummedien maachen,
Doh krieschen de Lück en, am Plaaz dat se laachen;
Als we dem Hähr Schakespeare sing Stöcker,
Doh höht mer vun nicks als vun Ungelöcker,
Van Würgen un Wohden ne ganze Törelör (Leier),
De kummen mer nett (gerade) we de Blootwöösch för.
Ich well dem sing Schrefftemauch zwohr nit veraachten;
Mer darf doch der Minsch we ein Verke (Schweinchen) nit schlaachte!

De wohren veleech schön zo dem singer Zick,
Ever jetz vergeit einem der Aptick. –

Dernoh kütt dann auch en Zoht Wooschfabrikanten,
De nemme nu vott Gefölzels (nur immer zu Gefüllsel) vun allen Kanten
Un stoppen gät Affall, Gählhoon (ungenießbare Sehnen) gar un Knoosch
Un allerhand widerlich Züg en de Woosch.
Dat es nu der nemliche Schlaag, su zo sagen,
We de Sauzies de Bulonge, de se lans de Dürren dragen.
Se sagen, dat währ nicks als Kotzmengerfleisch (Fleisch ohne jede Qualität)
We dem eine sing Kummeede, dä Kotzenbuch heisch.

Et es dorch de Bank doch kein anmödiger Dingen
Als we en Kummedestöck, wo se en singen.
Dat hät auch der Schiller gescheid üverlaat
Un of en sing Troorstöcker ei Leed angebraat,
Als we us de Räuber, un en der Künigin vun Schottland,
De de Engländer för Alders zo London geköpp hant.
Der Göthe sugar hät auch ald gedon,
Dä weed sich dan doch op Dramatik verston!

Dä soll wahl ens mallig si Räch han gegeven
En dem Booch, woh hä de löstige Person hät beschreven.

Koozöm, vun allen Kummedien giff et gewess
Kein bester, als wo der Hanswoosch ennen es!
Doh kann mer dann doch för sin Geld noch ens laachen,
Wat hoof (brauch) ich dann doh soor Geseechter zo maachen!
De löstige Stöcker sin esu räch minge Senn,
Doh geit mer doch noch met Freuden erenn.

Zwohr mos et domet auch nit gon wie bei vielen,
De der Spassmacher we ene Strühschnicker spillen.
Un keinen Hanswoosch sin, zunder Rock zunder Schmaach,
Ever esu nen Hanswoosch vun mingem Schlaach! –
Vivat alle Zuschauer sollen leven
De meer eer Kastemännche zo lühsen geven! –

Nu wäd eer denken, we es da op einmohl esu geleet;
Dat sall ich üch sagen, ich han mer get destelleet,
Doför han ich ens einem e Glas Brandewing gegeven,
Doh hät de mer doh e Rezep geschreven,
Als nemblich: „Nimm eers fur drei Fettmännchen Latein
Un för sieben Blaffert gelehrten Schein,
Darauf für einen Gölden Helleborus niger,
Dazu ein großes Stück suduiosus piger.
Etwas Wind, viel Frechheit und so du kanns
Auch eine starke Portion Arroganz.
Drei vielerlei Sorten von Harlequinaden,
Ein par Unzen Übermuth können auch nicht schaden.
Ferner eine starke Messerspitz
Vom allergrößten Afterwitz.
Dies schüttle zusammen, wenn alles parat ist,
So rühr' es nun fleißig herum, quantum satis,
Darzu noch ein wenig neumodisch Lektör,
Un setz et ein Amen lang op et Föör.
Dictum, factum, probatum,
Un drunger stund Daag un Datum.
Wan mer dat fleissig bruch, dann geit der Munck wie en Leer.
Dat es et wahre Geleerte Schmeer!"

Mathias Joseph De Noël (1782–1849), „[...] ein großes Zeichentalent, Schüler von Mengelberg, Grein und Beckenkamp, durfte [...] den ersehnten Traum seiner Jugend, Künstler zu werden, nicht verwirklichen, sondern mußte in das väterliche Geschäft eintreten. Aber alle seine freien Stunden gehörten der Kunst und der Wiederbelebung der geschichtlichen Überlieferungen seiner Vaterstadt. Als Festarrangeur und Gelegenheitsdichter hochbegabt und gesucht, ist er der eigentliche Erneuerer des Kölner Karnevals geworden, dieser ‚Reminiszenz an das goldene Zeitalter', wie er die Fastnacht aufgefaßt wissen wollte. Aber das alles und auch die Almanache, Dichtungen in kölnischer Mundart, Stücke für das ‚Hänneschen'-Theater [...] füllten ihn bei wei-

tem nicht aus: Viele kleinere wissenschaftliche Abhandlungen, dazu peinlich sorgfältige Sammlungskataloge und eine Reihe geschichtlicher Schriften und Untersuchungen ließen ihn [...] als den geeigneten Kandidaten für den in Wallrafs Vermächtnis geforderten ‚sachverständigen Aufseher' über das junge städtische Museum erscheinen [...]." (Otto H. Förster) De Noël war auch einer der „Hänneschen"-Betreuer und trat zuweilen aus der Kulisse. Wie weit nahm er Einfluß auf die Ausbildung der Typen?
Beileibe nicht ohne Bedeutung für die sich allmählich formierende „Hänneschen"-Kontur waren Johannes Joseph Dilschneider (1793–1868), Ernst Weyden (1805–1889), endlich Johann Peter Kreuser (1795–1870). Dilschneider trat mit einem Poem über „Die totbeweinte Frau Rätin Mengis vom Neumarkt" in Hexametern hervor, verfaßt fürs „Hänneschen" als Parodie auf „Richmodis von Aducht". Die dabei zutage tretenden schauerlichen Geschichtsklitterungen können wir vergessen. Doch ganz anderes wäre bedenkenswert. Etwa: Was trug der in Aachen geborene und da aufgewachsene Dilschneider von dort dem „Hänneschen" zu?
Ernst Weyden komponierte ein recht verwegen wirkendes Stück: „Die Eroberung des Stadtschlüssels von Köln", das lange ins „Hänneschen"-Repertoire gehörte.
Johann Peter Kreuser galt seiner Vaterstadt als Alleswisser, Alleskönner und stand im Ruf, ein höchst intelligentes Original zu sein. Auch er war mit dem „Hänneschen" auf vertrautem Fuß. Nur: seine Dichtkunst hatte wenig Volkstümliches. Zu hoher geistiger Anspruch empfahl sich nicht unbedingt. Der „Königliche Professor" vom Marzellengymnasium wird sicherlich in anderer Weise auf das „Hänneschen" gewirkt haben, zum Beispiel bei dem, was unsere Bühnenhelden vorstellen sollten.
Diese kommen alle aus demselben sozialen Milieu, demonstrieren kölnische „Großfamilie", wo man sich gegenseitig toleriert. Nicht eigentlich hierarchische Strukturen dominieren. Die oftmals fast konstruiert

„Hänneschen"-Kulisse aus einem Privattheater v. d. Ersten Weltkrieg

wirkenden, der Effizienz wegen eingeschobenen Prügelszenen sind durchaus kein gegenteiliger Beweis. Eher eröffnen sie die Möglichkeit, sich näher zu kommen, im wörtlichen wie übertragenen Sinn, Familienzugehörigkeit und Teamarbeit zu kräfti-

„Ritter" aus dem Theater Klotz-Hamacher. 2. H. 19. Jhdt.

gen. Ihre Bedeutung als Moment dynamischer Spielentwicklung bleibt davon unberührt.

Die perfekte Bindung an eine fest gefügte Schicht, das Eingezwängtsein in ein bestimmtes gesellschaftliches Umfeld, aus dem auszubrechen sich nur schwerlich eine Gelegenheit bietet, macht Stärke wie Schwäche dieser Bühne aus. Ein wirkliches Dilemma für jeden, der bisher einen Versuch ihrer Aktualisierung unternahm.

Dem widerspricht die Beobachtung Wilhelm von Chezys nur scheinbar. Sie rückt vielmehr das manchmal Unverständliche, durchaus nicht immer in eine Norm Passende jener Stockpuppengebilde zurecht, deren

Bühnenprospekte eines Privat-Hänneschentheaters. 1. H. 20. Jhdt.

Kulisse aus einem Privat-Hänneschentheater v. d. Ersten Weltkrieg

Aktionsradius auf den ersten Blick so unerschöpflich sein mag. Das ist jedoch eine Illusion: „Die unwandelbaren Hauptpersonen sind der ‚Bestevader‘, ‚Niklas‘, und dessen Enkelchen ‚Hänneschen‘. Sie wohnen im Dorf und treten fortwährend auf, sowohl im Stück als in den ‚Faxen‘ – Zwischenspielen, welche mit der Haupthandlung nie zusammenhängen. Niklas und Henneschen sind zusammen das Alter und die Jugend des echten und rechten Urkölners. Beide bleiben mit wahrer künstlerischer Folgerichtigkeit in Bewegung und Ausdruck unter allen Umständen ihrer Rolle getreu und schicken sich dennoch mit bewundernswerter Fügsamkeit in jeglichen Wechsel der Umgebung, so daß sie in das Ritterspiel nicht minder passen, als in die Darstellungen aus dem heutige Leben [...]. Die Einrichtung der Bühne ist augenscheinlich aus älteren Überlieferungen hervorgegangen. Zur Rechten und zur Linken vor dem Vorgang erblickt der Zuschauer zwei Gruppen von Gebäuden: links einen Teil der Stadt, in deren Inneres das Thor führt, rechts das Dorf [...]". So weit unser Gewährsmann.

„Knollendorf" ist und bleibt – das Mitteltheater mag noch so kölnisch im Anstrich sein – ein nur gedachtes Spielfeld, imaginärer Raum, auch wenn die Dekorationen manchmal Schweizer Luft atmen.

Im Theatermuseum Köln-Wahn (Schloß)

existiert – vielleicht von der Hand des zu seiner Zeit recht gefragten Dekorationsmalers Heinrich Recker (1860–1930) – ein Federaquarell, das ich als Ansicht der „Spalenvorstadt" zu Basel identifizieren konnte. Das Hänneschen glänzt von Anfang an mit volkstümlich-drastischen, kürzeren oder längeren Possen in mundartlicher „Deklamation". (De Noël) Als *Faxen* sind sie in die Geschichte des Theaters eingegangen. Man wird auch hierbei an eine Widerspiegelung der großen Bühne denken müssen. Im Puppenspiel allerdings führten Faxen und Possen ein bisweilen absonderliches Eigenleben. Weit gingen die Prinzipale über das hinaus, was schon die Commedia dell'arte als vielbeachteten Gag für sich – wenn auch mit gebotener Einschränkung – beanspruchte.

Weiter:

Faxen wie Possen sind von jeher ebenso der kölnischen Fastnacht immanent. Sie ent-

Märchenfiguren aus dem Theater Klotz-Hamacher. 2. H. 19. Jhdt.

Mathias J. De Noël. Öl auf Leinwand. Selbstporträt um 1825

Detail einer „Hänneschen"-Kulisse. 1. H. 20. Jhdt.

sprechen deren innerstem Wesen. Spätestens im ausgehenden 18. Jahrhundert färbten italienische Einflüsse auf das Kölner Nationalfest ab. Posse und Faxe waren mit einemal Einzelwesen, traten in Masken der Commedia dell'arte auf. Bei italienischen Karnevalsfeiern war das ja längst üblich. 1824 hieß das Motto des Kölner Rosenmontagszuges: „Besuch der Prinzessin Venetia beim Held Carneval." Was die Schaulustigen zu sehen bekamen, waren Kostüme der Commedia dell'arte. Und das „Hänneschen" mitten darin! Gewiß, Posse und Faxe transponierten die Reformer Kölnischer Narretei 1823 auf ein quasi intellektuell angehauchtes Plateau und manches von dem, was sich da als Posse entpuppte, verdiente

den Namen – recht besehen – gar nicht. Es dominierte die feinere Satire, ein der Kölner Stockpuppenbühne gewöhnlich fremdes Element. Gab es von dort dennoch eine Brücke zum „Hänneschen"? Nicht für den Moment, doch vielleicht als Langzeitwirkung. Und dann im Politischen angesiedelt. Das „Hänneschen" übte sich ja schon früher auf seine ungeschminkte Weise darin. Immerhin waren Franzosenzeit und nachfolgend preußischer Gamaschendienst parodiert worden. Zwar zahm und kurzlebig, saßen die Seitenhiebe und trafen ins Schwarze. Im Gewand der Faxe, des Possenreißens, versteht sich! Anno 1848 gings unverblümter zu. Hinter der Britz kamen Revolution und Volksbegehren aufs Tapet. Der Maler Wilhelm Kleinenbroich – selbst zur Szene der Revolutionäre gehörend – hat uns in einigen wenigen aquarellierten Bühnenprospekten den Beitrag des „Hänneschen" im Revolutionsjahr 1848 geschildert: Das Hänneschen paradiert mit Jakobinermütze und schwingt lustig die schwarz-rotgoldene Fahne. Der Preußenkönig hängt (immerhin derjenige, der am 4. September 1842 den Grundstein zum Weiterbau des Kölner Domes legte) – Kopf nach unten – über der Spielleiste. Seine Krone ist zerbrochen und in die Hand eines kölnischen Schuhmachers gepurzelt. So kam demnach das Staatsregiment von „oben" nach „unten". Allerdings nur im „Hänneschen", das damit Wunschträume zum besten gab. Die politische Wirklichkeit sah anders aus. Poli-

„Hänneschen"-Kulisse nach Fritz Hönig. 1884

zeispäher drohten. Der mutigen „Hänneschen"-Clique wurde Spielverbot eingetrichtert. Schlimmeres war eingefädelt, hätten sich nicht einflußreiche Fürsprecher gefunden.
Johann Jakob Merlo kreidete Kleinenbroich noch sehr viel später beckmesserisch seine Gesinnung an, die er dem randalierenden Mob gleichsetzte. Nur ungern „gedachte er des mit Talent begabte(n) Künstlers", der sich in „einer konvulsivisch erregte(n) Zeit" habe hinreißen lassen, wozu er auch das großformatige Kleinenbroich-Tableau mit dem Thema der verhaßten „Schlacht- und Mahlsteuer" zählte, die anno dazumal den armen Bevölkerungsschichten aufgebürdet wurde. Des Mannes soziales Gewissen suchte sich im „Hänneschen" ein Forum.
Nicht weniger als 232 (!) „Faxen fürs Puppenspiel" notierte Christoph Winters auf die Blätter seines für das Jahr 1801/2 datierten Passes.
Unter „Faxe" versteht Adam Wrede „[...] Gebärden- und Mienenspielerei [...] lustige Sprünge, Gesichtsschneiderei; lose, dumme Streiche, Unsinn [...]". Und Hönig teilte dazu mit: „Die meisten der Winterssschen Faxen und Schwänke hatten angesehene Kölner Bürger zu Verfassern, welche solche zuerst zur Carnevalszeit oder bei Familienfesten zur Aufführung brachten und zwar häufig, je nach dem Inhalte der Stücke, durch lebende Personen statt mittels der Puppen." Aber: „Der Aufführung dieser Faxen, wie solche meist in Dorf und Stadt spielen und durch stets wiederkehrende Figuren dargestellt werden, stellten sich jedoch mancherlei Hindernisse entgegen. Diese Faxen sind von jeher seitens der Puppentheater-Besitzer nur zu hohem Preise abgegeben worden, doch die Abfassung war trotzdem so knapp, daß nur die Handlung im allgemeinen daraus hervorging. Es blieb demnach dem Geschmacke und der Findigkeit des Käufers überlassen, sich den sehr karg bemessenen Stoff nach seinem Geschmack auszuarbeiten [...]."
Die Faxen waren mittlerweile eifersüchtig gehütetes Geschäftsgeheimnis jeder Truppe.

Requisit „Rheindampfer" (bemalt). 2. H. 19. Jhdt.

Requisit „Rheindampfer" mit Mechanismus zum Drehen des Rades. 2. H. 19. Jhdt.

Die uns von Winters (?) erhaltenen wirken schnell formuliert, aufgelesen, flüchtig hingekritzelt – Augenblickseinfälle. Sie lebten dennoch als unverhoffte theatralische Arabeske mit oft verblüffenden Wandlungen auf seiner Stockpuppenbühne fort: Zwischenspiele in Versen, komische Wortverdrehungen oder Wortwendungen. Natürlich waren auch Lieder an der Tagesordnung, das Spiel damit gespickt.
Nur zu bereitwillig hatten derartigen Szenenzugaben ja schon die Schauspielergilden des 17. und 18. Jahrhunderts besondere Aufmerksamkeit geschenkt, ohne damit dem Puppenspiel in jedem Fall einen Dienst zu erweisen. Der Diffamierung wurde vielfach Vorschub geleistet und die Qualität angezweifelt. Trivialität, stupide Plattheit sind leider nicht immer von der Hand zu weisen. Carl Niessen ging den Faxen des „Hänneschen" anhand der Originaltexte nach. Es ist bei allen witzigen, originellen Einfällen auch manches Ungereimte, Karge, Flaue darunter, mit dem man heute nicht mehr vors Publikum treten darf. Schauder-

„Hänneschen"-Dekorationsentwurf „Altdeutsche Stadt" um 1910. Feder-Aquarell von H. Recker

Flußlandschaft mit Dorf. Dekorationsentwurf für das Kölner „Hänneschen" aus dem Besitz von Fritz Hönig. Feder-Aquarell von H. Recker, um 1910

Das „Hänneschen" in der 1848er Karikatur. Aquarellierte Tuschzeichnungen von W. Kleinenbroich

„Cölner Hänneschen Theater i. J. 1848". Aquarellierte Tuschzeichnung von W. Kleinenbroich

hafte Satzungetüme „springen" zuweilen den Leser an.
Doch uns interessieren weitere mögliche Einflußmomente auf die Entwicklung der Kölner Stockpuppenbühne, sofern sie die Commedia dell'arte betreffen, auch wenn archetypische Vorstellungen über komisches Personal ohne irgendwelche historische Abhängigkeiten nicht auszuschließen sind, wogegen dann allerdings wieder Kölner Gastspiele italienischer Komödianten und ebenso die fastnachtliche Bildtradition in Köln sprächen.
Die Theaterwissenschaft ist seit einigen Jahren in der Beurteilung von Parallelen sehr zurückhaltend geworden, wenngleich Walter Hinck mit dem Hinweis auf die Porzellankunst und deren Modelleure Kändler (Meißen) wie Bustelli (Nymphenburg) während der zweiten Hälfte des 18. Jahrhunderts „die Beliebtheit der Motivik als ein Zeichen allgemeiner Vertrautheit mit den Typen der Commedia dell'arte" wertet. Auch die Serie für den Herzog von Weißenfels (um 1743/44 n. d. Modell von Reinicke) sorgte für eine entsprechende Verbreitung. Es geht bei der hier zur Diskussion stehenden Frage ja auch nur um den Einfluß im Nachhinein. Dieser scheint mir fürs „Hänneschen" unbestreitbar. Die Spielhandlung der Commedia dell'arte verlief reichlich stereotyp. Aber gerade von daher bot sich ein Ansatzpunkt zur vollen Ausschöpfung des Talentes. Jedes Opus nämlich stand oder fiel mit dem Improvisationsvermögen, der Variationskunst seiner Aktiven. Veränderung war demnach gewollt, wurde geradezu vorausgesetzt.
Man hat es indes nicht mit dem herkömmlichen Stegreiftheater zu tun, wie noch die ältere Forschung meinte, wo Spontaneität, der plötzliche Einfall den Ton angaben. Also „Akrobatik bis zu den ausgefallensten Virtuositäten".

Skizze zu einem Bühnenprospekt (Theater Klotz?). Aquarell. 2. H. 19. Jhdt.

Die Improvisationskunst der Commedia dell'arte wird bei näherem Betrachten zum vielfach angelernten Stegreifspiel mit vorgegebenem Handlungsschema und ausführlichen Szenenanweisungen. Es standen „Texte zur Verfügung. Das Extemporieren aus der Eingebung des Augenblicks war an Fähigkeiten gebunden, die nicht alle Schauspieler in gleicher Weise mitbrachten, und konnte nur in den Grenzen strenger Disziplin zur reinen ungetrübten Wirkung gelangen. Die Freiheit der Improvisation war eine sehr gebundene Freiheit und mag schließlich mehr als Last empfunden worden sein." (H. G. Asper)

Die ulkig-frivole Virtuosität, prägnante Aphoristik, Musik, Tanz – das galt – auf höherer, geistiger Ebene angesiedelt – zumindest im Anfangsstadium der Commedia dell'arte hinsichtlich der Typen des Pantalone, Dottore, der Zanni, des „Arlecino", Capitano, Pulcinell, der Amorosi.

Der tatsächliche bravouröse verbale „Freistil" des „Hännesschen" würde somit als selbständige Weiterentwicklung überkommener Formeln und Floskeln italienischer Schauspielkünste einzuordnen sein. Helmut G. Asper gibt zwar die Fragwürdigkeit einer Assimilation zu bedenken: „... zu eng war der Wirkungskreis der Italiener", oder: „... nur drei Narren – Harlekin, Pantalon und Skaramutz – erobern sich einen festen Platz auf der deutschen Bühne". Das mochte in der Regel zutreffen, doch gab es Ausnahmen, Sonderfälle. Und ein solcher war eben Köln. Dessen Beziehungen zu Italien sind seit der römischen Antike eng geknüpft, rissen nie ab und behielten ihren Einfluß bis weit ins 19. Jahrhundert hinein, wie das für unsere Studie wichtige Kapitel Karneval illustrierte. Auch mag die Rezeption im Fall Volks- oder Puppenspiel eine unbekümmertere gewesen sein, als auf der „deutschen Bühne" mit gesteigerten Ansprüchen.

Ohne Unterbrechung haben sich während des ganzen 18. Jahrhundert in Köln „Italienische Commoedias" eingefunden. Die Crosa, Biagio, Barzanti, Balducci, Mingotti. Im August 1755 gastierten in einer Bretterbude auf dem Heumarkt die „Churpfälzischen Hoff-Operisten" Sillani und Bassi im Stil

Figuren aus der „Stegreifkomödie" (Commedia dell'arte). Martin Engelbrecht. Kupferstich. 2. H. 18. Jhdt.

der Commedia dell'arte. Kein Einzelfall, wie aus dem Urkundenmaterial ersichtlich. Zum Tag der „Großen Gottestracht" 1784 – höchster „Staatsfeiertag" im kölnischen Jahresablauf, weil auch als Demonstration von Ratsautorität und Bürgermeisteramt veranstaltet – bat der weit herumgekommene italienische Komödiant Rosetti um Spielerlaubnis auf dem Quatermarkt. Nach Bewilligung schickte er dem Rat „unterthänigst" die Einladung zur Gratisvorstellung. „Arlecino" machte dabei artige Reverenzen. Dottore geriet mit ihm in Streit über die Annehmlichkeiten kölnischer Gastfreundschaft. Zanni schlugen sich mit dem Capitano um irgendwelche Warengüter am Rheinufer. Pulcinell stellte endlich den allgemeinen Frieden wieder her. Eine Vorstellung „aus dem Stand", wenn nicht alles trügt, denn der eigentliche Handlungsablauf ist nicht mehr zu rekonstruieren. Die obligaten Lobhudeleien wurden in Anwesenheit von etlichen Ratsherren besonders dick aufgetragen. Sie gipfelten schließlich in einer Bürgermeisterapotheose mit der Gleichsetzung von Marsilius und Agrippa, den frühen Heroen kölnischer Stadthistorie.

Nur knapp dreißig Jahre lagen zwischen dem Auftreten der Rosettitruppe und dem „Hänneschen"-Dasein. Die Idee dazu fiel Christoph Winters nicht vom Himmel.

Das „Hänneschen" kopierte aus der Rückerinnerung, nahm – wo es sich bot – für seine spezielle Theaterformation Brauchbares an, bog es „kölnisch" um, worin das Originelle, Schöpferische lag. Die Commedia dell'arte mußte anteilmäßig dafür herhalten. Ihre versteckte Improvisationskunst genauso wie der allseits bekannte Typenkatalog. Doch damit nicht genug. Es öffneten sich dem „Hänneschen" weitere, aus der Stadterfahrung sprießende Quellen. Das Fastnachtspiel mit seiner intensiven dramatischen Aktivitäten war eine davon. Oder der Kölner Hofnarr „Geckenberndchen", als „morio vulgo" häufig Tagesereignisse

Das „Geckenberndchen" als „Hofnarr" (morio vulgo) der Freien Reichsstadt Köln. Zeitungsdruck nach älterer Vorlage. Anfang 19. Jhdt.

glossierend. Er scheint – wenigstens zeitweise – mit dem sogenannten „kurtzweiligen rath" identisch, der noch während des 17. Jahrhunderts neben Musikanten bei den Doktoressen am Quatermarkt auftrat, um die Tischgesellschaft durch Possen zu belustigen. „Wie der stupidus calvus im Mimus ist auch er kahlköpfig und trägt ein buntes Wams wie jener den centulus." (Niessen) Die Kölner Fastnacht entdeckte ihn 1823 neu und zeigt die in so zahlreichen Schattierungen auftretende Gestalt bis zum heutigen Tag, vereint mit dem Zug der „Hellige Knäächte un Mädcher".

Antike Reminiszenzen haben – auf sicherem Grund stehen wir da noch nicht, und es fehlen die historischen Bindeglieder – vielleicht ganz allgemein auf das Kölner Puppenspiel gewirkt, namentlich auf dessen Sonderform, eben das „Hänneschen".

So die römischen Atellanae als Parallele der Komödie. Es finden sich dort vier, durch bizarre Larven verunstaltete Charaktertypen. Es sind dies der Narr (Maccus), der pausbäckige Tölpel (Bucco), der Alte (Pappus) und der bucklige Scharlatan (Dossenius). Die „ludi Atellani", auch „fabulae Atellanae" geheißen, haben möglicherweise ihren Vorgänger im Fescenninus, dem gewerbsmäßigen Spaßmacher, der ständig unterwegs ist, seine freche Kunst anzubieten. Immerhin bleibt das Milieu bezeichnend, in dem sich die „Fescenninen" wie das Atellanenspiel vollzieht. Es wird die bäuerliche, ländliche Welt als Kontext gewählt. Entsprechend heißen die Titel der Spieltexte: „Der Landmann", „Die Winzer", „Das kranke und das gesunde Schwein" usw.

Römischer Mimus und dessen Fortwirken auf dem Theater mittelalterlicher Gaukler wurde inzwischen zum unerschöpflichen Forschungsthema.

Die Kulisse des „Hänneschen" offenbart sich als dem antiken Spiel ähnlich. Der näher Zuschauende mag sogar versucht sein, mit Wesensverwandtschaften zu spekulieren, er wägt die Texte, um verblüfft festzustellen, wie sie dem antiken Vorbild inhaltlich vielfach gleichen, vor allem in den Rah-

„Pulcinella" (rechts) im Kostüm der Commedia dell'arte aus dem „großen kölnischen Maskenzug 1824". Kolorierte Lithographie von W. Goebels – H. Goffart

„Arlequin" und „Arlequinette" aus dem „großen Kölner Maskenzug des Jahres 1824" in Kostümen der Commedia dell'arte. Kolorierte Lithographie von W. Goebels – H. Goffart

menszenen das Rustikäre mit der Tendenz zur Possenreißerei – oft recht willkürlich – hervorkehren, pointieren. „Der Bauer wird zum Doktor geschlagen" liest man in einem Wintersschen Szenarium, bei dem fraglich bleibt, ob er es selbst verfaßte. „Der betrunkene Bauer" heißt es an anderer Stelle. Kölnisches Sagengut wird ähnlich garniert, nachzulesen im „Buch über verschiedene Stücke zum Aufführen durch Josef Spiegel – 1807". Aus den Jahren 1807–1813 stammen, von Harry Königsfeld notiert, 103 Stücke. Die Originalmanuskripte bewahrt das Theatermuseum in Köln-Wahn (Schloß).

Wie maßgeblich dürfen wir da den Einfluß der Olympischen Gesellschaft einschätzen? Antikes stand bei diesem Gelehrtenzirkel

Maskenfest im Bonner Hoftheater mit Kostümen der Commedia dell'arte. J. F. Rousseau. 18. Jhdt.

hoch im Kurs. Und daß die Verbindung zur kölnischen Stockpuppenbühne rege war, steht außer Zweifel, wie hinreichend dargetan.

War auch die Anmutung eines „Nationaltheaters" mit im Spiel, wie sie Goethe in „Wilhelm Meisters theatralische Sendung" entwarf, verbunden übrigens mit dem Hinweis auf die „italiänischen Masken"?

„... So hätten wir den Deutschen ein treffendes Geschenk machen können, das der Grund eines Nationaltheaters geworden wäre und von den besten Köpfen hätte benutzt und verfeinert werden können. Wir sprachen oft über die Vortheile der italiänischen Masken, über das Interesse, daß jeder einen bestimmten Charakter, Heimath, Sprache hat, über die Bequemlichkeit, daß ein Acteur sich in eine einzelne Person recht hinein studieren kann und alsdann, wenn er geistreich immer in gleichem Charakter handelt, statt das Publikum zu ermüden, jederzeit gewiß ist, es zu entzücken. Wir dachten auch etwas auf deutsche Weise in dieser Art hervorzubringen, unser Hanswurst war ein Salzburger, unsern Landjunker wollten wir aus Pommern nehmen, unsern Doctor aus Schwaben, unser Alter sollte ein niedersächsischer Handelsmann sein, wir wollten ihm eine Art von Matrosen als Diener geben, unsere Verliebten sollten Hochdeutsch sprechen und aus Obersachsen sein, und die schöne Leonore, oder wie wir sie nennen wollten, sollte ein Leipziger Stubenmädchen als Columbine bei sich haben... Wir wollten selbst einen reisenden Arlekin, Pantalon, Brighella aufführen... Die Figuren hätten auch durch irgendeinen Fehler, Stottern, Hinken oder was man gewollt hätte, noch eine nähere charakteristische Bestimmung erhalten..."

Fast gehörten solch wohlklingende Sätze zur Zeit der Entstehung des „Hänneschen-Theaters" schon der Vergangenheit an und erinnerten noch an den jüngeren Goethe, der mit seinen Vorstellungen Lessings „Hamburgischer Dramaturgie" damals nahestand. Als Vehikel der politischen Emanzipation des Bürgertums ist die Idee eines deutschen Nationaltheaters auch in Schillers Schrift „Was kann eine gute stehende Schaubühne eigentlich wirken?" (1784) entworfen.

Goethe konnte von der Sache nicht loskommen, wenn auch Enttäuschungen – sein zweiter Wilhelm-Meister-Roman „Wilhelm Meisters Lehrjahre" kündet davon – den früheren Optimismus in enge Schranken wiesen, Bescheidung erkennen läßt. Über die Kölner Narrenwelt erschloß sich ihm, fast zum Lebensende hin, nochmals eine Hoffnung.

Als Goethe mit dem Kölner Karneval näher bekannt wurde, übernahm der Bonner Botaniker Nees von Esenbeck die Vermittlerrolle. Der Dichterheros schrieb den Kölnern damals Mahnendes ins Stammbuch. Sein „Kölner Mummenschanz" erschien am 9. Februar 1825 als Extrablatt „bekannt gemacht im Auftrage des Karnevals Comite's". Über das „Hänneschen" zog Goethe gleichzeitig Erkundigungen ein. Jedenfalls kannte er die Bühne. Im Briefwechsel mit Sulpiz Boisserée fallen Name und Begriff, ist die Idee eines „Nationaltheaters" am Kölner Beispiel Wunschvorstellung geblieben. Als „National-Puppentheater" wird 1834 die Winters-Bühne vor die Öffentlichkeit treten. „Von Goethen so genennet", heißt es werbewirksam auf einem der erhaltenen Ankündigungszettel – allerdings mit sehr ausgeprägtem lokalpatriotischem Beihau. Ob das gelehrte Kölner Bürgertum auch hier mit von der Partie war? Wer konsultierte da wen?

Die Herren des „Olymp" zierten sich nicht, mit Tagelöhnern vom Schlag eines Spiegel oder Winters Bekanntschaft zu schließen. Diese suchten Ferdinand Franz Wallraf und Mathias Josef De Noël, Sulpiz Boisserée, auch Johann Mathias Firmenich, der „Dä Bävva met Hänneschen om Göözenich" auftreten läßt. Das schmeckt nach geistiger Unabhängigkeit der Beteiligten. Und es herrschte die Einsicht, daß die Institution „Hänneschen" eben doch keine vorübergehende fixe Alltagsmarotte sein konnte. *Sie* durfte sich geschmeichelt fühlen und Rechte anmelden: Nämlich legitimiert wie qualifiziert, selbstbewußte Manifestation kölnischer Volkskultur zu sein. Ihr anfänglich „romantischer" Gehalt, die faszinierend urtümliche Mixtur von Gewesenem und Aktuellem unter derber mundartlicher Verpackung, dem Etikett kölnischer Kuriositäten, lockte als das ganz Andere. Irgendwo wird natürlich der Punkt gewisser Übereinstimmungen, kurz Sympathie erreicht worden sein. Trotzdem bleibt ein unerklärbarer Rest, warum gerade das „Hänneschen" Furore machte. War die Luft der Intelligenz zu dünn, suchten die Herren derbere Kost? Manches mag dafür sprechen; auch anderes noch.

Eckehard Catholy erörterte am Beispiel des Karl Philipp Moritz die allgemeine Theatromanie des späten 18. Jahrhunderts. Nachklänge dieses Zeitphänomens sind dem „Hänneschen" – vielleicht nur unbewußt – zugute gekommen. Egal, wie man es wenden will, das „Hänneschen" war ein Stück „Theaterwelt". Sie wirkte weiter als Ort freier Entwicklungsmöglichkeiten des Individuums in einer Epoche, die politische und soziale Mündigkeit nur theoretisch postulieren durfte. „Es ist oft angeführt worden, in wie starkem Maße gerade die Schichten, aus denen sich die produktiven Kräfte des 18. Jahrhunderts entwickeln sollten, in Deutschland sozial gehemmt und unterdrückt waren. Die Unterdrückung durch die bestehende Gesellschaftsordnung war Anlaß dafür, daß jene Kräfte in die Sphäre ausbrachen, die ihr allein zur Wirksamkeit offenstand: Das Reich des Geistes und der Kunst." (E. Catholy) Gab es dieselbe Sehnsucht bei jenen, die man „untere soziale Schicht" zu nennen pflegt? Oder galt hier ausschließlich der Kampf um die alltäglichen Lebensbedürfnisse, der nackte Broterwerb? Welche Gefühle bewegten Johann Christoph Winters?

Bisher war oft von historischen Einflüssen auf das „Hänneschen" die Rede. Carl Niessen hat in einem seiner letzten Aufsätze den Faden auch in umgekehrter Richtung aufgenommen, ein Exempel der Ausstrahlungs-

Der Wiener Prinzipal J. M. Menninger (1733–1793) als Hanswurst

intensität etwa an Jacques Offenbach statuiert. Eine sicherlich bedenkliche These – denn der ausdrückliche dokumentarische Beweis blieb bisher aus. Gleichwohl stellte Hans Kristeller seiner Offenbachbiographie „ein Bild des Kölner Karneval und des Hänneschen in der Wehrgasse" voran. Niessen erinnerte an die Konzession für Offenbachs „Kleine Bonbonschachtel" der „Bouffes Parisiens", 1855. Und weiter: „Nach dem strengen Privileg, das die größeren Bühnen vor Wettbewerb schützen sollte, waren Offenbach nur komische Szenen mit Musikbegleitung für zwei oder drei Personen erlaubt. Wenn er in der Folge eine große Reihe von Operetten-Einaktern aus dem Ärmel schüttelte, so hatte er sich wohl an die gute Publikumswirkung erinnert, die die Kurzspiele der ‚Faxen' hervorriefen, die sich zu ganzen Abenden addieren konnten. Wohl die Erinnerung an die Schlagkraft der kleinen ‚Faxen' hat ihn darin bestärkt, die kleine Operette zu kultivieren. Ist es zu verwegen,

es für denkmöglich zu halten, daß die kleine heimische Gattung eine solche Fernwirkung bis Paris ausübte?"
Rückbindung an das „Hänneschen" möchte man schließlich auch für die bis zur Jahrhundertwende in der Kölner Mundartlandschaft blühende Parodie annehmen.
Die Faxe hatte ihren „Apostel", ihren fulminanten „Herold". Von ihm muß nun gesprochen werden.
Eine tragende, vorwärtsdrängende Rolle, von deutschen Komödianten aus englischer Ahnengalerie ständig umgemodelt, spielte der „Lustigmacher". Andeutungsweise agiert er bereits in mittelalterlichen Mysterienspielen, war im Grunde der Theaterwelt nichts absolut Neues.
Direkter Vorfahr des eigentlichen „Lustigmachers" – spezifisch komponiert, dem Handlungsablauf bewußt zugeordnet, nicht mehr der Zufälligkeit anheimgegeben – ist auf deutschen Bühnen der in Frankfurt auftretende „Wursthänsel" (1597). Bei Max Mangoldt, Marcksschiffs Nachen, heißt es:

„Als die Fechtschul hatt ein Endt,
Da war nun weiter mein Intent,
Zu sehen das Englische Spiel

. . .

Wie der Narr drinnen, *Jan* genennt,
Mit Bossen war so exzellent

. . .

Der Wursthänsel ist abgericht,
Auch ziemlicher Massen, wie man sieht."

„Hannes", „Hennes", „Hänneschen" oder „Jan" sind im Kölnischen Kurzformeln bzw. Diminutivum für Johannes. „Hanswurst" und „Hänneschen" haben aber nicht nur Namensgleichheit. Der in Haupt- und Staatsaktionen auftretende Hanswurst subsumiert die komischen Züge des Narren und Rüpel aus dem älteren englischen Drama. Seine Fortentwicklung bleibt indes problematisch. Gewiß lassen sich Berührungspunkte zum „Hänneschen" eruieren.
Über das Theaterspiel englischer Komödianten im Köln des 18. Jahrhunderts sind wir unterrichtet. Spaßmacherszenen waren ihnen geläufig. Sie bereichern im Geist und Mimik immer noch die Kölner Stockpuppenbühne als Relikte der in dieser Stadt gastierenden Theaterbanden älteren Stils. Aber wir dürfen noch zusätzliche, ebenso wichtige Linien registrieren. Sie führen einmal zu Joseph Anton Stranitzky (1676–1726), der dem Lustigmacher in der Person des Salzburgischen Bauern eine sehr originelle Gestalt gab, sowohl bezüglich des Kostüms als auch in der Rollenverselbständigung. Stranitzky begegnet uns in jungen Jahren und später noch als Puppenspieler. Bekanntgeworden sind seine Vorstellungen am kaiserlichen Hof zu Wien. Zudem: Die für Köln bestätigte Puppenspielerfamilie Hilverding war mit Stranitzky in Wien als Pächter des Theaters am Kärntner Tor über mehr als ein Jahrzehnt verbunden. Der Prinzipal und Hanswurstdarsteller Johann Ferdinand Beck (vor 1700 – nach 1743) endlich übernahm Robe und Gestus von Stranitzkys Hanswurst. Insofern eine auffällige Kombination, als Beck ebenfalls in Köln (1715) spielte. Im übrigen sei hier nochmals auf die in Umrissen vorweggenommene textile Maske des „Hänneschen" auf einem kolorierten Kupferstich um 1720 hingewiesen. Es handelt sich bei dieser Illustration um den Hanswurstdarsteller Martin Engelbrecht, der ebenfalls in Köln auftauchte, um Magistrat und Leute mit ungebührlichen Sprüchen in Atem zu halten. Bis ihm endgültig gewaltrichterlich die Tür gewiesen wurde (1723).
Die Komik im Puppenspiel ganz allgemein ist ein unerhört anziehendes Phönomen. Der Kopisten des mit so durchschlagendem Erfolg auf die Bühne gebrachten Stranitzkyschen Hanswursts sind zahlreiche gewesen. Die sogleich ins Rampenlicht tretende Figur verdankt nicht zuletzt auch Gottfried Prehauser Profil wie Aktualität. Dem „Hänneschen" wird sie eine Konstante werden.
Am Wiener Leopoldstädter Theater gab dem Lustigmacher der gefeierte Volkskomiker Johann Laroche (1745–1806) eine

Chance. Er schöpfte dabei aus weiteren Quellen – etwa dem volkstümlichen Drama Philip Hafners –, um die von ihm konturierte Type der Volkskomödie zu integrieren. So entstand eine dem Hanswurst zwar noch verwandte, aber zugleich ganz eigenständige Lustigmacherfigur. Es wurden die Weichen dabei ebenso für die Charakterkomik von Format (Raimund und Nestroy) gestellt, als auch durch die Wirkung auf die Kreutzerkomödie der Nivellierung Tür und Tor geöffnet. Dem 1799 als Theaterchef in Budapest abgehalfterten Eugen Busch gelang mit der Gründung eines „Sommertheaters ... an der Pester Promenade, das vom März bis zum November spielte und wegen seines preiswerten Entree im Volksmund nur das ‚Kreutzer-Theater' hieß (Kindermann), ein Spektakulum zum ‚Sattlachen'". Querelen mit der Obrigkeit waren nicht selten. 1803 verlor „Kasperl in Pest sein ständiges Heim".

Gerade der Kaspe(a)r bietet ein sehr offenkundiges, entschiedenes, wenngleich spätes Zeugnis des Transponierens aus der „großen" in die „kleine" Theaterwelt.

Aus Aachen kommt die Nachricht, daß sich hier der Kasper zu einem dem Hänneschen verwandten Titelheld, dem „Öcher Schängchen", verwandelte, demnach dort, Kölner Vorbild galt. Für Köln hat Wien auf dem Weg der Hanswurst-Kaspar-Mutation – nach dem vorhin Dargelegten – eine ähnliche Funktion gehabt. Was den nachhaltigen Erfolg und die Breitenwirkung Kasperl-Laroche ausmachte, hat Otto Rommel so beschrieben: „Komik großen Stils gedeiht eben nur in andauernder Wechselwirkung mit einer vertrauten Zuhörerschaft. Stranitzky und Laroche erlangten geschichtliche Bedeutung erst, als sie in Wien einwurzelten und aus wandernden Lustigmachern zu Repräsentanten des österreichischen Volkstums wurden."

Es scheint damit genau das Erfolgsrezept des Kölner „Hänneschen" seit dem Anfang des vergangenen Jahrhunderts getroffen. Die persönliche Ansprache des Publikums gilt immer noch. Als zirkulierender „Jux" ist sie im Programm der Kölner Stockpuppenbühne zu gekonnter Überraschung aufgestiegen und ein wesentlicher, Zeit wie Umwelt berücksichtigender, eigentümlicher Effekt geblieben. Es kommt bisweilen zum heiteren Dialog mit den Zuschauern. Ein episierender Zug dringt ins dramatische Medium ein.

Indes, der „Lustigmacher", die „Komische Figur" – das Kölner „Hänneschen" kennt gleich mehrere Typen mit solchem Einschlag von Naivität, gesundem Menschenverstand und steifem Zeremoniell oder Boshaftigkeit – sind sehr verschieden instrumentiert. Sie können nämlich gleichermaßen von menschlicher Tragik umwittert sein. Etwas Dämonisches, magische Ursprünglichkeit haftet ihnen bei derartiger Pose an. Für die abergläubische Vorstellungswelt des Volkes ein seiner Zwielichtigkeit wegen reizvolles, sensationelles Subjekt. Hier wurden schemenhaft Bezirke sichtbar, die in die Welt der Zauberei und noch unerforschter, unkontrollierbarer Naturgewalten gehörten. Das Unerklärliche wurde dem Geheimnisvollen gleichgesetzt. Blieben das Nachklänge der Teufelsfratzen im Mysterienspiel? Allerdings hätten dann Luzifer und seine Kumpanei einen Verwandlungsprozeß durchlaufen, der schließlich in der Figur des dummen, nasgeführten Bösen endet, womit die Ohnmächtigkeit des Dämon vor den himmlischen Gewalten dem staunenden Volk eingängig klargemacht werden sollte, apotropäische Akzente gesetzt sind. Sein Auftritt fixiert aber auch gleichzeitig die beginnende und dann schnell voranschreitende Säkularisierung. Diese ist fortan nicht mehr aufzuhalten. Das ursprüngliche Pathos der geistlichen Schauspiele schlägt zunächst unbeabsichtigt, endlich gewollt in Karikatur um. Da „regierte der Krippenteufel, eine drollige, ganz rothe Figur mit einem Eulenkopf, zwei Hörnern, zwei Flügeln, schwarzem Schweife und stumpfen Flügeln [...]" (Niessen) Nachweisbar ist davon einiges auch im Steyrer „Kripperl".

Verweltlichende Tendenzen demonstrierten auch die Aachener Vorgänge: „[...] unter dem verdeckten Nahmen von Christ-Krippen, Fasten- und Bitter-Leiden Stücker Marionetten und derley Lustspiele mittels allerhand ohnziemlicher und unzulässiger, auch gar ärgerlicher Vorstellungen [...]" zeigten sich die Puppenspieler in der Öffentlichkeit, was ein sofortiges Verbot „dergleichen Stücke" nach sich zog.

Der Puppenprinzipal „Linden an Scherpmittelpfort" erfaßte die prekäre Situation sofort und kündigte im Januar 1777 „ein schönes und wohl merkwürdiges Trauerspiel nach Marionettenart" an. Später stand im Programmzettel: „[...] ein Lustspiel nach Marionettenart: Der Faschingsstreich".

Der Name „Kripplein" wurde aus den Anzeigen gestrichen, die Umwandlung ist eine ebenso vollständige wie konsequente gewesen. Dem geistlichen Schauspiel war nach alledem auf der Puppenbühne kaum noch langwährende Zukunft beschieden, wie folgende Recherchen erhellen: Auf eine Anfrage des Regierungspräsidenten Kühlwetter vom 13. Juni 1854 an die Landräte in Düren, Schleiden, Jülich heißt es lakonisch: „Darstellungen religiöser Art durch Puppenspieler seien nicht vorgekommen, dagegen wohl die Aufführung der Lebensgeschichte der hl. Genoveva, wobei die religiöse Seite des Stückes in den Hintergrund gedrängt, der Frivolität den Vorrang lassen mußte." So auch der Tenor in nachfolgenden Befragungen.

Der Vorgang macht die Nahtstelle deutlich, den Übergang, der auch in Köln zum „Hänneschen" führte und von Ferdinand Franz Wallraf im „Epilog" (1811) folgendermaßen bedichtet wurde:

„Bald war nun das Heilige mit Zwischenspielen
Von irdischer Laune und buntem Gewühle,
Von Spässcher mit täglichem Witze gemischt,
Vom Pöbel am gierigsten aufgefischt.
Drauf ließ man das Heilige ruhig zu Haus,
Zog Fabeln und Hexenhistörchen heraus,
Erhöhte die Preise, erbaute Bühnen
Mit Bergen und Schlössern mit Wald und Ruinen,
Veränderlich hintereinander gereuth
Zur allgemeinen Ergötzlichkeit.
Bald ward nun des Volcks Charakter poetisch
Und Henneschen, obwohl noch wenig aestetisch,
Debtirt auf der Aar, und Linchgasseneck
Im reinsten köllnischen Urdialekt.
Nun zogen – wir dörfens mit Stolz von uns sagen –
Gar vornehme Herren zu Fuß und zu Wagen
In Menge zum Krippentheater hinein,
Die frey von des Vorurteils albern Schein,
Den Spaß, wo er wirklich sich vorfand, erkanten,
Und Hennesrhens Namen oft ehrenvoll nanten."

Übrigens waren die Verse den Herren der „Olympischen Gesellschaft" gewidmet, und Christoph Winters zitierte sie am Schluß seines Versenbuches, wie es scheint, mit eigener Handschrift.

Gerhard Bogner machte die Beobachtung, daß „Weihnachtsspieler, Sternsinger und später nur noch halb wissende Puppenspieler" den „Kasperl als den „tumben" König erfanden, der sich dem Weihnachtsverständnis verweigert, in der Welt versagt und schließlich zum lustigen, unköniglichen Allerweltsburschen absinkt. Seine gespielte Fremdheit fordert Spott und Gelächter heraus und spricht dabei die Angst vor dem Bösen an. Verspottet und mit den von ihm provozierten Späßen überschüttet, geprügelt und zum Schein gekrönt, nimmt Caspar die Passion Christi vorweg und läuft seit dem 14. Jahrhundert (Herodesszene im Weihnachtsspiel von St. Gallen) als Schalksfigur neben den ernsten Personen einher." Oder: „Mit dem Schauplatz wechselte die Gesinnung: Nicht mehr gabenbringende Anbeter, sondern gabenheischende Dreikönigssänger. Das Brauchtum schiebt dem Mohrenkönig Kaspar die lustige Rolle zu. Das Marionettentheater nannte ihn später

Kasperle – in Köln freilich umschreibend Hänneschen" (H. Hofmann). Für unsere Untersuchung entlegen publiziert und dennoch bemerkenswert . . . sind die Anmerkungen Josef Kuckhoffs aus dem Kölner Jesuitentheater. Da war während des 18. Jahrhunderts jenes Entwicklungsstadium erreicht, das die künftige Modulation angibt. Faxe und Lustigmacher erlangten ein unvorhergesehenes Privileg.

Den bekannt strengen Erziehungsmethoden der Jesuiten zuwider und gerade darum symptomatisch für den Gang der Dinge, d. h. mit einer Wendung ins Profane, verlief das Theaterjahr 1700. Die Jesuiten betätigten sich hier als die (vielleicht ungewollten) Neuerer, Verwandler. Da taucht plötzlich und in „vollständigem Bruch mit der Vergangenheit ein Schauspiel am Tricoronatum auf, dem Kölner Hänneschen viel, viel näher" als alles bisher Dagewesene. Derb und direkt sind die Späße, nicht ohne erotischen Einschlag. „Als Vorwurf sicher sehr geeignet für ein urkölnisches Fastnachtsstück, wie es das Puppentheater liebt" und so gab die Jesuiten-Laurentianer Schaubühne einen Schwank nach dem anderen zum besten: „Butz wider Butz. Oder der angelegte Strick selbst gedemüthigter in sich hochtrabender Vogt Hans Man und der ob grosser Demuth in seine Stell hocherhobener sein redlicher Bartholomäus" (1707), wobei der Hauptmatador „Hans" nicht fehlen darf, auch „Bromele-Jan" genannt (1722) oder „Hanß de Schlarabatz" (1721). Er ist vielfach im Bauernmilieu beheimatet. Mundartliche Wendungen werden in den Spieltext zahlreich eingeflochten. Die Augustiner-Eremiten agierten in ihrem Schulbetrieb ähnlich. Unschwer ist dies in einer Unmenge von Theaterzetteln im Besitz der Kölner Universitäts- u. Stadtbibliothek nachzuvollziehen.

Das Zwischenspiel, die „Faxe", kam dabei zu besonderen Ehren. Die Fastnachtsdichtung verband sich im Anschluß an klassische Vorbilder der Schulkomödie mit volkstümlichen Motiven, wurde popularisiert.

Es schien angezeigt, bei dem sonst so betont konservativen Kölner Jesuitendrama den Umschwung beim Namen zu nennen. Man darf darin Antriebe für die spätere „Hänneschen"-Bühne („Krippchen") sehen. Sie bevorzugte ja vollends die Sphäre des Komischen, des Lustigmachers und der Possen: das volkstümlich-derbe Theaterspiel. Eine emotionale Basis bot endlich seit Jahrhunderten die Fastnacht in ihren bunten Erscheinungsformen. „Der Karneval vereinigt, vermengt und vermählt das Geheiligte mit dem Profanen, das Hohe mit dem Niedrigen, das Große mit dem Winzigen, das Weise mit dem Törichten." (Wolfgang Kayser)

Und so vollzog sich denn auch mit der Übertragung des Wortes „Krippe" auf das kölnische Puppentheater ein bemerkenswerter, erweiternder Bedeutungswandel. Er mag das bislang Beschriebene folgerichtig kommentieren.

Das ehemals fromme „Kreppche" wird zur spaßigen, schrulligen Begebenheit mit ironisch schmunzelndem Sinngehalt.

So nennt zum Beispiel Ernst Weyden eine unordentliche Wirtschaft „e raech Kreppje". Nach Hönigs Wörterbuch heißt die „saubere Gesellschaft" „e nett Kreppche" und Adam Wrede formulierte, wie schon in anderem Zusammenhang zitiert, ähnlich.

Für Aachen und Düsseldorf haben sich fast identische Versionen herauskristallisiert: „Kleine, gemütliche, anheimelnde Gesellschaft." Mit einem Stich ins Boshafte: „schlimme Gesellschaft von niedrigstehenden oder schlechten Menschen, denen alles Schlimme zuzutrauen ist."

Die im Bereich der Jesuitenbühne festgestellte Tendenz ist bei den in Köln gastierenden Puppenspielertruppen vorauszusetzen, wenngleich die städtische Kanzlei gerade für diese, uns so wichtige Übergangsperiode, deren Präsenz fast gänzlich verschwieg (wie schon Joseph Klersch bedauernd konstatierte) oder nur summarisch mitteilte.

Neuerliche Nachforschungen haben das Bild nicht korrigieren können. Die Informationen von Otto Kasten erhellen die Situation auf dem Puppenspielsektor des ausgehenden 18. Jahrhunderts ebenfalls in keiner

Weise. Obwohl wir „Jahre hindurch in fast ununterbrochener Folge Schauspieler in Köln" antreffen. Die Selbstverständlichkeit ihres Daseins erübrigte eine minutiöse Aufzählung, es sei denn, widrige Umstände riefen die Kontrollpflicht des Rates auf den Plan. Das vielfach als notorische Habenichtse eingestufte Komödiantenvolk scheint die strengen Spielregeln der Obrigkeit in gehöriger Subordination akzeptiert zu haben, wie am Meister „Rosetti" deutlich gemacht.

Im übrigen ließen „die Franzosen im Anfang alles seinen Gang gehen", kümmerten sich um das Theater wenig. So sank „das Niveau der Spielpläne" ständig. „Der Bürger bedurfte hier nicht geistiger Anregung, sondern wollte nur angenehm unterhalten werden ... Das Theater wird zur Amüsierstätte. Schließlich aber läßt das Interesse des Publikums trotzdem nach, und die Prinzipale geraten wirtschaftlich in Not. Beschleunigt wird der Verfallsprozeß durch die Zehntabgabe und durch das Spielverbot an Sonntagen." (Otto Kasten)

Indes blieb den Bürgern dank der vortrefflichen geographischen Lage ihrer Stadt, unbeschadet aller Qualitätsfragen, die Möglichkeit der kritischen Betrachtung. Übrigens mag gerade von dorther der dem Kölner innewohnende Spiel- und Schautrieb in sozusagen individueller Differenzierung dem Puppentheater Impulse vermittelt haben.

Vielleicht wird dies nirgendwo so gut faßbar wie beim Titelheld Hänneschen selbst, der zwar an Vorgezeichnetes gebunden, dennoch auch höchst eigenwillig disponiert bleibt. Seine im Ganzen liebenswürdig-windige, eigentlich unsolide, fast liederlich-famose Existenz – jedenfalls in landläufiger bürgerlicher Moral- und Wertvorstellung – hat so gar nichts von dem berühmten Kleistschen „Gliedermann", dem Sinnbild der reflexionslosen Grazie, an sich. Im Gegenteil hält er zu jedem Zeitpunkt das Gesetz des Handelns fest in eigener Hand und exemplifiziert damit eine Freiheitspraxis, die jenseits aller sogenannten „Ordnungen" liegt, wenn auch zu guter Letzt dieses Ordnungsprinzip wieder in seine Rechte eingesetzt wird.

Von „moralischer Anstalt", die das Theater für den jungen Schiller sein sollte, bleibt da nicht mehr viel.

Die Analyse der „Hänneschen"-Genealogie – so weit jedenfalls, wie sie bis hierher leidlich betrieben wurde – macht klar, auf wie unterschiedlichen Ebenen in einer scheinbar krausen, vielschichtigen, sich bisweilen überschneidenden Linienführung aus dürftigen, häufig nur bruchstückhaften, möglichen Gepflogenheiten zahlreicher Strömungen der antiken, mittelalterlichen wie neueren Theaterhistorie mit all ihren Teilaspekten sich endlich das lebendige Bild der Kölner Stockpuppenbühne herausschälte.

Darin an erster Stelle liegt der kulturhistorische Anspruch dieses Theaters begründet – den nach der künstlerischen Seite versucht es immer wieder neu, anders in unserer Zeit zu finden und ihm, mit den dargelegten Einschränkungen, gerecht zu werden.

IV. Vorläufer und Zeitgenossen des „Hänneschen"-Gründers Johann Christoph Winters

Wandernde Theatertruppen waren in Köln an der Tagesordnung, auch solche von Puppenspielern. Sie gastierten vornehmlich mit Schaustücken geistlichen Inhaltes. Ein Beispiel dafür bietet der 1558 auftretende Heinrich Wirre. Ursprünglich Schneider von Beruf, avancierte er hernach zum „Spruchdichter" (Leonhard Ennen).
Reimereien an Hochzeiten, Schützenfesten, das Vortragen von Mordgeschichten im Stil des Bänkelsangs zählten zum Repertoire des von weither angereisten Zeitgenossen. Wir finden ihn in Aarau, er machte Station in Solothurn, Zürich und endlich dann in Österreich. Seine Spur verliert sich, bis unser Freund am 22. April 1558 in Köln auftauchte, um hier für länger sein Quartier zu beziehen. Ein „spil von der passion unseres hern Christi" stand auf dem Programm. Das betreffende Kölner Ratsprotokoll vermerkt dazu: „Ist, dieweil versiegelte urkunden von etlich oberlendisch Steden eracht, das er sollich spiel nach der historien und inhalt des Evangelii gebraucht, ist ime das spiel erlaubt." Der Mann eröffnete die lange Reihe urkundlich nachweisbarer Wanderkomödianten. Sie sicherten der Kölner Theaterluft über etliche Jahrhunderte hinweg eine gewisse Internationalität. Traditionsbewußtsein, „Stadtgesinnung", Kontinuität spielten dabei mit, ebenso die sprichwörtliche Theaterfreude der Kölner, ja sogar eine herausgekehrte Theaterbesessenheit machte sich breit, die schon in den Tagebuchaufzeichnungen des Hermann von Weinsberg anklingt. Gleich zweimal für das Jahr 1562 ist davon die Rede. Da spielen „etliche Studiosi Judith + Holofernes auf dem Altermarkt" und im Margarethenkloster. 1581 geht es in der Burse „Sancti Laurentii ad minores" um ein „herrliches, köstliches Spiel" dessen Inhalt zwar nicht erläutert wird, doch umso interessanter scheint der Hinweis auf „bobben" – also „Puppen" zu sein. Sie spielten „mit großer Lust des Volkes".
Als günstige Gelegenheit, ein Puppentheater aufzuschlagen, boten sich in erster Linie die regelmäßig wiederkehrenden Jahrmärkte an. Sodann die Weihnachtszeit. In Köln gehörte darüber hinaus die „große Gottestracht" am zweiten Freitag nach Ostern, dem „dagh der wapen unseres Herren" (Fest der Lanze und Nägel) zu den Hochfesten. Eine Art Nationalfeiertag der mittelalterlichen Stadt, der Heinrich Wirre anlockte, wenngleich wir nicht bündig sagen können, ob dieser ein Puppentheater bei sich trug und auch, ob er überhaupt Berufsschauspieler im strengen Wortsinn war. Als solche sind wohl erst die englischen Komödianten zu werten. Immerhin läßt die Aussage des Ratsprotokolls die Vermutung zu, daß sich Wirre im Puppenspiel auskannte.
Schließlich nahm die Fastnacht insofern eine Sonderstellung ein, weil dann der Kölner Rat weit weniger als sonst abgeneigt war, den Wanderbühnen die begehrte Spielerlaubnis zu gewähren.
Während der Bußzeiten vor den hohen kirchlichen Feiertagen wurde es üblich, die Darbietung schauspielerischer Künste auf ein Minimum zu beschränken, da diese dem Ideal der allgemein praktizierten Askese abträglich. Auch sonst reagierte die Behörde nicht gerade großzügig, was die Aktivitäten der Wanderbühnen anging. Vorsicht wie Mißtrauen waren angebracht. Das forderte schon die Sicherheit der Stadt. Da rief man ohne alle Umschweife gleich nach dem Büttel. Es regierte unnachgiebige Strenge.
Die Ungewißheit der Spielerlaubnis hing wie ein Damoklesschwert über den umherziehenden Truppen und drängte sie immer wieder in unwürdige Abhängigkeit.
„Den hier anwesenden Marionettenspielern

Wanderkomödianten vor St. Kunibert in Köln (am Rheinufer). G. A. Berckheyde (1638–1698)

ist hodie per tatum ihr Theater abzulegen und des Marionettenspiels sich zu enthalten befohlen worden" notiert eine Ratsverfügung vom 7. August 1690 als stereotyp wiederkehrende Epistel. Generelle Spielverbote an Sonn- und Feiertagen waren keine Seltenheit. „Nach geendigter Vesper" konnte Johann Busch „operieren" (1704).
Die städtische Polizei behielt auch weiterhin ein strenges Auge. Um jene Zeit verdichten sich die Nachrichten in den Kölner Ratspapieren über Puppenspielertruppen. Es handelt sich im wesentlichen um Spielgesuche an den „hochedelgeborne[n], Gestrenge[n], Hochedele[n] Vest- und Hochgelahrte[n], Wohlfürsichtige[n], Ehren-Veste[n], Hoch- und Wohl-Weise[n] Bürgermeistere[n] und Rath der kayserl. freyen Reichs-Statt Cöllen am Rhein". Dabei überwiegen die schönfärbenden, kriecherischen Vokabeln.
Man formulierte mit geziemender Unterwürfigkeit, wohl wissend, wie man eingeschätzt, welcher Gesellschaftsschicht man insgeheim zugeordnet wurde: den Abenteurern nämlich, dem Bettelvolk, den Vagabunden. „Gaukler" heißen die Leute mit den Thespiskarren, und sie werden noch lange als solche verteufelt. In der Konzessionsverordnung Friedrich Wilhelms I. von Preußen (1716) sind „Marionetten- und Puppenspieler" „loses Gesindel", welches „spezialiter privilegiert" sein muß. Der Ukas wiederholt sich in Permanenz, noch 1832.
Das „Fahrende Volk" bleibt ein besonders

trübes Kapitel der mittelalterlichen wie neuzeitlichen Gesellschaft, die es als „heimatwurzellos" und damit als rechtlos klassifizierte. Dies führte bei den Betroffenen zu einer sehr spezifischen gruppenbezogenen sozialen Verhaltensweise, z. B. zu intensiver Familienbindung der einzelnen Mitglieder. Das in der immerwährenden Konfliktsituation geprägte Berufsethos blieb dem Normalbürger verschlossen. Scheu, mißtrauisch, skeptisch wie auch belustigt begegnete er den Wanderbühnen. Direkt oder auf Umwegen war ohnedies der Kontakt zur einheimischen Bevölkerung unterbunden. Die Komödianten sind eben Outsider; man konnte sie nicht zuordnen und hielt ihre Existenz für im Grunde unkontrollierbar. Verständnis zeigten nur wenige, vor allem der gebildete Adel, später auch das gehobene Bürgertum. Beide boten mancher Truppe hochdotierte Engagements für die von ihnen unterhaltenen Privattheater.

Gleichwohl: Das vorgetragene Selbstvertrauen der Prinzipale und ihrer Ensembles in die eigene Leistung wirkt schrill und plakativ. Es verdeckt doch gleichzeitig Unsicherheit, Bänglichkeit angesichts kommender Schikanen und steht in auffallendem Gegensatz zur vorsichtigen Sondierung eines neu oder auch wieder zu erschließenden Spielterrains. Vor allem die Schauspieler in der Spezies des Puppenspiels tragen um jene Zeiten nun einmal das Etikett des „verlorenen Haufens".

Bisweilen etwas weitschweifig prahlt der Prinzipal die seiner Meinung nach unwiderlegbaren Vorzüge des eigenen Unternehmens an. Die Voraussetzungen für das Dasein dieser frühen Puppenbühnen lassen sich an den stets wiederkehrenden Redewendungen ziemlich genau rekonstruieren. Da geht es einmal um Spielzeit und Aufenthaltsdauer. Es wird der Standort im Stadtgebiet bestimmt. Beschreibung und Anpreisung des Theaters erlaubt Rückschlüsse auf die Beschaffenheit von Puppen wie Kulisse. Sie gibt zudem Auskunft über das Repertoire und die Einflüsse anderer Schauspielertruppen. Auch umschreibt der Bittsteller

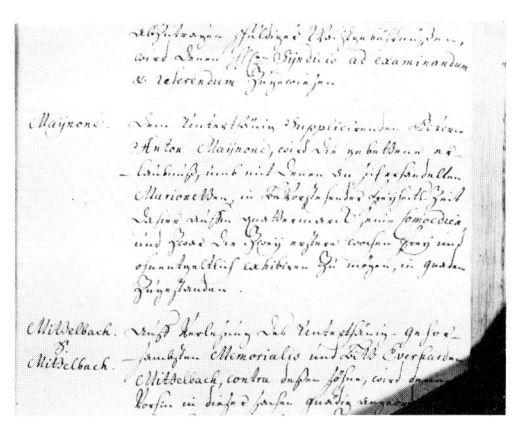

Der Marionettenprinzipal. Peter Anton Mayone erhält am 15. August 1746 die Erlaubnis, bei der Großen Gottestracht auf dem damit verbundenen Jahrmarkt zu spielen.

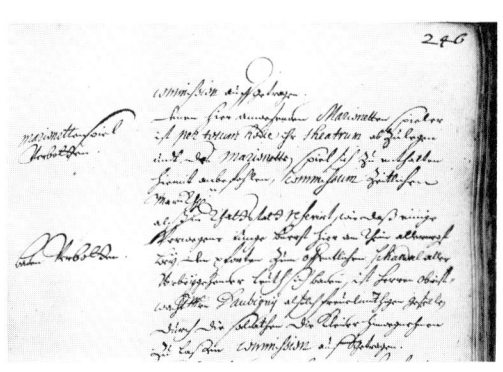

7. August 1680: „Den hier anwesenden Marionettenspielern ist hodie per tatum ihr Theater abzulegen und des Marionettenspiels sich zu enthalten hiermit anbefohlen."

Der Marionettenspieler Franz Fuchs darf nach anfänglicher Ablehnung am 25. und 27. November 1750 in Köln sein Theater aufbauen.

83

häufig genug die eigene ungewisse Vermögenslage. Beteuerungen, sich aller „zur Aergerniß reitzenden Sachen gäntzlich zu enthalten", kehren in den Akten dauernd wieder und waren dem Rat in der Tat wichtig, wohl wichtiger als das geistige Niveau, die schauspielerische Bravour.

Den Standmarktherren war aufgetragen zu beachten, „daß nichts so unehrbar dabey vorgehe". Und mit der Kontrollfunktion machte die Obrigkeit ernst. Sie definierte den eng und kleinlich gezogenen Radius, in dem Schauspielerkunst damals überhaupt möglich war. Sie bestimmte, welche uns heute grotesk anmutenden Bedingungen die Komödianten erfüllen mußten, um in den Besitz einer Spielerlaubnis zu gelangen. Letztere konnte zum Beispiel durch den Übertritt zum katholischen Glauben erwirkt, sozusagen erkauft werden. So geschehen im Fall der englischen Truppe John Spencer 1615.

Dem Marionettenspieler Johan Bamberger bescheinigte der Rat, daß er „nun bey Zehn wochen lang in hiesiger Stadt kündiger massen sich auffgehalten, und immittels mit Vorstellung deren bey sich führenden Marionetten und theatralischer actionen Jedermanniglich darzu Lust Tragenden ein Vergnügen sich äußerst beflissen habe". Das wohlanständige Verhalten glaubte der Kölner Rat Herrn Bamberger ganz besonders auf die Visitenkarte schreiben zu müssen.

Überraschung löst in solcherlei Protokollen das minutiöse Aufzählen des Wohin und Woher, der sogenannten „großen Touren" aus, die jede Bühne zu absolvieren pflegte. Immerhin ein aufschlußreicher Spiegel des Weitgereistseins unserer Puppenprinzipale und ihrer Kompanie. Joan Baptisten Heldervin bietet ein solch verblüffendes „Itinerar". Am 19. Mai 1702 bat er um die Erlaubnis, nachmittags in Köln auf dem Neumarkt spielen zu dürfen. Der Mann war in den Jahren zuvor (seit 1685) in Wien, danach in Prag, Salzburg, Danzig, Stockholm, Lübeck und Hannover gewesen. Schließlich ging die Reise nach Münster – so lauten die in den Akten aufgezählten Stationen. Heldervin empfahl sich mit „raren Figuren, womit ich gantze opern spiele". Sie seien „anderthalb brabandsche Ellen lang, verrichten alle actiones gleich lebenden Personen mit guter, wollanständiger Bewegung, tragen alles redend vor, da sonst in denen von lebenden Personen gesungen wird; deren Comoedien seyn vielle von getichten auß dem Ovidio, also: von Hercule und Alceste, Jason und Medea, Perseus und Andromeda, Aurora und Cephalus, und dergleichen, über fünffzig stück, voller maschinen, und werden mit offener Veränderung des Theatri präsentieret ..." (Nebenbei: Diese Äußerungen deuten schon auf eine sich verkomplizierende Technik.)

Man sieht, die antiken Stoffe, „Klassisches" bemächtigte sich des Heldervinschen Puppentheaters ganz und gar, stand obenan. Das ehedem so beliebte Mysterienspiel war gewiß hier bereits in den Hintergrund gedrängt worden. Eine Entwicklung, die beim „großen" Theater schon zu Beginn des 16. Jahrhunderts einsetzte.

Nicolaus Thalen darf mit seiner Gesellschaft vier Wochen lang auf dem Quatermarkt Marionettenvorführungen veranstalten. Geschickt konnte er die Beendigung seiner Aufenthaltsgenehmigung hinauszögern und brachte es sogar fertig, am 12. Februar 1705 den Kölner Rat für sein Spiel zu begeistern. Die Ehrenvorstellung scheint jedenfalls allgemein Zuspruch gefunden zu haben. Was Wunder, daß ihm gestattet wurde, über die vereinbarte Zeit hinaus, nämlich zu den Fasten „in der Stille weiter zu spielen". Er tat es umsichtig-regsam ohne Blamage mehrere Monate hindurch.

1710 stellte sich der Puppenkomödiant Peter Helferding ein, um seine „opera von großen puppen" vorzuzeigen. Ihm wird der Quatermarkt zugewiesen mit dem Bemerken, bei Promotionen oder Doktoressen und dergleichen öffentlichen Begebenheiten, die dort stattfanden, das Theater sogleich zu räumen.

Die Marionettenspieler Nicolaus Leonhard und Ludwig Ruppert offerierten eine Kuriosität: „schöne, nie gesehene Comoedien in marionetten, ein Kunstpferdt sampt einem Türckischen Schaff mit funff biß sechs hornern". Das waren damals ausgesprochene Seltenheiten, Lockvögel, zoologische Raritäten, die auch Hermann von Weinsberg viel früher in seinem Tagebuch verwundert erwähnt, wenn er und alle anderen nicht einer Manipulation aufgesessen waren.

Artisten-Schaunummern mit sogenannten „singenden oder sprechenden Puppen", die „Feuer spuckten", setzten kölnische Ratsherren ins Staunen. Sie erkundigten sich sogleich nach dem „Wie", ließen peinliche Recherchen anstellen, witterten „Teufelswerk". Die oftmals zutage tretende Perfektion der in Köln gastierenden Puppentheater war dem hochgestellten Publikum mitunter unheimlich. Von „Zauberei" wurde gemunkelt, ist sogar aktenkundig die Rede. Uneinsichtige, Übereifrige warfen die Komödianten mit „Hexen" in einen Topf. Alles in allem unglückliche, wirre Nachwehe jener Zeiten, in denen Katharina Henot am 19. Mai 1627 als „Teufelsweib" hingerichtet wurde – dies wohl eine der spektakulärsten Hexenexekutionen in Köln. Der makabre Unfug währte etliche Jahrzehnte und äußerte sich später noch – wenn auch in vordergründig harmloserer Form – im argwöhnischen Bespitzeln Zugewanderter, deren publikumswirksames Auftreten Angriffspunkte bieten mochte. Es atmete dies alles den Geist muffig-enger Gesinnung einer alten Bürgerstadt, deren latente Bösartigkeit zuweilen offen zutage treten konnte. Köln ist dieses Flair bis weit in die Neuzeit hinein nicht losgeworden.

Indes: Christoph Winters durfte es unbeschadet wagen, mit seinen „Hänneschen"-Puppen den „Hexentanz beim Teufel auf dem Pöstgen..." zu spielen. Die Aufklärung hatte die alten Vorurteile beseitigt, Hexenprozesse lagen weit zurück, und man rückte sie in die Nähe kölnischer Sagen und Märchen mit gruseligem Akzent. Seine Vorläufer aber erhofften sich – in kalkulierter „Unkenntnis" der möglichen, dräuenden Gefahr – durch das Anpreisen komplizierter Mechanismen, für die es plausible, harmlose Erklärungen gab, den Rat gewogen zu stimmen, „Stimmung" überhaupt zu machen. Ein begreifliches, taktisches Vorgehen, um so schnell wie eben möglich an die Spielerlaubnis zu kommen. Und das hieß: für Tage oder gar Wochen nicht am Hungertuch nagen zu müssen. Es war doch meistens nackte Existenznot, die dem Schreiber die Feder in die Hand drückte. Der Weg zur Spielerlaubnis aber führte in Köln, der dem alten Glauben treu gebliebenen und inzwischen zum Fechtboden der Gegenreformation aufgestiegenen Stadt, am erfolgreichsten über das Angebot geistlicher Schauspiele, wenngleich dies mehr und mehr außer Mode geriet. Vielleicht eine opportunistische Konzession, weil man die Kölner Verhältnisse zu kennen glaubte und mit einer „Historie von der Hl. Ursula" wohl den Nagel auf den Kopf traf (1648). Doch auch hier waren die Dinge ja mittlerweile in Fluß geraten, altüberliefertes Denken brüchig geworden, die Konservativen auf dem Rückzug.

Jedenfalls brachte die eigentlich unverfängliche Thematik auf den ersten Blick keinerlei Probleme, ließ sich auch am ehesten in die noch streng eingehaltene Ordnung des Kirchenjahres und seiner Liturgie einfügen. Eine „fromme Spielfolge", wie sie Leopold Neffzer aus Regensburg noch 1733 dem Kölner Rat antrug, paßte durchaus in das von der Tradition geprägte Schema. Im Programm standen die Viten der Heiligen Nepomuk, Alexius, Maria Magdalena und Dorothea, die repertoiregeschichtlich bis ins 17. Jahrhundert zurückverfolgt werden können oder schon im Mittelalter zur Volksdramatik zählten und neuerdings wieder durch das Jesuitentheater – hier anfänglich wohl ausschließlich gegenreformatorischen Intentionen folgend – zu Ehren kamen. Allerdings hatte sich innerhalb des Spiels ein entscheidender Wandel vollzogen, der nun deutlichere Konturen annahm und die weitere Entwicklung des Puppentheaters – das auch hier eine Orientierung an der großen Bühne suchte – für lange Zeit bestimmen sollte.

Die Wechselbeziehungen werden um so verständlicher, als der Schauspieler oder Prinzipal oft genug gleichzeitig die Profession des Puppenspielers ausübte, sich in ein und derselben Person infolgedessen alle nur denkbaren Kombinationen mimischer und stimmlicher Begabung profilieren konnten. Dafür blieb Johann Ferdinand Beck der Prototyp, auch als Vertreter des Übergangs vom Puppenspiel zum erneuerten Personentheater, wie das mehr als ein Jahrhundert später die Millowitschs in Köln betrieben.

Was wir für das Mysterienspiel konstatierten, nämlich die Einblendung von Possen oder Faxen als recht konträres, ursprünglich keineswegs dazugehöriges Handlungselement, konzentriert sich auf eine weitere, für die Kölner Hänneschenbühne ungemein interessante Erscheinung – nämlich den „Aktionsträger" in Gestalt des „Lustigmachers", „Hanswursts" oder wie immer man ihn nennen mag. Vorläufern wie Zeitgenossen des „Hänneschen" in Köln ist er keineswegs unbekannt, wovon schon an anderer Stelle gesprochen wurde. Zuletzt – soviel man sieht – propagiert ihn laut, fast reißerisch das „Raritätentheater" des Johann Josef Junker. Es gastierte anno 1791 vom 11. bis 16. September auf dem Kölner Steinmetz-Zunfthaus und gestaltete das theatrum mundi routinemäßig. „Puppen- und Schattenspiel, als auch Feuerwerk und Malerei" machte sich die Bühne zunutze. Theaterzettel künden von „Titus Mantilius (Manlius?), die römische Gerechtigkeit, wo der römische Bürgermeister seinem Sohn Mantilius den Kopf abschlagen läßt, mit all möglichen Decorationen des Theaters". Die Rheinlandschaft kam dabei zu Ehren. Gerade erst begann man, sie in Literatur und Malerei zu entdecken. Man sieht: Auch am Theater ging derlei nicht spurlos vorüber. Erst recht kokettierte dann das „Hänneschen" mit der großen Bühne und deren faszinierenden Wandeldekorationen unter „synchroner Beherrschung von Mechanik, Transparenz und Effektbeleuchtung". Hier wie dort waren die „staunenden Zuschauer" überwältigt oder erlagen der Illusionskunst.

Übrigens spielten ebenso Praktiken des alten Kölner Jesuitentheaters mit hinein. Längst ist erwiesen, daß wandernde Puppenspieler dessen Laterna magica in ihre Dekoration einbauten, im Grund also am Physikalischen Kabinett der Kölner Jesuitenniederlassung partizipierten. So wird die Laterna magica am Ende des 17. und 18. Jahrhunderts zu einem beliebten Volksbelustigungsmittel. Das „Hänneschen" übernahm diese nicht nur als „Kulissen-Erbstück". Es benutzte sie anfangs in den „Faxen".

Die Technik des transparenten Bühnenbildes, mit der das „Hänneschen" dann ebenfalls arbeiten wird, ist vielleicht von den Jesuiten eingeführt worden. Sonst empfand der „Hänneschen"-Prinzipal höchst „modern" in seiner Dekorationsmalerei – das heißt: romantisch –, wie ein noch existierendes Winterssches (?) Skizzenbuch beweist. Er liebte klare kölnische Konturen, bei denen die Stadtsoldaten („Funken") nicht fehlten und natürlich jene zur Zeit Winters noch völlig intakte mittelalterliche Fortifikation den enggezogenen Umweltrahmen der Kölner Puppenbühne charakterisierte. Akzent der kölnischen Stadtlandschaft bleibt lange der unvollendete Dom. Vom Winterschen Skizzenbuch wird noch gesprochen werden müssen.

Die Stegreifposse mit „angenehmen Lustbarkeiten des Hanswurst" scheint eine Besonderheit des Junkerschen Theaters gewesen zu sein, das Enthaupten Clou jeder Puppentragödie, absoluter Spielhöhepunkt des Horror-Spektakulums. Oder: „Das groß steinerne Totengastmahl, oder wer die Tugend hasset, der hasset sich selbst..." Unbekümmert wird auf vielfältige Weise Heterogenes vermischt.

Wenige Jahre vor dem Einzug französischer Revolutionstruppen am 4. Oktober 1794 – insofern ein wichtiges Datum der Kölner Stadthistorie, als sich das damals noch ganz mittelalterlich strukturierte Stadtgefüge von Grund auf änderte – ist jener Zustand erreicht, der den kontinuierlichen Übergang vom Vorläufertheater zu den Zeitgenossen des „Hänneschen" wie auch zu diesem selbst in toto deutlich und endgültig artikulierte. Jene folgten noch weiterhin der konventionellen Linie, machten keinen wesentlichen Unterschied zu dem, was voher war. Im ganzen hat die Signatur des außer Winters'schen kölnischen Puppentheaters dieser Epoche etwas Panoptikumhaftes an sich, wird in einen Topf geworfen mit „... Carnevals-Ergötzlichkeiten, Marionettentheatern und sogenannten Krippen für's gemeine, auch wohl manchmal vornehme Volk", wie sich Heinens „Begleiter auf Reisen durch Deutschland" anno 1808 vernehmen läßt. Am Erfolg und Fortbestand des „Hänneschen" gemessen bleiben das Randerscheinungen, bar jeder besonderen ausdrücklichen Resonanz. Erst das „Hänneschen" entwickelte die absolut stadtkölnisch bezogene Mundart-Sonderform, war so etwas wie ein Einzelgänger, ohne seine Bindung an Überliefertes zu leugnen.

Das Marionettentheater Pinnk – es spielte im Mai 1807 auf dem Domhof – veranschaulichte den überkommenen Typus beispielhaft. Nichts von Lokalkolorit, keine auch nur leise Andeutung von „Hänneschen"-Metier. Der „Doktor Faust" kam aufs Tapet, ein „Ritterschauspiel" – doch darin keine Umdeutung, keine Verpflanzung ins kölnische Milieu. Einer nur zaghaften Konzession an das Kölner Publikum mit dem „Lied vom Malbrock" – gemeint war Herzog Marlborough, von dem es hieß, er sei bei Malplaquet gefallen (1709). Der Ruhm des Heros verbreitete sich rasch – war keine Breitenwirkung, kein bleibender Erfolg auf der Pinnkschen Puppenbühne beschieden. „Marlboroughs s'en va-t-en guerre", die Parodie in mundartlicher Version, sollte dem „Hänneschen" vorbehalten sein. Übrigens nun mit durchschlagender Wirkung.

Neben Pinnk finden sich in den Akten Hinweise auf „Rochus Bianco hiesiger Großbürger" (geboren 1751 in Mailand). Dem Magistrat legte er am 24. Oktober 1805 sein Spielgesuch vor, „das Margonettenspiel in meiner Behausung zu zeigen". Bianco wohnte in der Spitzengasse Nr. 7086. Als

Der Marionettenspieler Giersberg bittet am 25. Oktober 1815 um die Genehmigung des Spiels.

Am 24. Oktober 1805 legt der Prinzipal Rochus Bianco dem Kölner Magistrat sein Spielgesuch vor, „das Margonetenspiel zu zeigen in meiner Behausung".

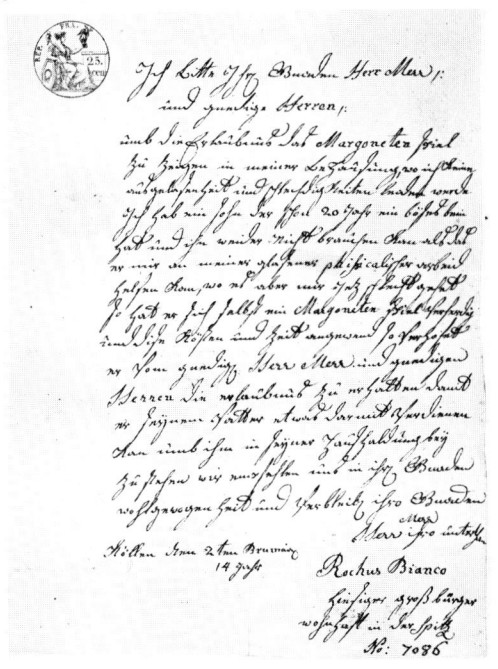

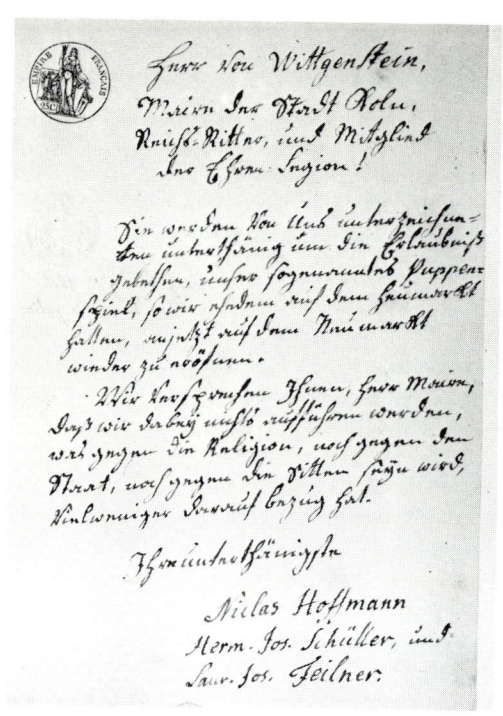

Der „Poppenspieler" Niclas Hoffmann bittet um Aufführungserlaubnis. Französische Zeit (1794-1814)

duster, staubig wird der Schuppen geschildert. Nichts zum amüsieren. „Zerzaust" verließen die Besucher die ungastliche Stätte.

Der Buchdruckergeselle Nikolaus Hoffmann aus der Stolkgasse, „Puppen- und Marionettenspieler" bat unter dem 4. Januar 1804 darum, ihm „das kleine Puppenspiel in meinem Hause" zu gestatten. „Mein geringer Tagelohn an der Druckerpresse reicht bei weitem nicht aus, eine halbschwachsinnige Frau und vier unmündige Kinder zu ernähren." Der Mann begegnet uns zum zweitenmal am 5. Oktober 1816. Im Schreiben an den Kölner „Oberbürgermeister" heißt es: „Da ich seit 18 Jahren die Wintermonate hierselbst hindurch ein Puppenspiel errichtete und es auch gerne diesen Winter fortsetzen möchte, so ersuche ich Ew. Hochwohlgeboren unterthänigst, mir die Erlaubnis hierzu zu geben ... Für Anständigkeit und gute Ordnung werde ich wie bisher die größte Sorge tragen." Es richtete sich nun auf der Mariagartenstraße 17 ein. Man kennt den Tenor, wenn auch der Adressat kein „hoher Rat" mehr war. Noch im „Repertorium der Polizei-Verordnungen für die Stadt Köln" aus dem Jahre 1840 ist man entsprechend eingestuft „nach alphabetischer Materienfolge", und: „Marionettenspieler sollen sich unmoralischer, zweideutiger und schmutziger Darstellung enthalten, nicht herumlungern, niemanden behelligen" war die Verlautbarung.

Dem wirklichen Initiator des „Hänneschen" – Christoph Winters – wuchs erst mit dem Puppentheater Joseph Spiegel ein ernstzunehmender Konkurrent heran. Den Streit brachte die von De Noël verfaßte und zu Karneval 1808 auf dem Maskenball im Komödiensnhaus vorgetragene „Jocusa Descriptio" ans Tageslicht. Hauptmann Schlotter und Gebrechsherr Puffert – Amtsbezeichnungen einer längst vergangenen kölnischen Welt – diskutieren Stadtneuigkeiten und wägen die Vorzüge beider Puppentheater gegeneinander ab:

Schlotter: ... Ze Johren go ginken
Vil Hübschemanns-Kinder et Hänneschen sin;
Söns Quohm nicks als Knächten un Mäden derhin.
Staas Lück goff et, esu off als se spilten.
Et goffen er zwei, wovun ein op der Ahr.

Juffer: Es schönsten dann doch in der Linksgassen war.

Schlotter: Dat saht nit, da kunnt sich me'm Spegel nit messen.
Wat hatt dä joh Stöcker, ich ben ald vergessen,
We vil dat Hä'r hatt; un esu als hä saat,

Su hatt hä de miitsten auch selver gemaat.
Wat hatt dä Musick, Fifelihnen un Flauten!
Doh sohch mer auch, dat hä kein Kösten en schauten.
Se spilten op Noten, doh fehlt keinen Ton –
Un Käzewerk we en er Luminazion.

Puffert: Dat well ich nu Wandel han, doch ich kann schweren,
Et Hänneschen kunt mer nit bester begerren
Wie dat en der Linkgaß. Wat han ich gelaach!
Dä dat do agethe, verstunt nuh sing Saach!
Et wohr en dem Huus, wo se Brandewing zappen.

Schlotter: Ich weiß wahl, mer brohch bahl den Hals en der Trappen
Beim Winter. – Ich hätt noch ens bahl an der Wand
Su noh, als es rooden, de Pürk mer verbrannt.
Doh wor et en Hetz, dat ich meint zu verschmooren,
Mer kunnt auch verhaftig bahl nit doh gedooren.
Ich hatt mich vorhäuvs en en Höttchen posteht,
Doh brannden, dat hatt ich nit glich absolveht,
E Kääzchen – zem Glöck hant de Lück et gerochen.

Puffert: Jo, eimol doh es ens de Bank doh zerbrochen.

Schlotter: De Pürk, ja, su weet er jetz kein mieh gemaat;
Met Knodden! de hatt' noch mien Fatter gedraat.
Doch halt ens Öhr Woht get un Loht mich verzellen
E Stöck vun der Aar, wat ich vör han sin stellen.
Doh krescht Eer, dorop hätt ich alles verwett,
Un wann Eer en Hetz auch vun Marmelstein hätt:
Ne riche Kavleer uus er Stadt wor verdorven;
Hä trok op et Land, un doh eß hä gestorven.
Dem quohmen sing Sönn an et Krankenbett stohn,
Ade sagen, vör en de Vremde ze gohn.
Härr Puffert, doh hätt Er ens sin sollen, we de
Sich anstalten, schönter als en der Kumede!

Puffert: Ach Spassen! was machen Sie da 'nen Vergleich!

Schlotter: Dat muß mer gesin han, et Hätz woot üch weich,
Zewielen dann mooß mer auch Trohnen dren laachen,
Wann't Hänneschen widder sing Krätzcher däht maachen:
Dann hoot mer nuh allerhand spassige Tön!
‚Nä, zumma, zummarum, dat Kreppchen wohr schön.
Doh mooß mer Vöruus auch zwey Blaffed bezahlen,
Dat wor vil gescheider, söns gohf et Schandalen.
Der Winter hatt eckesch vun Blech esu 'n Büß,
Doh kräg dä get Fettmänncher, Stüvern un Füss.
Drop hat ‚Der Verkündiger' ens get geschrevven;
Wewahl hätt et auch esu fott sollen gohn,

> Dann kunnt keine Kumediant mieh bestohn.
> De Härrschaften dähten sich der enfetehren,
> Studehte Lück holfen se rekummedehren;
> Se hant innen gar ens e Lehdchen gemaht,
> Dat wood vum Bombom lans de Dürren gedraat."

Eine sicherlich amüsante Kontroverse. Man schaut sozusagen hinter die Kulissen. Es gibt Querelen mit der Presse. Das Provisorium des Zuschauerraums erhält Gesicht. „Hänneschen" bietet Rührstücke und schlägt Faxen-Purzelbäume. „Studehte Lück holfen", wurden zu „Hänneschen"-Poeten. Wer? De Noël bestimmt, von ihm ist Unzähliges gedruckt, was für die Hänneschenbühne geschrieben wurde. Otto Thissen ging noch einer anderen Spur nach und fand: „Man glossierte in diesen (Hänneschen-) Spielen Ereignisse des vergangenen Jahres, geißelte Stadtlächerlichkeiten und stellte bekannte Persönlichkeiten porträtgetreu dar. Als Verfasser solcher ‚Stadtdramen', wie Ernst Weyden sie nannte, tat sich in den ersten Jahrzehnten des 19. Jahrhunderts ein städtischer Beamter namens Hoffmann hervor, dessen Humor als eben so originell wie unerschöpflich geschildert wird."

Im Wettbewerbsstreit mit Winters zog Spiegel den kürzeren. Dessen Theaterfundus und mehr scheint bereits im darauffolgenden Jahr an Winters übergegangen zu sein. Offenbar auch die streng gehüteten Faxen und „verschiedene Stücke zum Aufführen", wie aus dem Winters'schen Nachlaß bekannt und über die Sammlung Carl Niessen dem Theatermuseum in Köln-Wahn (Schloß) inkorporiert.

Schlechtklassige Randerscheinungen, die Winters nicht zu fürchten brauchte, blieben der Puppenspieler Krause von der Enggasse mit einer „sogenannten Krippe, welche blos von Kindern aus der Nachbarschaft besucht wird". War es eines jener Etablissements, von denen Ernst Weyden erzählt, ohne Namen zu nennen – was auf Futterneid schließen lassen könnte?: „Rivalin der Krepp in der Lintgasse war die auf der Aar, welche übrigens nicht in so klassischem Ruhm stand wie jene. Außer den extra Vorstellungen wurde gewöhnlich per Stunde zu zwei und einem Stüber gespielt, wobei in den Zwischenakten der Bevva, de Mariezebel, et Haennesche, der Nober Tünnes und der Nober Mehlwurm nebst dem Amtmann die Hauptakteurs" waren. In diesen Straßenzügen hatte auch zeitweise das Wintersche Theater sein Zuhause.

Weitgereist – wie ehedem – scheint niemand mehr der damaligen Puppenbühnenprinzipale. „Anständigkeit und gute Ordnung" stehen als Versicherung des Wohlverhaltens obenan, mit traditioneller Unterwürfigkeit emsig angeboten. Niclas Hoffmann versichert dem „Bürger Maire", „nichts aufzuführen, was gegen die Religion, noch gegen den Staat, noch gegen die Sitten seyn wird . . .". Griffige Titulaturen wird man hinfort schnell zur Hand haben.

Der Marionettenspieler Reuter kam aus Brühl und wollte in Köln kurze Zeit gastieren.

Michael Giersberg legte am 7. November 1816 der Behörde sein Gesuch vor, mit dem „bekannten Marionettenspiel" debütieren zu dürfen. Zwei Jahre danach findet sich in den Akten ein Gutachten über den Schreiner Kummer, der ebenfalls beabsichtigte, im Hause „oben Mauren Nr. 20" ein Puppenspiel zu arrangieren. Derlei Versuche reißen nicht ab, man könnte davon mehr aufzählen. Publicity ist ihnen nicht beschieden gewesen, zu sehr haftete alledem etwas Stümperhaftes, Abgedroschenes an, das bei Winters selbst und ebenso bei Millowitsch zwar auch auszumachen war, aber nicht ohne Reiz auf den Zuschauer blieb, weil doch in ein anderes Gravitationsfeld gestellt.

Jemand, der es wissen mußte, Hermann Becker nämlich, hat uns aus der zweiten Jahrhunderthälfte Mitteilungen hinterlassen, wie es um jene Puppenbühnen bestellt war, die niemals hoffen durften zu reüssieren. Gleich etliche davon werden aufgezählt: An Lyskirchen „in einem verfallenen Haus, rechts neben der Kirche", „auf dem Filzengraben Nr. 10 in einer damals halb trümmerhaften ehemaligen Ölmühle", „. . . sah man in der Puppenkomödie nur die allereinfachste Dekoration. Sie bestand aus gelbem Pappdeckelbogen, auf welche die Künstlerhand des artistischen Leiters die Häuser mit Tinte aufgemalt und mit Kreide den Effekt verstärkt hatte. Die Puppen fabrizierte der Herr Direktor selbst. Der Kopf dieser Puppen bestand insgemein aus einem Faßspund, in dessen Mitte ein eingetriebener „Holzspinn" die Nase andeutete. Mund und Augen wurden aufgemalt, die Haare aus Pelzfleckchen hergestellt. Wenn man sich nun zu dieser Dekoration eine Scheidewand denkt, die aus verschiedenartigen Teppichresten oder Sackleinwand hergestellt war, hat man so ziemlich das Bild des Kölner Puppentheaters der damaligen Zeit. Es befand sich gewöhnlich in einem armseligen Raume, der in zwei Hälften geteilt war: den ersten Platz, zwei oder drei gepolsterte Bänke, und den zweiten Platz, auf dem man stehen mußte. Zwei müde Öllampen spendeten verdrießlich ihr Licht, so daß ein dämmerndes Halbdunkel herrschte. Dafür aber war es im Winter desto wärmer in dem Lokale, denn der eiserne Kanonenofen glühte gewöhnlich und diente nebenbei dazu, um darauf Kastanien oder Äpfel zu braten. Das Publikum des ersten Platzes bestand zumeist aus Kindern wohlhabender oder reicher Leute, während sich auf dem zweiten neben den Kindern auch zahlreiche Burschen und Mädchen aus dem Volk einfanden. Eine altersschwache Drehorgel füllte neben den derben Witzen der Volksjugend die Pausen aus; manchmal entspann sich wohl auch ein Bombardement unter den Zuschauern, die sich gegenseitig mit „Apfelkitschen" und Nußschalen bewarfen. Oftmals auch, wenn derbe Witze gerissen wurden, spielte das Publikum mit und gab seinen Beifall oder Unmut durch laute Zwischenrufe zu erkennen. Auf diese Weise entwickelte sich häufig zwischen Zuschauern und Darstellern ein ergötzlicher Dialog und mancher, später als Karnevalsredner berühmt gewordene, Humorist mag dort für seine Schwänke die Vorstudien gemacht haben."

Seit Carl Niessens Publikation zur Geschichte des rheinischen Puppenspiels vor mehr als fünfzig Jahren haben sich unsere Kenntnisse über heimische wie auswärtige Puppenspieler im Kölner Theaterleben vergangener Jahrhunderte beträchtlich erweitert; der „Fall Millowitsch" macht davon keine Ausnahme.

Franz Millewitsch – so sein ursprünglicher Name – war nicht bloßer Epigone im Sinne phantasieloser Nachäfferei, er entwickelte durchaus neue Ideen, Originäres, wie etwa das Spielen mit „lebenden" Hänneschenpuppen, das später intensiviert, zum Gütezeichen der Bühne wurde.

Als Millewitsch 1847 Aufmerksamkeit erregte (erst 1849 nennt er das Puppenspiel seinen Hauptberuf), mochte Winters echtes Unheil fürchten. Dieser Mann war zweifellos ein starkes Talent im Umfeld des kölnisch empfundenen Puppentheaters.

Heinrich Neu schlug aus den Papieren des Staatsarchivs in Koblenz weitere, bislang unbekannte Seiten des Kapitels „Millowitsch", auf, die den routinierten Manager, von einer Puppentheater-Idee leidenschaftlich Besessenen, bereits ahnen lassen, sein Porträt klarer zeichnen.

So unternahm unser rühriger Prinzipal einige Jahre zuvor bemerkenswerte, weil hartnäckige Anläufe, in Köln sein Puppentheater zu installieren. Ein nicht leicht abzuspeisender, zielstrebiger Charakter offenbart sich dabei.

Schon am 16. August 1843 wandte sich Franz Andreas Millewitsch an den Oberpräsidenten der Rheinprovinz. Die Schreibweise seines Namens wird in den Kölner Standesamtsregistern höchst unterschiedlich gehandhabt. Einmal heißt es Millewitz, dann Millowitz, auch Millowitsch oder Müllewitz. Indiz dafür, daß der Mann zunächst einmal

91

unbekannt, ein unbeschriebenes Blatt war. Als „Spezereikrämer" führen ihn die Akten. Im Kölner Adreßbuch von 1835 liest man noch „Tagelöhner", der sich (1843) „gewiß wohl zwanzig Jahre hindurch" „mit dem Befördern von Lohkuchen" – einem Abfallprodukt der Gerberlohe – verdingte. Zumindest der Name war etwas ganz und gar Unkölnisches, klang nach Ostelbisch, womit man im Rheinland weniger anzufangen wußte. Auch führte dieser zu mancher Verwechslung, was dem Glücksuchenden damals gar nicht unrecht sein konnte. In der Tat kamen die Millowitschs aus Küstrin, wenn auch in der Familienlegende lange ein Michael Millowitsch fortlebte, dem angedichtet wurde, er habe schon 1833 in Köln mit Puppen gewerkelt, womit die altkölnische Seßhaftigkeit propagiert werden sollte. Doch ohne erkennbaren Erfolg. Denn Michael Millowitsch hat es nie gegeben. Der blieb eine Fata Morgana im Streit mit Winters.

Franz Andreas, geboren 1793 oder 1797, schlug sich zu Beginn seiner Puppenspielerkarriere zunächst als „Bauchredner" und „tüchtiger Harmonikaspieler" durch, dessen Lieblingsplatz die Deutzer Seite der Kölner Schiffbrücke wurde. Bei ausgefahrenen Pontons erfreute er die „drüben" auf Rufweite wartenden Bürger mit Faxen. Den weiten Mantel lüftend, kamen Puppen zum Vorschein, darunter das „Hänneschen" und der „Bestevader".

Josef Bayer ordnete ihn etwas vorschnell den Kölner Originalen zu:

„Un hä singk met rauher Stemme
we dat Völkche kriesch un laach,
wat mer gitt, dat deit er nemme,
hät der Penning nit veraach."

Franz Andreas klagte den Behörden von „Schicksalen und Unfällen aller Artungen". Sein „Geschäft und Eigenthum" sah er „nach und nach dahinschwinden". Er und seine Familie seien „in die drückendste Lage versetzt" (27. 10. 1845). „Flehentlich", „innig" bat der Mann um Rat und Hilfe. Es scheint ein vorgeschriebenes Ritual in den dafür zuständigen Kanzleien gegeben zu haben. Die Wortwahl deckte sich mit der in Wintersschen „Köttbriefen". Nichts von „Klaue" übrigens. Das sind säuberlich aneinandergereihte Buchstaben, Sätze.

Seine Wohnung lag um jene Jahre noch auf dem „Großen Griechenmarkt" Nr. 56, unweit des „Rothgerberbaches", wo es damals Gerber gab, mit denen er von Berufs wegen Kontakt hatte.

Im Gesuch an den Oberpräsidenten beschwerte sich Millowitsch, die Kölner hätten ihm mit dem Bemerken die Tür gewiesen, „das keine zwei Puppentheater nach der hierüber zugrunde liegenden Polizeiverordnung in hiesiger Stadt zugelassen werden können". Darum also sein Ausweichen auf die Deutzer, die Nichtkölner Rheinseite! Er bezog sozusagen Posten im „Niemandsland".

Noch behauptete nach alledem Winters das Feld. Und zwar uneingeschränkt. Dieser genoß obrigkeitlichen Schutz. Das veranlaßte Millowitsch, im Konzessionsantrag zu bemerken, daß er schon zufrieden sei, wenn man ihm den Betrieb seiner Puppenbühne „in einer gewissen, allenfalls zu bestimmenden Entfernung von der Stadt" gestatte.

Die Kölner Regierung ging darauf nicht ein. Millowitsch bemühte den Oberpräsidenten als höhere Instanz, an sein soziales Gewissen appellierend: „Ew. Exzellenz kann sich leicht vorstellen, wie einem Tagelöhner zumute ist, der sich immerhin in einer ungewissen Stellung befindet, eine Frau und mehrere der Pflege noch nicht entwachsene Kinder (es waren damals fünf), zu ernähren hat, manchmal nicht weiß von einem Tage zum anderen in Ehrbarkeit zu gelangen ... Nun intendiere ich, mein bisheriges Auskommen auf eine ehrbare Art und Weise in Anlegung eines Puppentheaters zu meliorieren, worauf ich in diesem Bittgesuche flehentlichst, wie angeführt, bei Ew. Exzellenz anstehe." Er kehrte die dem König geleisteten treuen Dienste im preußischen Heer hervor (von 1815–1820 im Bergischen Infanterieregiment) und erklärte, daß er schon

„früher in Bonn ein Puppentheater mit gehorsamer Erlaubnis errichtet habe". Der beigefügte Ankündigungszettel – ältestes Dokument der Millowitschbühne – machte deutlich, was unser Petent beabsichtigte. Und davon hatte Winters in der Tat für sich einiges zu erwarten. Unter der Überschrift „Puppentheater in Bonn" ist eine „Extra-Vorstellung als Benefiz des Henneschen" avisiert. Weiter: „Mit obrigkeitlicher Bewilligung wird heute Donnerstag den 15. Dezember (1842?) hier in Bonn, im Saale des Herrn Werner auf der Sandkaule, das so berühmte kölnische Henneschen seine Aufwartung machen, und zwar wird aufgeführt: Das Räthsel, Ausserordentliches Lustspiel vom Henneschen und Bestevater in 3 Akten, vorher das theure Haus an der Heerstraße, Komisches Lustspiel von Bestevater in zwei Aufzügen" – „In den Zwischenakten wird das hochgeehrte Publikum auf die schönste Weise durch den alten komischen Bestevater und das launige Henneschen mit Faxen, Versen und Liedern unterhalten werden."
Garniert war der Zettel mit „Henneschen"-Versen:

„Höt ens wat ich üch wel verzelle
Wat ich un min Bestevater disen Ofend welle vörstelle,
Ich han mir zu minger Benefiz ei Flintge gelade
Dat wet ob alle Here un Dame wate
Diesen Ofend wel ich üch ens leere die Siebe Wetze
Dobei mut ehr äfer nit stohn als setze.
Dann sollt ehr ens lachen.
Wat et Hennesgen mit singem Bestevater
För ein Krimasse wet machen,
Der Prihs es zwor hück en bisgen gatz,
Ich denken efer doch dat et hück noch ens tüchtig wet besatz."

Fester Preis, fester Standort, Mundart, die Typen, alles à la Winters, es *scheint* eine glatte Kopie zu sein, auch hinsichtlich des Repertoires, das z. B. ebenfalls den „Doktor Faust" enthält. Nur der Name des Arrangeurs fiel unter den Tisch. Dieser hatte sich die Maske des „Henneschen" übergestülpt und auch so unterzeichnet.
Mit der „obrigkeitlichen Bewilligung" haperte es. Man ließ Millowitsch weiter zappeln. Nach acht Tagen kam der Bescheid „bei Nichtvorzeigung eines Gewerbescheines" die Sachen zu packen. Die Konzession blieb aus. Erst 1846 scheint sie endgültig erteilt worden zu sein, aufgrund „bedrückter sozialer Lage".
Also kein Zurückstecken, keine Resignation. Von Anfang an suchte Millowitsch unverfroren die Konfrontation mit Winters in Köln: souverän und mit leichter Hand die Mittel, den Apparat, die Inhalte des Winterssschen Puppenspiels beherrschend, ohne dabei erfindungsloser Kopist zu sein. Das zeitgemäße Figurenspiel ist ihm auf den Leib geschnitten, großartig inszenierte Millowitsch seine Puppenkomödien, mit Fingerspitzengefühl für das, was ankommt, was erwartet, gewünscht wird: „Dissen Ovend soll et ävver ens knalle, wat üch allenweht god gefal. De Flint ess en Bereitschaff gestallt, un dem Tünnes weht de Pürk vum Kopp geknallt" steht in der „Kölnischen Zeitung" vom 2. November 1847 zu lesen. Eben dies unterschied Millowitsch von seinem Gegenspieler Winters: Die noch unverbrauchte Flexibilität einer energischen Persönlichkeit.
Letzterer witterte Gefahr, zog selbst in die Höhle des Löwen und stellte sich – im Februar 1850 – der Millowitschkonkurrenz in Bonn. Der „Saal des Herrn Parmentier" war Spielstätte und Arena zugleich; das Publikum bestand vor allem aus Studenten. Denn: „Da ich der oft wiederholten Aufforderung der Herren Studirenden durch meine Anwesenheit hier nachgekommen bin, so halte ich sie auch beim Wort und bitte, meine Vorstellungen durch ihre Gegenwart zu beehren. Keiner derselben wird unbefriedigt das Hännesschen verlassen." Und: „In den Zwischenakten wird das geehrte Publikum durch die drolligsten Späße auf das Angenehmste unterhalten . . ."
Das Programm entstammte dem üblichen

Repertoire: „Der Studentenstreich", „Der Bauer wird zum Doktor promovirt", „Das redende Gemälde", „Die verliebten Nachtgespenster" und anderes. Dem „Bonner Wochenblatt" unterlief bei der Firmierung „Kölnisches Puppentheater in Bonn" ein Schreibfehler. Gleich dreimal hintereinander wird der Kölner (und in Bonn geborene) Prinzipal ohne Schluß-s annonciert.

Vorerst freilich mußte Millowitsch sein erklärtes Ziel, in Köln selbst Fuß zu fassen, hintan stellen. „*Ein* Puppentheater in Köln befriedige vollkommen" lautete der Beschluß auf das mit so viel Geschick eingefädelte Spielgesuch, womit gleichzeitig die positive Einschätzung der Winterssschen Bühne umschrieben scheint. Der Behörde galt sie als *das* Kölner Puppentheater, alles andere wurde nicht gezählt, bewegte sich an der Peripherie. Ebenso kam unser Bittsteller am 27. November 1845 nicht zum Zug. In der neuerlichen Petition hieß es, daß er eine Art Wanderbühne betreiben wolle, d. h., Millowitsch rückte damit von Köln als einem fixierten Spielort ab: „... um in den kleinen Städten der Rheinprovinz moralische Vorstellungen im Puppentheater halten zu dürfen." Sein Vorhaben begründete er mit dem Vorsatz, „... die Menschenklassen der kleinen Städte hierdurch vor Verschwendungssucht, Trunk und Kartenspiellust" abzuhalten. So gastierte Millowitsch wiederholt in Aachen, wenn auch mit Unterbrechung, weil „von einer Krankheit heimgesucht", wie in der „Präsidial-Akte" des Düsseldorfer Staatsarchives vom 31. Januar 1848 nachzulesen. Die Bezeichnung „Kölner Henneschen" ist um jene Zeit bereits der Behörde ein Begriff und wird häufiger zitiert. Millowitsch scheint daran nicht unbeteiligt gewesen zu sein. „Hänneschen"-Spiel war für ihn ein Exportartikel geworden. Und was er tat, machten ihm andere nach, wie Hein Janssen zum Beispiel für Aachen erzählt. Er sah (1856 geboren) „auf dem Driesch, dem Kirmesplatz, des öfteren ... Kölner Hänneschentheater ... unter freiem Himmel ..." „Es war eine Art Kleiderschrank aus Zeltleinen und stand mit der Rückseite wider die Mauer. Das Publikum hatte ringsum die Straße besetzt, und die Frau des Spielers ging mit dem Teller rund. Im Kölner Hänneschen auf dem Driesch hatte man noch Puppen, die wie ein Handschuh über die Hand gezogen wurden. Da gab's das Hänneschen, den Tünnes, den Bestevadder, die Bestemodder und das Marizebell, aber auch den Teufel, eine Spukgestalt, die sich lang und kurz machen konnte, und einen Drachen ..." Welcher Führungstechnik bediente sich Millowitsch? Mit ihm ziehende Konkurrenten waren die Prinzipale Königs und Meyer. „Sie hatten drahtbewegte Puppen und brachten echten kölnischen Humor und lustige Stücke."

Schließlich scheint die Bezirksregierung das erwünschte offene Ohr für seine Pläne gehabt zu haben. Und von Deutz nach Köln hinüber war es dann kein weiter Weg mehr, zumal er nun auf der Siegburger Straße wohnte.

Das fernere Schicksal der Millowitschs ist bekannt. Sie drängten ungestüm in die Winterssche Theaterdomäne: mit dem 1849 in Köln angepriesenen „Alten concessionierten Puppentheater" auf der „Weyerstraße 44". Als „Puppentheaterbesitzer" erschien Franz Millowitsch jetzt im Adreßbuch. Nächste Station: Er rückte in die Innenstadt, zur Thieboldsgasse 70, Am Hof 68, ließ seine Puppen vor Groß St. Martin „in einer Bretterbude" (Niessen) auftreten.

Franz Millowitsch überlebte Christoph Winters um mehr als ein volles Jahrzehnt. Er starb am 15. Juni 1875 und wohnte zuletzt in Köln auf dem Katharinengraben 25. Nach Winters' Tod plakatierte er als „Erster rechtmäßiger Nachfolger von Chr. Winters" (Rothenberg). Ein starkes Stück, darf man wohl sagen. Ob dieser ihn dazu autorisierte, bleibt mehr als fraglich. Winters spürte lange genug den massiven Druck, der von einem offensichtlich begabteren, aber auch hemdsärmeligeren Kontrahenten auf ihn ausgeübt wurde. Seine Reaktionen darauf muten wie Rückzugsgefechte an, wenn er etwa 1860 in die Kölnische Zeitung ein polemisches Werbeverslein setzen ließ: „Dä

Winters met singem Spill es bekannt, Un hät sin Privilegium noch en der Hand." Winters war alt geworden, und im Hintergrund lauerten die Erben, jedoch ohne rechtes Konzept, wie es denn weitergehen sollte.
Veränderungen – und nicht zum Guten – kamen erneut in Gang. Zwanzig Jahre später klagt Hönig, daß zwar „die urkomischen Faxen sich in der Überlieferung erhalten, doch der Besuch des Hänneschen-Theaters sehr erheblich geschwunden" sei. „Den besseren Familien ist es nahezu unmöglich geworden, mit ihren Kindern jene abgelegenen Lokale zu besuchen, welche die zeitigen Leiter der verschiedenen Puppentheater seit Jahren für ihre Vorstellungen wählten." Hönig sah Heil und Hort des „Hänneschen" in der Behaglichkeit des „Familienkreises": denn ansonsten stand es nicht im Flor.
Wie es um das Jahr 1910 ganz allgemein mit der Kölner Stockpuppenbühne beschaffen war, können wir in der damals renommierten Heimatzeitschrift „Alt Köln" nachlesen. Als Verfasser zeichnete Anton Korn, ein den Kölner Interieurs aufgeschlossener, in ihnen bewanderter Mann. Er resümiert pessimistisch: „..., daß die alte Art des ‚Kölner Hänneschen' sozusagen im Aussterben begriffen ist", ans Verkrampfte reiche. Und zurückblendend: „Die besseren Leute schämten sich durchaus nicht, mit ihren Kindern die Vorstellungen zu besuchen. Dies hat sich nun leider gründlich geändert. Nicht allein, daß die Besitzer der Theater ihre Vorstellungen nach und nach in Lokale verlegen, welche von dem besseren Publikum gemieden wurden, hat sich auch, namentlich durch Millowitsch, eine ganz andere Art des Spiels herausgebildet. In den 80er Jahren spielte Millowitsch noch mit Puppen, welchen er große Dimensionen gegeben hatte. Der Erfolg, den er damals im Louisensaale mit seinen Vorführungen hatte, verleitete ihn dazu, seine Puppen durch lebende Personen zu ersetzen, wobei zuerst noch die Hauptfiguren Hänneschen, Bestevader, Marizzebell, Nohber Tünnes usw. in den althergebrachten Kostümen die steifen Bewegungen der Puppen mit Erfolg nachzuahmen versuchten." (Der Wechsel vom Puppen- zum Personenspiel erfolgte 1894.)
„Millowitsch hatte riesigen Zulauf und man vergnügte sich auch an dieser Art der ‚Hänneschen'-Aufführungen ... Bald jedoch büßte die Bühne ihre Eigenheit ein, und heute ist von der Idee des alten ‚Kreppchen' bei den verschiedenen Darstellern der Haupttypen kaum etwas wiederzufinden..." Und der „Hänneschen"-Enthusiast läßt gleich den „Prologus" folgen, „wie solche in früheren Jahren bei Eröffnung eines ‚Kreppchen' vom Hänneschen gesprochen" wurden:

*„Ansproch vum Hännesche bei 'ner ehzte
Vorstellung en singem Thiater.*

Ehr Juffere un Häre!

Wenn dat Thiater von einem Ort zom andere geit
Un sich jet op de Kuns verstait,
Dann, han ich immer gehoot, wör et och klog,
Wenn dä Direktor spröch eine Prolog.
Dat eß no bei unser Trupp der Fall,
Mer spille suzosage üvverall,
Mer han zoletz gespillt en der Linkgaß beim Broch,
Do hatte mer immer Zosproch genog,
Wat mer üch verzälle, kann jeder begriefe
Un bruch sich nit lang dä Kopp drop zo schliefe.
Kootöm, mer han et beste Kreppche,

Et Hännesche spillen ich wie en Döppche,
Besteva un Marizzenbell bränge vill zo lache
Un die andere Poppe verstonn och all ehr Sache.
Met Costüme un Dekoratione
Müt ehr uns ävver hück verschone.
Mer kunnte faktisch nit mieh metbränge
Als mer packe kunnte en de Hänge.

Uns Kreppche gefällt och bessere Lück,
Wovun der eine bahl fäht, bahl rick,
Verheerote Männer un Junggeselle
Süht mer sich zicklich bei uns enstelle,
Jung Mädcher und ahl Matante
Kumme zo laufe vun alle Kante,
Schön Mädcher stelle sich öftersch an de Dhör,
Un eh mer sich versüht, sin se met nem Här derför.
Et eß bahl kei Minsch om Aldemaat,
Dä sich nit ald off em Kreppche hät vermaat,
Vun der ehschte Noblesse an
Bis zom gemeinste Handwerksmann.
Vum Eigelstein un Zinterfring
Kumme se gelaufe wie de Kning.
Staatsmamselle setze met Häre op de Bänk,
Un machen do Wetze, dobei kriß do de Kränk.

Och setzen en verschiedene Ecke
Hin un widder gelehte Gecke,
Die dunn sich dat Kreppche durch der Brell beloore
Un loße sich en der Hetz bal verschmoore.
Doch jedem eß et nit räch zo maache,
Wo der eine eß ähnz, deit der andere laache.
Es et no nit anders en der Welt,
Dat deit ävver nix, se bränge uns et Geld.
Ganze Schulle met ehrem Professer,
Dänne gefällt manchmol uns Kreppche noch besser
Als Komödie vun Kotzcbuc, Schiller und Iffland,
Die en der ganze Welt för de beste sin bekannt.
De Redoute op der Ihrestroß hät uns vill Abbroch gedon,
Denn wenn die Mamsellcher dorob mohte gon,
Dann blevve se vun dem Kreppche eweg,
Aevver doför klevve se des Ovends drop wie Pech.
Kootöm an unser Trupp finge Geschmack,
Suwohl de ehzte Lück als dat geringste Hackepack.
Wie et uns, su es kei Thiater en der Welt,
Wat esu allgemein gefällt.
Mer süht dat jo an de Komödiante, die he wore
Die verdrügte jo bahl met dem Puder en de Hohre,
Dat deit ävver, sie sin met ehrer Komödie zo döhr,
Deswäge blevv och jeder doför.

Der Haupfähler eß ävver ehr Sproch,
Dat inne ne Strech maht en et Gelog.
Sie spreche wahl dütsch, ävver vill zo geleht,
Un dat eß en Kölle grad ganz verkeht.
Süht mer et nit an ehrem Otto vun Wittelsbach
Do eß jo kei Minsch, dä do drüvver lach
Wenn se geleht sin am diskereere,
Dann süht mer de Lück sich annejeere, (langweilen)
Wenn och einige inne er Woot us de Muule schnappe,
Dann wäde de miehtste doh setzen un jappen.
Dröm fingen de Lück och keine Geschmack
An su einem gelehte Pack.
Nä, bei uns fingt ehr kein Philosophey,
Avver luhter genögliche Spasserey,
Och eß der Entree nit üvverdrevve,
Denn mer nemmen an, wat se gevve.
Wat ävver Lück sin vun Autorität,
Die bezahle noh ehrer Generösität.
Ehr seht et jo wahl, mer sin ganz bellig,
Met dem Spille sin mer och jo geweß wellig,
Denn mer spillen extra, wenn ehr et wellt,
Wenn ehr eckersch e Stöck em vörus bestellt,
Et bruch sich nümmes för unsem Kreppche zo schamme,
He kumme luhter honette Lück zosamme.
Die op unse Liste ston, die kummen alle Dag,
Dat sin kein Lück vun gemeinem Schlag.
Ich bröch se eckersch vörzolese, dann wöht ehr se kenne,
Ich mag se üch ävver nit met Name nenne.
Et eß genog, unger uns dägliche Kunde
Sin su got schwazze, als brunge un blonde,
Och Mädcher, off welde, off zahme,
Grad esu got wie Puckliche un Lahme,
Härcher met Kräg bis üvver de Ohre,
Die süht mer no die schönste Mädcher loore,
Dann wesse de Luppöhrcher nit wie se solle laache
Un de Gaschtige welle sich vör Aerger op e neues loße mache
Mir dünk, ehr hat vun unser Enrichtung genog,
Wenn ehr noch mie wellt wesse, goht bei der Broch.
Aevver einer künnt uns noch bränge Malöör,
Un dat eß dem Verkündiger singe Redaktöör;
Denn wenn dä uns anfängk zo kritiseere,
Dann künne mer uns ganze Kundschaff verleere.
Ich hoffe ävver, dat hä et nit en deit,
Denn wie mer einem deut, esu et einem geit.
Och es uns Kreppche nit vun esu nem große Wese,
Als dat et nüdig eß, dovun em Verkündiger zu lese;
Un dann muß hä denke, dat vör esu winnig Geld
Nit vill Gelehtes eß op dieser Welt,
Deßwäge kumme mer och köhn heher

Un spille met Erlaubnis vum Herr Mähr. (Bürgermeister)
Hück spille mer e Stöck, dat eß zwor klein,
Aevver do müt ehr wesse, dovör eß et och rein,
Fingt ehr et schön, dann müt ihr applaudeere,
Dar mer dä goode Moth nit verleere.
Ich muß et üch sage, mer han ald gehoff,
Dar ehr us e Bravo rooft,
Denn et Spetakel eß bei uns gemeiniglich der Bruch,
Dä eine klatsch en de Häng, dä andere op der Buch.
Wenn mer sin, dat mer üch hück amesere,
Dann welle mer morgen e neu Stöck opföhre,
Su soll vum Anfang an der Welt
Kei gespillt sin wohde för et Geld.

Hännesche."

Millowitsch, erinnern wir uns seiner nochmals, begann an die Figurenbeschaffenheit „künstlerische" Ansprüche zu stellen. Der Bildhauer Heuser aus Dollendorf wurde beauftragt. Perfektionismus und Imitation zogen in das Millowitschsche „Figuren-Operetten-Parodie-Theater" ein, wie man es jetzt nannte. Prozesse um die rechtmäßige Nachfolge des Winters-Puppenspiels waren alltäglich. 1901 wagte Millowitsch den Sprung nach Berlin. Die Reise endete mit vernichtenden Kritiken. So machte Julius Hart seiner Enttäuschung und seinem Ärger Luft: „Dem Kölschen Hänneschen – dieser echten Gestalt und Schöpfung des rheinischen Volkswitzes – ist nicht allzu gut bekommen, daß es sich aus einer Kasperle-Puppe in einen lebendigen Menschen, in einen sogenannten Komiker verwandelt hat. Ein eigenartiges und ursprüngliches Marionettentheater (!) haben wir eingebüßt und dafür ein Allerwelts-Volkspossentheater eingetauscht; an Geist und Kunst konnten wir dabei kaum gewinnen. Was nun die „Plattkölnische Volksbühne" der Herren Millowitsch und Baum am Neujahrstage im Belle-Alliance-Theater sehen ließ, war ein Wechselbalg: die alte Hänneschen-Komödie aufgelöst und verwässert in all die breiten Bettelsuppen neuzeitlicher Possenliteratur, wie sie jetzt überall gang und gäbe ist."
Hein Janssen bekümmerte schon früher, daß Millowitsch die „Puppen in die Ecke warf und mit Schauspielern auf einer großen Bühne zu spielen begann. Auch die alten Stücke verschwanden vom Spielplan. Millowitsch parodierte in Kölner Mundart alle möglichen und unmöglichen pikanten Berliner Possen und Operetten, behielt den ‚Tünnes' als Hauptfigur, während das ‚Hänneschen' sich mit einer Nebenrolle begnügen mußte, und streute noch etwas kölnischen Pfeffer darüber. Das Puppenspiel war zum ‚Theater Millowitsch' geworden."
Als unbefangener, objektiver Augenzeuge, der zudem etwas vom Metier verstand, erlebte Hans von Wedderkopp das Millowitsch-Theater viel, viel später: zwischen den beiden Weltkriegen, anno 1928. Anders als heutzutage allerdings, weswegen seine Niederschrift etwas vom Wert einer historischen Quelle haben mag. Euphorisch hebt der Beobachter an: „Die Millowitsch-Bühne ist die schönste Bühne Kölns und eine der schönsten Bühnen der Welt überhaupt ... Da ist der Tünnes, der Schäl, der Bestevader ... Da gibt es noch ordentliche und anständige und reine Gefühle. Da gibt es den hundertprozentigen, anständigen, guten Menschen und den hundertprozentigen Schweinehund. Da werden keine Kompromisse geschlossen, denn der Kölner ist im Grunde genommen nicht für die Kompromisse. Er fühlt sich nicht wohl, wenn nicht

eine moralische Weltordnung sichergestellt ist.
Und das Merkwürdige an dieser Familie Millowitsch ist, daß sie fast alles aus eigener Kraft machen. Sie stellen den Direktor. Sie stellen die Schauspieler, sie stellen den Regisseur ... In keinem Theater der Welt habe ich jemals solche Beifallstürme erlebt. Das brach nach irgendeiner treffenden Bemerkung orkanartig los und war in der nächsten Sekunde schon wieder verhallt. Stoß- und ruckweise, damit um Gottes willen nichts von der nächsten Bemerkung versäumt wird."
Wir lassen des Autors Versicherungen über das Weltbild des Kölners beiseite, dafür ist er nicht kompetent. Einzig und allein das von ihm empfundene Atmosphärische hat Geltung, beweist, daß zu diesem Zeitpunkt Millowitsch-Bühne wie auch Ur-„Hänneschen" die Talsohle bereits durchschritten hatten, sich einer Renaissance erfreuten. Es war nun endlich an der Zeit, kritisch Bilanz zu ziehen und was lag da näher, als sich der alten Zeiten zu erinnern, sie förmlich zu beschwören. Daher hat unsere Erzählung jetzt mit einem Manne zu tun, der seit jeher als wahrer Gründer des Kölner „Hänneschen" gilt: Johann Christoph Winters. Es war seine Bühne in der Tat ein absolutes Unikum in der deutschen Puppentheaterlandschaft. Sowohl von der Form wie vom eigentlichen Figurenarsenal her: das letzte Glied einer langen Kette.

V. Johann Christoph Winters

Die schon andernorts für das Puppenspiel beobachtete Mutation vollzog sich in Köln zu Beginn des 19. Jahrhunderts. Nicht mit gezielter Absichtlichkeit, von vornherein Singularität fordernd. Das „Hänneschen" fügte sich in eine ganz natürlich gewachsene, überlieferte Reihe, in das gängige Theaterpanorama seiner Epoche. Die Lebendigkeit und Aktualität des Kölner Stockpuppentheaters, wie sie der erfindungsreiche Prinzipal gleich anfänglich in Szene setzte, offenbarte eine ausgesprochene Begabung, sich der jeweiligen Umwelt zu assimilieren. Winters erfaßte die Gelegenheit mit bewundernswerter Intuition. Geschickt und anpassungsfähig bot er in Permanenz das, was damals das Volk hören und sehen wollte. Fünfzig Jahre später wird Franz Millowitsch mit demselben Rezept Erfolg haben. Hinzu kam von Anfang an die ungenierte, höchst persönliche, Anteilnahme der Kölner Bürger. Es war „ihr" Theater, auf sie zugeschnitten, an ihnen orientiert, die Identifikation gegeben. Das kann nicht hoch genug eingeschätzt werden, auch hinsichtlich des gegenwärtigen Bestandes und Fortlebens.

Man erinnere sich der zahlreichen Puppenspieltexte begabter Kölner Mundartautoren: angefangen mit Ferdinand Franz Wallraf, Mathias Josef De Noël, Ernst Weyden, Professor Johann Dilschneider. Dann Jakob Dreesen, Fritz Hönig, Wilhelm Schneider-Clauß oder Willi Räderscheidt, Laurenz Kiesgen, Suitbert Heimbach und Josef Vonderbank, die endgültig oder fast der Vergangenheit anzugehören scheinen.

Im konzentriert stadtgebundenen Sinn machte Christoph Winters die Integration des Puppenspiels im Kölnischen definitiv, als er 1802 hier seine Bühne aufbaute und damit eine Eigenschöpfung ans Licht der Welt brachte, deren Vorstellungsinhalte die schon beschriebenen Reflexionen gewesener Theatererfahrungen waren, ohne indes einem bestimmten „Modell" verpflichtet zu sein.

Geboren wurde Winters am 23. November 1772 in Bonn. In der dortigen Stiftskirche ist er getauft worden. Seine Geburtsstunde fällt in die Zeit der Auflösung überkommener feudaler Gesellschaftsstrukturen. Es wetterleuchtete am Horizont. Vor ihm lag die Französische Revolution, Franzosenherrschaft am Rhein, Napoleon, das Versinken des Heiligen Römischen Reiches. Es folgte der Wiener Kongreß, dem nur halbwegs die Neuverteilung Europas gelang. Die deutsche Landkarte bot weiterhin das buntscheckige Durcheinander aller möglichen „Herrschaften". Politischer Flickenteppich! Der lange Lebensweg dieses Mannes durchmaß eine Spanne unterschiedlichster geistiger Strömungen und politisch-sozialer Umwälzungen: Klassik, Romantik, Biedermeier, die heraufziehende industrielle Revolution mit der immer aktueller, brennender werdenden „sozialen Frage". „Demokratie" hieß endlich ein Schlagwort der Zeit. Zusammen genommen sind auch das Koordinatenpunkte der „Hänneschen"-Historie, so unangemessen dies für den Augenblick scheinen mag. Die großen Themen der Zeit haben sich dem Theater, wenn auch in stark trivialisierter und mitunter kaum wiederzuerkennender Form, mitgeteilt.

Die Jugend des später so einfallsreichen Mannes verliert sich für uns im Dunkel. Zu gegebener Zeit absolvierte er die Schneiderlehre. Der noch erhaltene Wanderbrief des Gesellen (nicht „Meisterbrief", wie Niessen meinte) – die Urkunde datiert vom 24. Juli 1798 aus Mainz –, ausgestellt von „des Ehrsamen Handwercks der Schneider-Zunfft...", bescheinigte Winters, daß er sich „... Treu, Fleißig, Still, Fridsam und Ehrlich" verhalten habe. Keine Kapriolen also, nichts Außergewöhnliches. Von Statur sei er „groß auch blondt" gewesen, übrigens eine mehr formale

Aussage, die in den amtlichen Dokumenten der Zeit öfters auftaucht.

Es ist kein Porträt überliefert, das das so vage beschriebene äußere Erscheinungsbild bestätigen könnte. Mit der hier zitierten dürren biographischen Notiz läßt sich wenig oder nichts anfangen. Um so mehr werden die bisher zugänglichen Bittgesuche, auch anderes, das Lebensumstände wie Persönlichkeit Winters' betrifft, von Interesse sein. Dem Brauch der Zeit folgend, soll er etliche Jahre „auf Walze" gewesen sein, wie es in der Sprache der Handwerksburschen damals hieß; vielleicht kam Winters dabei nach Flandern, um von dort Puppenspieleindrücke mitzunehmen. So jedenfalls läßt sich die Familienchronik vernehmen.

Darf man daran Konsequenzen für seine spätere Karriere knüpfen? Er kehrte nach Bonn zurück, und am 22. Juni 1800 wurde Elisabeth Thierry, die Tochter des Kölner „Spezerey-Händlers" Batholomäus Thierry von der Gereonstraße Nr. 3617 – wie im Kölner Adreßbuch von 1797 vermerkt – seine Frau. Diese war eine geborene Kölnerin und zu Maria Ablaß getauft.

Die Fama gibt Kunde von einer mysteriös anmutenden Etappe der Entführung, weil angeblich Christoph Winters in der Thierryschen Familie nicht akzeptiert wurde, diese sich an ihre vermutlich adlige Deszendenz gebunden fühlte. Dabei spielte das Schloß Thierry in der Champagne eine Rolle, wie aus halbwegs beglaubigten Papieren hervorgeht. Auf reiche Mitgift war bei den obwaltenden widrigen Umständen keinesfalls zu hoffen.

Im verarmten Rheinland der Franzosenzeit fand Winters kein rechtes Berufsauskommen mehr. Das Handwerk bekam ja überhaupt sehr bald zu spüren, daß es mit dem ehemals „goldenen Boden" gründlich vorbei war. Carl Bachem durchforschte schon 1880 eines der ersten Kölner Adreßbücher (1798) nach den Stadtverhältnissen und fand auch sonst vieles im argen. Über Jahrhunderte war Köln in eine Art Dornröschenschlaf verfallen. Schlendrian, Trott versperrten die Sicht der Spießbürger.

Wanderbrief des Schneider-Gesellen Christoph Winters vom 24. Juli 1798 aus Mainz

Den Weg zum Puppenspiel beschrieb Winters' Urenkel Heinz Königsfeld, nicht ohne abenteuerlich-phantastische Arabesken. Vielleicht ist das Ganze nur ein Gerücht mit extravaganten Aperçus angereichert. Es macht die schwierige Quellensituation in diesem Bereich an sich deutlich und wäre wohl belanglos, wenn andere Nachrichten zu Gebote ständen.

Von der begüterten Metzer Verwandtschaft und dem beschwerlichen Weg dorthin ist die Rede, wo gar des Hauptmann Schinderhannes Bande dem Guckkasten-Komödianten Winters in die Quere kam. Die Betteltour hatte – so Königsfeld – einen unerwarteten Erfolg. Nicht der Bankier Thierry – Frau Winters' schäbiger Onkel in Metz – zeigte sich geneigt, sondern das Volk auf der Straße. Es half spontan aus den ersten Nöten.

Die Haus-Sage hält einer kritischen Prüfung nicht stand, wie überhaupt das erzählende Moment, die bloße Erinnerung von Familienmitgliedern mit Zurückhaltung angenommen werden müssen, weil pro domo gesprochen. Die Aura des Ungewöhnlichen, Romanhaften steht der historischen Wirk-

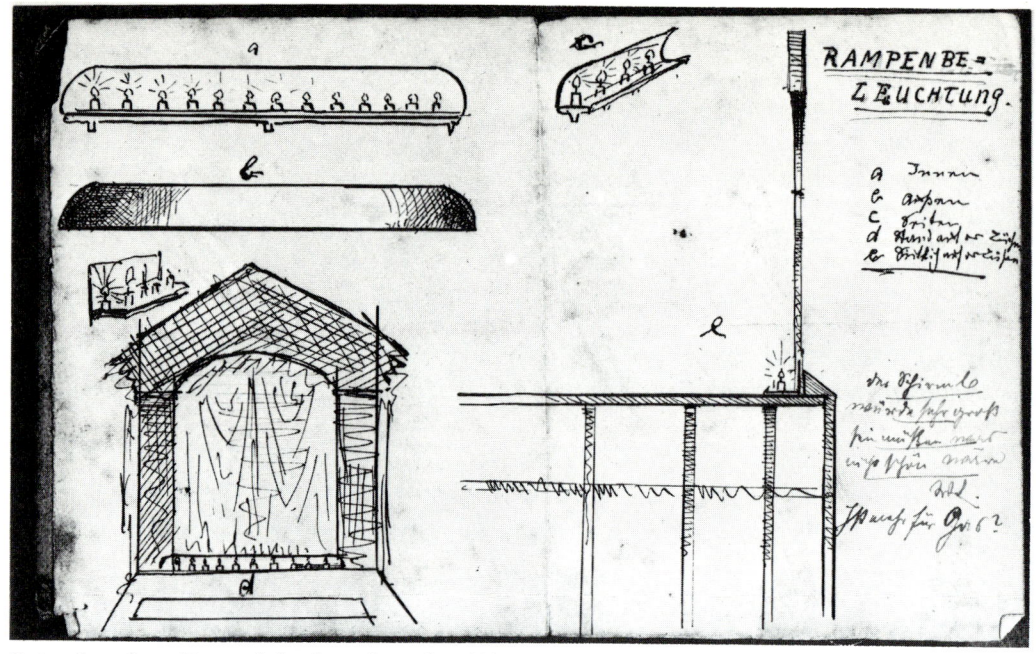

Entwurf zu einer „Rampenbeleuchtung" aus dem Skizzenbuch Christoph Winters (?). 1. H. 19. Jhdt.

lichkeit im Weg. Letztere war weit weniger kompliziert, undramatischer; es wird sich nicht gelohnt haben, davon groß Aufhebens zu machen, wie das Aktenmaterial beweist. Die veränderten Zeitläufe zwangen Christoph Winters unvermittelt, dem erlernten Schneiderhandwerk Lebewohl zu sagen. Mit wechselndem Glück, meist indes von wirtschaftlichen und familiären Sorgen bedrängt, baute Winters sein neues Unternehmen in einer höchst unsicheren, ja stürmischen Zeit auf. Immerhin genoß er damit erstaunlich lang die Priorität vor anderen Puppentheatern, wenn auch nicht ganz unangefochten.

Anfangs war der Verdienst nicht gerade glänzend, jammernde Armut gewiß. Im September 1802 kam das erste Kind zur Welt, weitere folgten bis 1813. Schmalhans blieb Küchenmeister, und die pure Erbärmlichkeit wird am Tod dreier seiner Sprößlinge nicht unbeteiligt gewesen sein.

Um seine Familie während des Sommers durchzubringen – Puppenspiel war nur während der Wintermonate gefragt –, verdingte sich Winters als Anstreicher, „Badigeonneur", wie der „Itinéraire de Cologne" noch für das Jahr 1813 notierte. Winters hatte jedoch zu mehr Talent als bloß zum Anstreichen. Dies verrät ein erhalten gebliebenes Skizzenbuch mit etlichen hübschen Bleistiftzeichnungen (wenn es ihm wirklich zugeschrieben werden darf). Das kleine fadengeheftete, unscheinbare opus führt vorzüglich in die Welt seiner Puppen ein. Es sind 43 Blatt erhalten – grün-graues Papier in den Maßen 16,6 mal 10 cm. Die Benutzungsspuren kann niemand übersehen: Fingerflecken, Farbkleckser, Wasserränder – all dies kündet von ständigem Gebrauch, auch bei der Anfertigung von Kulissen oder was immer es gewesen sein mag. Als „Werkstatt-Buch" hat es zu Recht Hugo Borger beschrieben: „In diesem Büchlein kommen die Bescheidenheit der Zeit, ebenso wie die Kargheit in dem persönlichen Lebenszuschnitt von Johann Christoph Winters gleichermaßen sprechend zum Ausdruck. Man kann buchstäblich sehen, daß am Anfang des ‚Kölner Hännesschen' die blanke Armut gestanden hat.

Auch eine gewisse Simplizität ist offensichtlich. Gleichwohl muß Winters Zugang zu Vorlagen besessen haben. Teilweise mögen sie aus den im Umlauf befindlichen Kupferstichen der Zeit gezogen sein. Auch die damals verbreiteten Votiv-Kärtchen haben Anregungen geliefert. Für andere Blätter dürften Hintergründe von Tafelbildern das Muster abgegeben haben. Nur einmal scheint ein Baum nach der Natur gezeichnet zu sein. Stücktitel scheinen sich in Blättern mit Emblemen anzudeuten. Davon sind zwei lesbar erhalten. Der eine lautet: WAS VERSUESST DER MENSCHEN PLAGEN, der andere WEEG ZUM GLUECK ODER VERZWEIFLUNG. Auch ‚Hinweisschilder' sind vorhanden. Auf einem steht: WER DIESE STRAS GEHT VOLLER MÜH HAT GLÜCK DURCH MUTH oder auf einem anderen: AUFNAHM FÜR VERIRRTE. Die Form der Schrift ist ganz klar von Schriften des 18. Jahrhunderts gezogen. Ebenso kommen Pylone und Brunnen vor, wie sie im 18. Jahrhundert gängig gewesen waren, auch Kulissenstücke nach barocken Gartentoren [...] Ohne Übertreibung wird man nach den wenigen Blättern sagen können,

Kulissenentwurf „Gewölbehalle" aus dem Skizzenbuch Christoph Winters (?). 1. H. 19. Jhdt.

Theaterrequisiten aus dem Skizzenbuch Christoph Winters (?). 1. H. 19. Jhdt.

Entwürfe zu Köpfen und Kostümen komischer Soldatentypen. Aus dem Skizzenbuch Christoph Winters (?). 1. H. 19. Jhdt.

Phantastische Gestalt für eine „Freischütz"-Inszenierung. Aus dem Skizzenbuch Christoph Winters (?). 1. H. 19. Jhdt.

daß er (Winters) auch das Vermögen besaß, die für seine Bühne notwendigen Bilder so zu entwerfen, daß sie sich seinem Publikum als Signets des Handlungsvorganges einprägten [...] Für die dörfliche Welt gibt es nur ein Blatt. Es ist ungelenk gefertigt, aber treffsicher. Es zeigt eine ungepflasterte Straße, ein paar Häuser, schlicht, kubisch und im Hintergrund eine winzige Kirche [...] Auch Leitern, Laternen, Leuchter und eine Kaffeemühle sind gezeichnet und, dies mit besonderer Genauigkeit, beinahe schon mit Liebe, das Stück eines einfachen Innenraumes. In der Form einer Pyramide hängen Zwiebeln an der Wand, zwei Strohbesen sind gegen sie gelehnt, ein Krug hängt daran [...] Es sind auch Zeichnungen von Menschen vorhanden [...] Die Gesichter sind vollends überzeichnet. Alle Figuren haben riesige Nasen ‚Knollen' [...] Die beiden farbig angelegten Blätter zeigen das Grelle, das

für die farbig ausgefüllten Prospekte bezeichnend gewesen sein wird: übertönt, beißend und das Plakathafte in den Vordergrund stellend. Man kennt bis heute kein Porträt von Winters. Das in dem Skizzenbuch erhaltene letzte Blatt gibt einen kräftigen Mann wieder, über dessen Leibeswölbung sich die Jacke straff spannt. Der rechte Arm ist nach hinten gelegt. Aus dem mächtigen Leib wächst ein wacher Kopf. Ob Winters sich in der Pose eines Prinzipals hier selbst gezeichnet hat?"
Das Skizzenbuch enthält die Konstruktionszeichnung für ein Puppentheater und gibt Anweisungen für die Installation der Beleuchtung. Hugo Borger interpretierte: „Die Zeichnung verrät den ganz einfachen Aufbau der Bühne, die noch völlig an eine Jahrmarktbude erinnert. Auf einem Lattengerüst liegen Rahmen. Zum Publikum hin erhebt sich ein einfacher Prospekt, der wie

Entwürfe zu grotesken Masken: Höllengestalten, Tod. Aus dem Skizzenbuch Christoph Winters (?). 1. H. 19. Jhdt.

„Amor" (?) aus dem Skizzenbuch Christoph Winters (?). 1. H. 19. Jhdt.

Kulissenentwurf „Burg" aus dem Skizzenbuch Christoph Winters. 1. H. 19. Jhdt.

Figur aus einem Mysterienspiel nach dem Skizzenbuch Christoph Winters (?). 1. H. 19. Jhdt.

„Teufelsfratze" aus dem Skizzenbuch Christoph Winters (?). 1. H. 19. Jhdt.

ein Bogen zugeschnitten ist. Den oberen Abschluß bildet ein Giebel, der an den Seiten Profile besaß. Die Öffnung ließ sich durch einen Vorhang verschließen. Innerhalb des Bühnenrahmens sollte eine Leiste für Kerzen angebracht werden [...] Die Zeichnung wirft ein erhellendes Licht auf die Anfänge des ‚Kölner Hänneschen'. Sie verrät, daß Winters mit ziemlicher Sicherheit als fahrender Puppenspieler begann und eines Augenblicks die Notwendigkeit auftrat, die Szene beleuchten zu müssen, nämlich dann, als er von der Vorführung auf Straßen und Plätzen in das Dunkel einer Wirtschaft oder einer Scheune zog."

Hugo Borger fand „in den Unterlagen des Theatergeschichtlichen Museums" Rezepte zu Beleuchtungseffekten, etwa „farbigen Erscheinungen", und fügte sie der Darstellung des Skizzenbuches bei. Eines der Fragmente trägt die Überschrift: „Weise das Pulver zu verfertigen, daß es beim Abbrennen allerlei Farben von sich gebe." Die Mixtur für „Rothe Farbe: Gedürrtes zu Pulver geriebenes Papier mit Zinnober gesotten". Oder grüne Farbe: „Faulholz, welches mit Grünspan gekocht worden ist." Das mutet wie Hexenküche an Magie und Alchimisterei. Schon Carl Niessen wandte dem Skizzenbuch seine Aufmerksamkeit zu – vielleicht, um das Geheimnis der Persönlichkeit Winters' zu lüften, seiner Bühne näher zu kommen, etwas über die ihn bewegende Welt zu erfahren. Immer vorausgesetzt, daß er wirklich der Schöpfer war. Da präsentiert sich ein „Muschelwagen, der von geflügelten Drachen gezogen wird. Ungeheuer und Schlange, romantische Fontainen, eine Säu-

Kulissenentwurf „Dorfstraße" aus dem Skizzenbuch Christoph Winters (?). 1. H. 19. Jhdt.

le mit Aufschrift aus Geschichten irrender Ritter und transparente Worte in Wolken – sind seine Vorstellungen. Über einer Ritterburg wehen Fahnen mit dem kaiserlichen Doppeladler. Besonders liebevoll zeichnete er Rittersäle, Galerien und unterirdische Gefängnisse im kleidsamen Stil damaliger Theaterdekorationen, wie wir sie auch sonst aus Inventarbüchern kennen. Außer dem Dorf komponiert Winters gebirgige Flußlandschaften, eine Burg auf der Höhe und friedliche Häuser am Ufer. Neben dem Interieur der Teufelsmühle fehlt ein bürgerliches Zimmer nicht. Von beachtenswerter physiognomischer Phantastik sind skurrile Typen, die Zopfperücken und Napoleonshut tragen. Teufel und Tod wechseln mit einem nackten Gefangenen im Verließ, einer Venus in der Muschel, auch dem in der Rose gebetteten Amor." In summa: Eine höchst traumhafte, beinahe illusionistische Welt, fremd und märchenhaft. Hat Winters solchermaßen die Flucht aus der ihn bedrückenden Realität angetreten? Lassen derlei artistische Übungen, die vielleicht von ihm geschaffene Bilderwelt, Schlüsse auf bestimmte Charaktereigenschaften zu? Ein robustes Temperament war unser Puppenspieldirektor sicherlich nicht. Anders seine Frau Elisabeth, in deren Sippe ganz offensichtlich Lebenstüchtigkeit und Geschäftssinn etwas galten. Das mochte zu Verdrießlichkeiten führen.

Endlich: Was hat es mit dem französischen Paß Winters' auf sich – von der Bürgermeisterei Longerich ausgestellt? Suchte er damals (um 1801/2) Arbeit außerhalb der Stadt?

Am 30. November 1803 schrieb Christoph Winters das erste uns bisher bekannte Bittgesuch an den „Bürger Maire": „Unterzeichneter, wohnhaft auf Gereonsstraß Nr. 3620 (er war also in die Nachbarschaft des schwiegerelterlichen Hauses gezogen), Taglöhner seiner Profession, hat die Ehre, Sie hiermit zu ersuchen, ihm Erlaubnis zu erteilen, in der Ritterzunft ein sogenanntes Krippenspiel für kleine Kinder anzustellen; da wegen Abgang anderen Verdienstes hiermit auf eine redliche Art sein Brot zu gewinnen sucht, darf er mit Zuversicht erwarten:

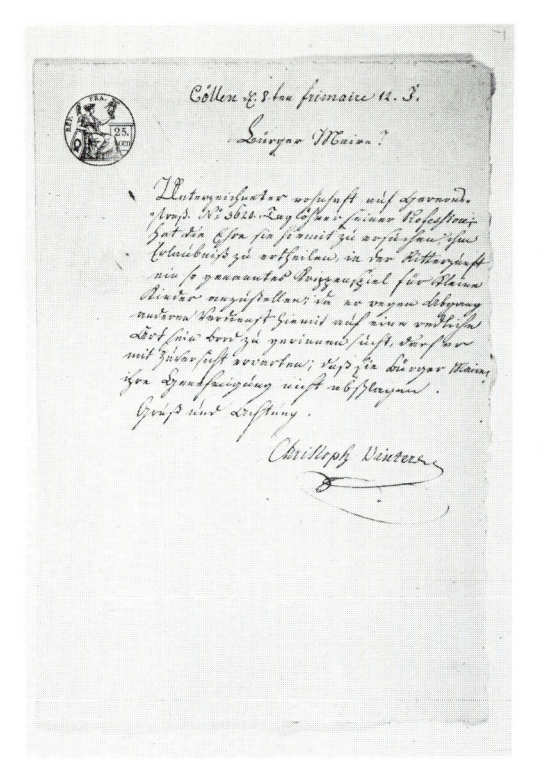

Am 30. November 1803 bittet Christoph Winters um die Erlaubnis, „ein sogenanntes Krippenspiel" aufstellen zu dürfen.

19. September 1804. Christoph Winters bittet um die Erlaubnis, „in der Ritterzunft auf'm Himmelreich ein Poppenspiel für Kinder aufzustellen".

daß Sie, Bürger Maire! ihre Genehmigung nicht abschlagen."

Am 19. September 1804 beruft sich der Petent auf die Erlaubnis des vergangenen Jahres, „in der Ritterzunft aufm Himmelreich (Nr. 1199) ein Poppen-Spiel für Kinder (wie deren mehrere in hiesiger Stadt gehalten werden) anzustellen; ich benutzte dieselbe, und zwar zur Zufriedenheit der Polizei so wohl als übrigen Bürger, ohne daß je die geringste Klage dagegen entstand; zwar ungern sah ich mich genötigt, zu einem solchen Nahrungszweig meine Zuflucht zu nehmen; allein, wie dazumal, so auch itz finde ich mich in Verlegenheit, bei Winterszeit ohne dergleichen Nebengewinn für mich, meine Frau und zwei Kinder Unterhalt zu verschaffen; ich habe also die Freiheit, mich an Sie, Herr Maire! zu wenden mit der Bitte: Sie mögen mir auch für diesen

Winter die Ausführung oben gemeldeten Poppenspiels gnädigst erlauben ..."

Das Gesuch wird vom Beigeordneten Herstatt abgelehnt. Darauf wandte sich Winters an den Bürgermeister Wittgenstein mit der Bitte, „mir doch meine Nahrung beizubehalten ... es geht bei mir so still zu, als wäre man in einer Kirche, es darf niemand bei mir eine Pfeife Tabak rauchen wie auch sich untereinander zanken, und findet sich auch bei mir keine Gelegenheit, daß sich jemand karresieren kann, und es wird besonders im Spielen davor gesorgt, daß die Jugend gar keine Anfechtung zur Liederlichkeit bekommt. Wir ahmen im Kleinen einem großem Komödienspiel nach, wir stellen alte Königsgeschichten vor als nämlich König von Ormus, König Macobeth, König Hamelet und dergleichen Königsgeschichten noch mehr, worin die natürlichsten Dekorationen mit vorgestellt werden. Nun habe ich mich wieder auf mein Spiel verlegt und mir diesen Sommer einige Kleinigkeiten davor angeschafft, allein ich fürchte mich, vielleicht keine Erlaubnis zu erhalten, um meine kleine Kösten wieder daraus zu gewinnen und für meine Frau samt zwei Kinder, wie auch bald für das dritte Kind, in dem betrübten Winter, Brot verschaffen muß, weil ich im Winter nichts anderes zu verdienen weiß, ich bin ein Taglöhner und streiche im Sommer an ... Meine Aufführung kann ich ihnen durch viele ansehnliche und honette Leute, die ihnen wohl bekannt sind, aufweisen, daß auch niemals die geringste Unordnung bei mir entstanden ist, nun habe ich mein Spiel hinter der golden Kron, auf Himmelreich in der Ritterzunft aufgeschlagen ..."

Worauf lassen die Bemerkungen dieses Gesuchs schließen?

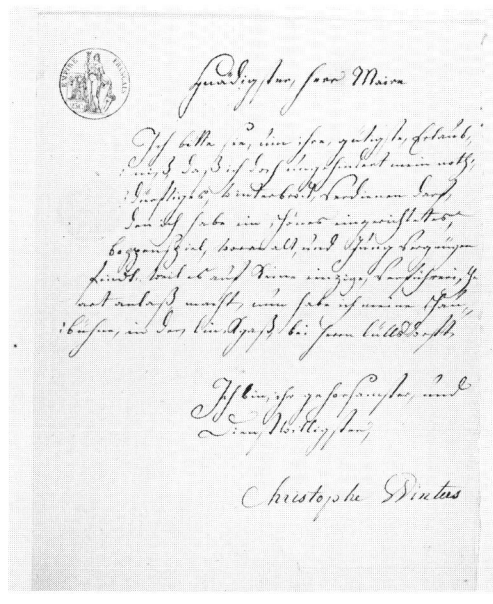

Christoph Winters bittet, sein „Pobbenspiel" aufstellen zu dürfen „bei Herrn Lüllsdorff". Französische Zeit

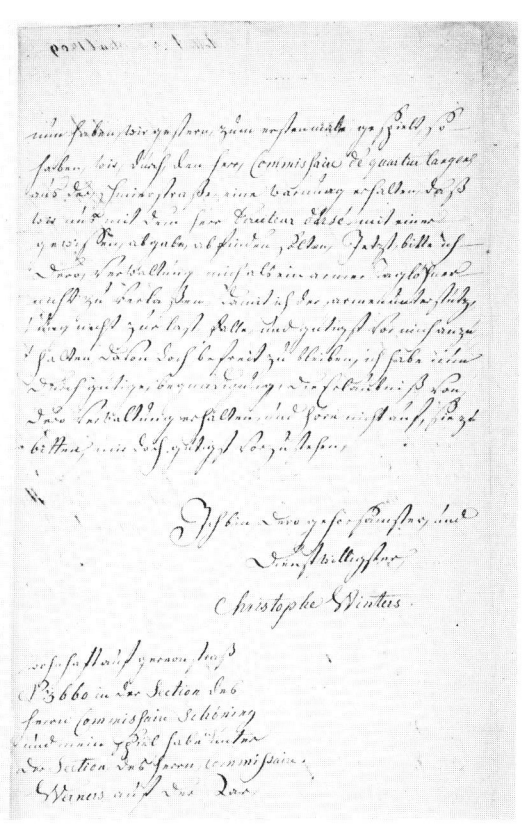

Am 25. September 1809 bittet Christoph Winters Herrn „Comans" um Spielerlaubnis.

109

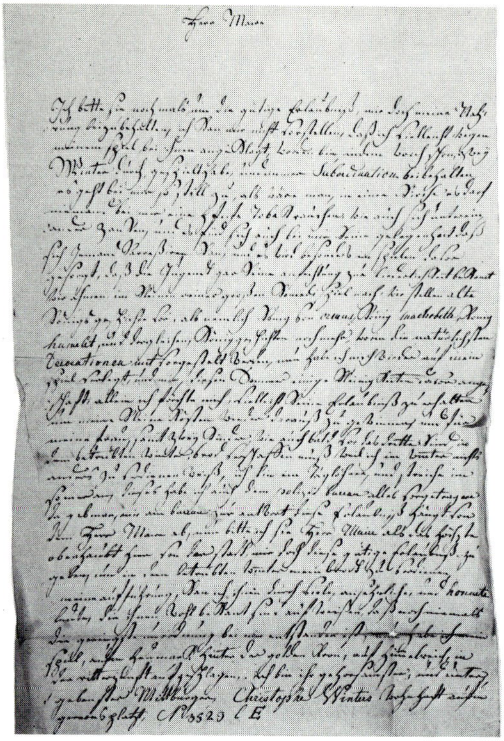

Französische Zeit. Bittgesuch Christoph Winters, „wohnhaft auf'm Gereonsplatz Nr. 3523".

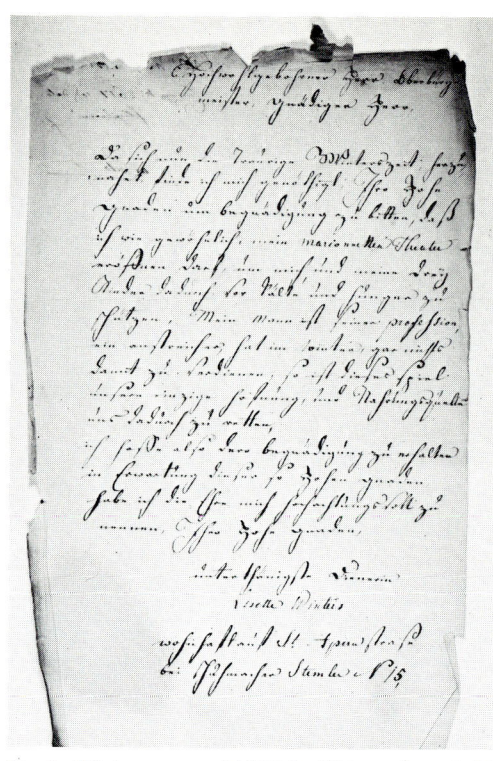

Lisette Winters erneuert 1812 das Bittgesuch zur Spielerlaubnis.

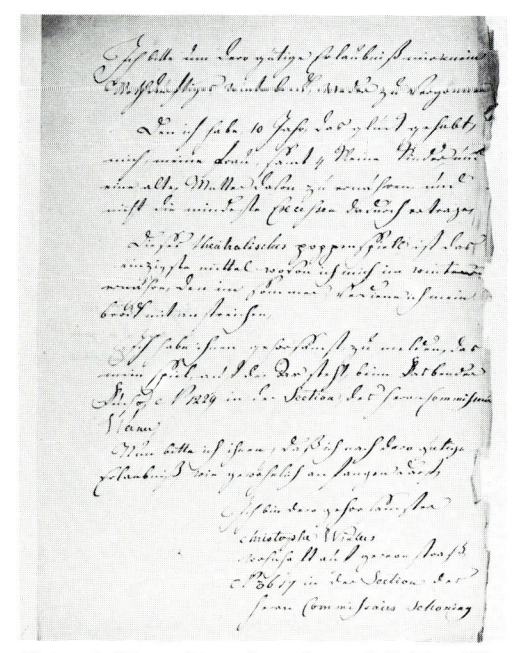

Christoph Winters bittet, ihm sein „nothdürftiges Winterbrodt" zu gestatten.

Erstens: Es wird altüberlieferte erste Dramen „garnitur" kunterbunt geboten. Eine „heilige Spielfolge" („Die drei Jünglinge im Feuerofen" und „Laurenzius wird auf der Pfanne gebraten") im nächsten Jahr beschrieben, „mit schönen bobben" und „luminirt". Endlich dann: Shakespeare in Kölner Mundart! Die Vorstellung davon läßt fast den Gedanken an Parodie aufkommen. Und in der Tat liegt dem heiter-köstlichen Poem – übrigens erneut aus der Feder De Noëls – daran, so zu wirken, obgleich jene Literaturgattung im Kölnischen ihre hohe Zeit erst noch erleben sollte, vielleicht gar im „Hänneschen" den eigentlichen Ursprung hatte. Denn einer der virtuosen Meister des Fachs, Jakob Dreesen, war mit dem Kölner Stockpuppenspiel bestens vertraut und dichtete dafür. Nun aber De Noëls:

„Hänneschen aufm Kirchhof in Meditation versunken.
Nach Hamlet.

Was die Zeit
Doch vergeit!
We Zekunden
Sin verschwunden
Täg und Stunden.

Un de Lück
Uus der Zick,
Denne jeez kein Ohr mieh tüüt,
Wo mer keine Stätz vun süht,
Doh kein Minsch sich mich vör bläht,

Liggen he eröm begraven,
't es doch en der Welt nicks wäht!
Zwanzig Johren
Han sich durch de Welt gedrevven,
Keiner weiss mieh, wo se wohren
Oder sin geblevven!

Dohmet ben ich dann
– 't es zwohr jeez ald lang verledden –

Döckes en de Drenk geredden!
Un wat han ich mänche Mösch
Doh em Rohtshuus uus där Kannen,
Un em Klockentoon dohbovven,
Mänche Spervel uusgehovven!
Om Pastor,
Om Magister singem Kopp
Schmeck der Schuljung jeez den Dopp,
Un der Scholtes un der Ampmann,
De mer höflich söns mooss grössen,
Tritt der Sauheet jeez met Fössen!

Hinger, sinn ich, es e Loch,
Dohrenn han se közlich noch
Ene Graavstein opgesatz
Un der Namen drop gekratz.
Wer mag wahl dohrunger ligen?
Doch ens kicken,
ich doh Verstand uus krigen?

‚He litt dem Peifeklohs sing Frau;
Gott gev eer de ivige Rauh!
Hä hatt eer auch en eeren Levven
Vörwohr de ivige Unrauh gegevven.'

Gott trühs eer Siel!
Dat wohr en Vrau,
Suh fink mer jeez
Nit menche mieh.
Se wohr zwohr luhter get genau,
Doch hät se meer
Mänch Kirmesstöck
Un mänche Bröck
Drei Finger deck
Met Kies beschmeet,
Eruus gereck!!!

De Vrau, de wähden ich nit vergessen,
Su lang, als ich noch Kiesbröck essen!

Ov dem Ohssejann
Singen ahlen Hengs
(Han ich of gedaach)
Noch wahl levve maag?
Och, doh steit auch noch dä Pötz,
Wo suh of ming Mötz
Alle Johr,
Wann et Kirmes wohr,
Hundertmohl gewess
En geflogen es!
Och, dann gink et staats,
Ungefähr he op der Plaatz,
Wo ich stohn,
Dähte meer der Kooche schlohn!

Hingen stund doh noch dä Nossbaum,
Wo ich döckes met er Stangen
En der Nach han op gehangen
Un der ganze Rippet op
Han voll Nöss gestopp;
Evver zinder dat ich ens
Schores han vum Feldschötz krägen,
Wohr meer nix mieh dran gelegen! –

Auch dä Nossbaum es ald fott,
Un der Schlagbaum es kapott!
Jah, dem ärmen Boor
Wood dat Wäggeld döckes soor!
Hans' et cleechs auch avgeschaff?
Nu, dann han se doch gewess
Get, wat noch vill schlemmer es!

Hänneschen zieht eine große Wagen-Uhr heraus, läßt sie schlagen, und sagt:

Der Düvel, jeez muss ich mi
Klörchen gohn hollen!
Dat sitz gewess em Bräues op heisse
 Kollen."

Im Januar 1807 entstand De Noëls „Jungfer Schmuddel oder der Deckelstrog", „für das Linkgasser Hänneschen verfertigt und auf dessen Kosten gedruckt". Die Urschrift im Historischen Archiv der Stadt Köln trägt den interessanten Vermerk „ein kölnisch National-Lied in Musick von Herrn C. Winters, Kapellmeister und Direktor beym Linkgasser Theater in Köln". Es war gedacht als Namenstagsehrung für Kaspar Schug, den Gründer der „Olympischen Gesellschaft":

„Un kümp dann endlich der Sonndag eraan,
Dann fäng sich Jungfer Schmuddel auch zo weschen an.
Un eß se des Sonndags räch stahts gewäß, alaaf,
Dann eß der Deckelstrog[1]) ehr Kleiderschaaf.

De üvverige Däg wahl en der Woch,
Dann läht se sich ald widder en der Deckelstrog.

Su häuslich het gein Köchemähd den Ovven noch gestoch,
Dann de Zintern[2]) de wirf se en de Deckelstrog.

Un wann se uns des Morgens et Kaffewasser koch
Dann bruch se vör nen Kaffepott den Deckelstrog.

Su proper und su reinlich eß se auch en ehrem Koch[3]),
Et Gemös dat stuhf[4]) se uns em Deckelstrog.

Un het se dann des Nommedags gedon[5]) met ehrem Koch,
Dann spölt se de Telleren em Deckelstrog.

Un wammer dann zowiele kein Brud em Huus mieh hann,
Dann menk se auch em Deckelstrog den Brudteich an.

Et Minsch eß doch verhaftig ne reineliche Knoch,
Dann sing Pluhte[6]) de wisch et sich em Deckelstrog.

Der Schmuddel ehren Odem het ne leevliche Geroch,
Dann dä stink noch ärger als der Deckelstrog.

Nu het mer doch ald mänchmol üvver e Leedche gelaach,
Evver an esu nen Deckelstrog het geiner gedaach."

---

[1]) Kohlenbecken, in dem das „Deckels" aufbewahrt wird, ein Gemenge von Geriß, Lehm und Wasser.
[2]) Ofenschlacken (holl.: sintel)
[3]) das Kochen, Zubereiten der Speisen
[4]) stoven, langsam kochen, dämpfen (holl.: stouwe)
[5]) sie hat getan = sie ist fertig
[6]) Lappen, Kleidungsstücke

Zweitens: Wer waren die hier ins Feld geführten „honetten Leute", dem Bürgermeister „wohl bekannt?" Hatte es Winters inzwischen fertiggebracht, Teile der Kölner „Gesellschaft" für sein Spiel einzunehmen? Bedenkt man die weitere Entwicklung, dann ist das nicht von der Hand zu weisen. Sie lief gar darauf hinaus, das „Hänneschen" für lokalpatriotische Ambitionen einzuspannen, was De Noël einfädelte und auch beschrieb. Nämlich beim Besuch des Oberpräsidenten Graf von Solms-Laubach am 29. Januar 1817, „der das Hänneschentheater mit seiner Person beehrte, auch zwey Regierungsräthe mit ihren und noch vielen anderen Damen der nemlichen Vorstellung beywohnten..." Den hohen Herrschaften legte „Hänneschen" das Sorgenkind der Kölner, ihre verlorengegangene Universität, ans Herz. In einem als rigoros-unfreundlich empfundenen Akt war sie durch Kabinettsorder vom 22. Oktober 1815 nach Bonn verlegt worden: ein preußischer Husarenstreich, der die Kölner auf lange Sicht verstimmte. Verklausuriert in Dialogform kommt das brennende Thema zur Sprache. Mit von der Gesprächspartie sind „Niklas" – noch als Hänneschenvater figurierend –, der „Rektor einer Universität" und „Marizebill". Hänneschen selbst wird zum Aspiranten auf einen Studienplatz:

„Hä sall mer noh Köllen op de Uneversität.
Där krigen se doch ein?
Wann et nit mankeet
Do häß Do Dich widder get wieß lohßen maachen,
Schwig stell! Dann doh bruchs Do nit üvver zo laachen,
Dann dat weiß ich vun em ansehnliche Mann,
Dä get mieh als nen andren wessen kann.
Doh lohß uns' regeerende Hähren för sorgen!
Gelöck et den Kölschen, dann sin se geborgen.

Dat wör auch zo wünschen, dann köm wieder ganz
De got Stadt Köllen zom vürrigen Glanz.

Op er Uneversität eß mer gar nit geschorren (betrogen)
Doh wäden de Kinder geleht geborren.

Ija, kömen de Jungen geleht op de Welt,
Wat spaaden mer dann nit e griselich Geld.

Wat han sich de Hähren auch Müh angedohn,
De Uneversität soll eesch noh er andre Stadt gon,
Evver küt de noh Köllen, dat eß mer e Levven,
Ich möch uus dem Rippel (Gürteltasche) ne Gölden dröm gevven.

Dat wör auch et Rächte noch, för su en Stadt;
De het er so luuter söns auch en gehatt.

Lohß dat esu got sin, dann alles, wat Do deis;
Kall doch nit vun Sachen, de Do nit versteiß."

Die vornehme Kundschaft erfreuten „Hänneschens" Späße. Doch spürte sie den Stachel. Daß es von da ab respektable Protektion genoß, sich seinen Konkurrenten gegenüber mehr denn je behauptete, wer möchte daran zweifeln!
Sehr viel später (auf der Kölner Gartenbau-Ausstellung 1888 nämlich), widerfuhr der Enkelin Christoph Winters', Magdalena Klotz, eine ähnliche Ehre höchsten Besuchs: der des Prinzen Friedrich Leopold von Preußen. „Pietätvoll wurde der Rücken des geschätzten Ehrensitzes verwahrt und vererbt, denn Hänneschens demokratische Jahre waren vorüber", urteilte lakonisch Carl Niessen. Ankündigungszettel stellten das dem „Hänneschen" geglückte Ereignis gebührend ins Licht.
Drei Jahre nach dem vorhin zitierten Schreiben (vom 19. Sept. 1804) lesen wir: [„ . . .] nun habe ich meine Schaubühne in der Linckgaß, bei Herrn Lüllsdorf." Es war die Zeit, da Winters mit dem Puppenspieler Joseph Spiegel aneinandergeriet, der Streit auch in der Öffentlichkeit ausgetragen wurde.
Rivalin der „Krep" in der Linckgasse war jene „Auf der Aar", „welche übrigens nicht in so klassischem Ruf stand" (Joseph Bayer). Erneut hielt Winters im September 1808 amtlich um sein „zukünftiges Winterbrod" an: [„ . . .] ich habe ein schönes eingerichtetes bobbenspiel, welches allen Menschen wohlgefällt, weil ich auf keine einzige verführerische Art, kein Mensch mit meinem Spiel, beleidige, weil ich vor alle unartige anständt besorgt bin, denn mein Spielhaus ist wohl mit Licht versehen und auch mit zwei aufmerksamen Männern, welche gute Subordination beibehalten. Dieses Spiel ist eine gute Erfindung für mich, weil ich in dem betrübten Winter meine Frau samt drey Kindern nothdürftig ernähren kann; übrig davon habe ich nichts, weil der Eingang nur ein Stüber ist ... ich habe mein Spiel jetzt nicht mehr in der Linckgaß sondern auf der Aar beim Fasbender Fuchs Nr. 1229, (Nr. 4) [. . .]" Das klingt recht selbstbewußt.

Das Theaterchen darf sich indes nur zeitweise einer gewissen Prosperität rühmen. Aufsichtspersonal ist vorhanden, es fehlt nicht an Beleuchtung – worauf die Behörde, für uns verständlich, ein waches Auge wirft –, über den Zustand anfänglicher Improvisation scheint man hinaus. Freilich nur für ein Jahr, dann geht es wieder um klägliche Behausungen.
Die ganze Kümmerlichkeit seiner beruflichen wie persönlichen Existenz enthüllt ein dringender Appell in fast vertraulichem Ton an die „Verwaltung und Polizeibefehlsobrigkeit" vom 25. September 1809: „ . . . ich bitte unaufhörlich haben sie doch mitleiden mit meiner armen Haußhaltung, ich muß mich, meine Frau und drei Kinder den ganzen Winter durch das genannte Kripgen ernähren, sehr nothdürftig, und im Sommer habe ich durch gute Leute mein Brod mit anstreichen, so bin ich im Winter wie im Sommer ein armer Taglöhner. Jetzt habe ich mir das begehrte Armengeld, nämlich 2 franc per Woche abspleissen müssen, das macht in 25 Wochen 50 francs aus. Dieses Geld hätte ich noch in meiner Haußhaltung nothdürftig brauchen können, nun habe ich noch gewöhnliche Kösten, nemlich 38 Rthlr. vor das Spielzimmer, nun werden die accordirte Mitspicler per Stund zu 6 und 8 Stüber bezahlt, nun werden die drei Subordinationsmänner. Jeder einer zu 4 Stüb. per Stundt, bezahlt, nun geben wir an die Polizei Diener vor Sonntags und Montags 30 Stüber, nun kost die Beleuchtung vor Sonntags, Montags und Donnerstags 2 Rthlr. 40 Stüb., so ist zu denken, weil der Eingang nur ein Stüber ist, das wenig in Cassa mit meinem Compagnon zu theilen ist, nun haben wir gestern zum ersten male gespielt, so haben wir durch den Commissaire de quartier Langen aus der Schmierstraße (laut französischer Verordnung führte diese seit dem 16. 12. 1812 den Namen Rue de la comédie, Komödienstraße, nach dem während der Jahre 1782/83 erbauten Theater) eine Warnung erhalten, daß wir uns mit dem Herr Directeur D'Arsé mit einer gewissen Abgabe abfinden sollen. Jetzt bitte ich Dero Ver-

waltung mich als armen Taglöhner nicht zu verlassen, damit ich der Armenunterstützung nicht zur last falle und gütigst vor mich anzuhalten, davon doch befreit zu bleiben ..." Es bedarf keiner blühenden Phantasie sich auszumalen, wie miserabel es damals um den „Hänneschen"-Prinzipal und dessen Unternehmen bestellt war.
Ob mit der handschriftlichen Petition seiner Frau „Lisette" vom Herbst 1812 stärkerer Eindruck erzielt werden sollte, oder war damals Winters aus triftigem Grund nicht in der Lage, persönlich zu schreiben (wenn die eben zitierten Briefe nicht überhaupt von einer Kanzlei niedergeschrieben und verfaßt wurden), die wenigen Sätze zu Papier zu bringen? „Da sich die traurige Winterszeit herzunahet" erfahren wir in zierlich-krakeligen Schriftzügen „finde ich mich genötigt, Ihre hohen Gnaden (gemeint war der „Herr Oberbürgermeister" von Wittgenstein) um Begnädigung zu bitten, daß ich wie gewöhnlich mein Marionetten Theater (man beachte den immer noch gültigen ‚unterschiedslosen Gebrauch der Begriffe „Puppe", hier „Stockpuppe", und „Marionette") eröffnen darf, um mich und meine drey Kinder dadurch vor Kälte und Hunger zu schützen. Mein Mann ist seiner profession nach ein Anstreicher, hat im Winter gar nichts damit zu verdienen, so ist dieses Spiel unsere einzige Hoffnung und Nahrungsquelle, uns dadurch zu retten [...]" Das Schreiben kündigt sodann einen weiteren Wohnungswechsel der Familie Winters an. Von der Gereonstraße (wohl nach 1811) zum „St. Ursula Kloster Nr. 32", danach zur „St. Apernstrasse bei Schumacher Stemel Nr. 15", offensichtlich als Untermieter. Vier Jahre später (1816) weist Winters in neuerlicher Eingabe daraufhin, daß „ich Endes Unterzeichneter seit 15 Jahren von hiesiger Regierung die gnädige Erlaubnis erhielt mein Puppenspiel in Köln zu betreiben". Er hätte demnach bereits im Jahre 1801 sein Theater eröffnet. Doch weisen alle sonstigen Nachrichten auf die Gründung des „Hänneschen" in das Jahr 1802.
Es ist das letzte Mal, daß der Name Winters in Schreiben an die Behörde auftaucht. Beachtlich überhaupt, daß man ihm über anderthalb Jahrzehnte so regelmäßig begegnet – im Vergleich etwa zu anderen Puppenspielern jener Jahre –, womit vielleicht ein Anspruch aufs Spezielle, Besondere, die Aufmerksamkeit Weckendes, publik gemacht ist.
War die bürokratische Hürde nach 1816 endgültig genommen? Hatte unser Prinzipal oder seine mit robusterer Gemütsverfassung begabte Ehehälfte die Obrigkeit von der Harmlosigkeit des Etablissements überzeugen, Vertrauen gewinnen können? Die städtische Nobilität jedenfalls stand ihm zur Seite, und das andere folgte auf dem Fuße, wie sich wohl denken läßt!
Auch die Franzosenherrschaft ging ja zu Ende. Unsichere Monate standen zwar vor der Tür. Nochmals änderte sich die politische Landschaft von Grund auf. Köln blieb davon nicht unberührt. Aber man mündete doch in ruhigeres, Beständigkeit verheißendes Fahrwasser.
Ein bedrückend erwartungsvolles Zeitgemälde entwarf anno 1812 Ernst Weyden im „Begräbnis" der Kölner Fastnacht: „Noch steht diese Feier lebendig vor meiner Seele. In Köln und Umgebung lagen die verschiedenen Regimenter der kaiserlichen Garde, Kürassiere, Carabiniers und Dragoner, die Blüte der Reiterei des napoleonischen Heeres, des Befehls gewärtig, nach Rußland aufzubrechen. Eine Abteilung dieser stattlichen Panzerreiter veranstaltete 1812 eine pomphafte Begräbnisfeier der Fastnacht. Das Trompeterkorps in seinen weißen, weiten Mänteln, die Mann und Roß umhüllten, von den blitzenden Helmen wallte der Trauerflor, ritt der Bahre voran, die von einer Abteilung trauertragender Reiter umgeben war, selbst die silbernen Pauken waren in Trauerflor gehüllt, und dumpf tönte der Trauermarsch vor dem in ernster Stille durch die Straßen nach dem Neumarkt ziehenden Leichenzug. Ihr Fastnachtsspiel war den lebenskräftigen Männern, mit spärlichen Ausnahmen, ein verhängnisvolles Vorspiel ihrer Totenfeier in Rußlands eisigen Gefilden."

Wir zitieren den Passus nicht nur des Fluidums wegen. Bei Sulpiz Boisserée und Mathias Joseph De Noël finden sich Hinweise, daß Winters im „Hänneschen" auf das makabre Ereignis zu sprechen kam, es als „Fingerzeig Gottes" dem Publikum schmackhaft machte und moralische Lektionen daran knüpfte.

Der Winter 1813 brachte mit der Völkerschlacht von Leipzig (16.–18. Oktober) den Niedergang Napoleons. Wenig später, am 14. Januar 1814, morgens acht Uhr, verließ die französische Garnison unter General Sebastiani sang- und klanglos die Stadt.

Als „Kölnisches Nationaltheater" – das Wort „national" begann gerade damals eine beliebte Vokabel zu werden, freilich noch ohne den fatalen Beigeschmack nachfolgender Jahrzehnte – stieg das „Hänneschen" jetzt rasch die Leiter der Popularität hinauf. Winters betätigte sich darin auf dem „Director"posten und als „Besteva". In einer dreizehn Blätter umfassenden Sammlung von Theaterzetteln des „Kölner Hänneschen aus dem Jahre 1834 spielte Frau Winters die Marietzebill – eine ihrem mürrischen Temperament wohl anstehende Rolle –, während sich der Teilhaber Hubert Weber (es werden in gleicher Position noch die Herren Welter und Hage genannt) auf die Darstellung des Hänneschen konzentrierte.

Bezeichnend übrigens, daß sich „Frau Winters" als „Direktorin" des „National-Puppentheaters in Köln" in die „Ankündigungen" drängte, von ihrem Mann nur am Rande gesprochen wird.

Läßt die Rollenverteilung Rückschlüsse auf Charakterliches vermuten? Zu den vielbeschriebenen Tatsachen der Schauspielkunst gehört, daß sich der Mime mit der von ihm dargestellten Rolle identifizieren kann, ja, ganz und gar – mit Haut und Haar – in ihre Maske schlüpft, davon etwas annimmt, wenn es nicht schon vorher natürlich in ihm angelegt war.

„In den späteren „Hänneschen"-Annalen blieb bislang gänzlich unbeachtet die damals stadtbekannte „Zettelträgerin" „Frau Wöhnersch oder Werners", ein nachher beklagenswertes Geschöpf, weil dem „Schnapsteufel" verfallen. Das Faktotum ist als Original überliefert, mit dem „Winters"-Institut und seinen Interessen auf's beste verwachsen. Ohne Umstände erzählte sie auf Befragen den ganzen Hergang der angekündigten Stücke, wenn sie dadurch einen Besucher anzuwerben hoffen durfte. Stark vornübergebeugt marschierte sie [...] Tag für Tag unermüdlich durch Wind und Wetter die gewohnten Wege, einen Packen Zettel auf dem Arm [...] nicht wenig trug ihre Persönlichkeit dazu bei, die Popularität des Puppentheaters beim Publikum rege zu erhalten. Zeitweise muß sie bei der Entreprise beteiligt gewesen sein, denn die Firma lautete während einiger Jahre Winter(s) und Werner". (O. Nettscher)

Gradmesser von „Hänneschens" Popularität waren die seit 1823 veranstalteten Rosenmontagszüge, der Kölner Karneval überhaupt: „... der Bestevader (Großvater), die Mariezibill, das Hänneschen etc. sind durch den neuen Fasching aus ihrer Dunkelheit ans Licht gezogen und die Grundtypen ihrer Charaktere veridealisiert worden...", resümierte die Kölnische Zeitung. Dazu scheint die Maskerade der „Knollendorfer" im „Zug des Königs" – Teil der Fastnachtsfeiern von 1824 – zu passen. In der von De Noël geschriebenen „Farce für die Fastnacht" vom „Verlorenen Sohn" spielte das Hänneschen den „Königssohn", war demnach schon vorher mit dem Purpur vertraut. Phantasievoll, orientalisch aufgemacht, stellten die Kostüme Märchen aus „Tausendundeiner Nacht" vor: Gallionsfiguren erträumter Welten in der romantischen Phase des Volksfestes. Während der folgenden Jahre wiederholte sich der Auftritt des „Hänneschen". Ein Fastnachtslied von 1827 erlangte fast die Bedeutung einer „Hänneschen"-Nationalhymne und wird noch heute intoniert. Es handelt sich um das berühmte „Drescherlied", nach Carl Niessen von Johann Ferdinand Schletz gedichtet und bereits 1781 im Göttinger Musenalmanach publiziert. Hier nur eine Kostprobe daraus:

„Hört, ihr Drescher, da schlägt es
  schon drei,
Munter, ergreift das Gewehr.
Weckt euch das Wächter- und Hahnen-
  geschrei,
Zaudernde Schläfer, nicht mehr?
Lange drischt auf und ab, munter und froh,
Velten, der fleißige Nachbar, sein Stroh.
Tricketrack fallderalla ...

Müßten nicht tausend Geschöpfe vergehn,
Stürben nicht Menschen und Vieh,
Wollte der Bauer nicht pflügen und säen,
Ernten und dreschen für sie.
Manches hochnäsige Städtergesicht
Rümpfte sich nimmermehr, drüschen wir
  nicht.
Tricketrack fallderalla ...

Hunger, der beste Koch, würzt die Kost,
Herrlich für Magen und Mund.
Durst, unsere Schenke, gibt feurigen Most,
Dreschern, wie Wein so gesund.
Juchhei! Wie wären wir alle so froh,
Ging es ein dreifaches Leben noch so.
Tricketrack fallderalla ..."

Die Melodie – schmetternd-ironisch – wie auch der Text: Den „Hänneschen"-Kappesboore auf den Leib geschnitten. Das Ganze eine merkwürdige Mischung aus Arbeitsethos, militärischer Parodie, Tuchfühlung mit dem Nachbarn, bäuerischem Getue und ausgelassener Fidelitas. Zu Karneval 1871 gab es das „Fliegende Hänneschentheater" mit den in Köln auch sonst bekannten „Individuen" Jakob Dreesen und Heinrich Maria Hoster. Damals war Winters schon fast zehn Jahre tot. Das „Hänneschen" blieb ein Hätschelkind des Fastelovend bis heute.
Aber wie erging es nun Johann Christoph Winters in den mittleren Lebensjahren, nachdem sein Theater „en der Welt nor he zo Köln am Rhing" gedacht wie erlebt werden konnte? So jedenfalls stand es in den „Bellentön", der vollständigen Sammlung kölnischer Karnevalslieder, die während der Jahre 1829–1831 erschien. Es hieß „E Leedche vum Pläseer" und nach der

Theaterzettel vom 9. Dezember 1834 mit Ankündigung „Der Freischütz" und anderes. C. Winters und Weber unterzeichnen als Prinzipale.

Triumphmelodie zu singen. Domkapellmeister Leibl (Vater des Malers Wilhelm Leibl), war daran maßgeblich beteiligt gewesen.
Die stets wechselnden Spiellokale des Wintersschen Puppentheaters lassen sich mit ziemlicher Genauigkeit rekonstruieren. Schon die Menge der Bittgesuche aus der Frühzeit bietet dafür genügend Anhaltspunkte. Aus der Heumarktgegend um Lintgasse (Linckgasse, Linkgasse, zwischen Altermarkt und Frankenwerft), Aufm Himmelreich (zwischen Heumarkt und Sassenhof), Auf der Aar (1809, zwischen Markmannsgasse und Sassenhof) verzog Winters während der zwanziger Jahre in die Nachbarschaft des Augustinerplatzes, zur Blindgasse 44 „an Klein St. Martin", dann auf die Wahlengasse „an Klein St. Martin am Heumarkt", wo er nach dem Kölner Adreßbuch von 1852 als „Besitzer des Kölnischen privaten Puppentheaters" ausgewiesen ist. „Die Einrichtung des neuen Lokals ist besonders zu empfehlen, für gehörige Sitzplätze bestens gesorgt. Die neuen Puppen und Dekorationen werden den geehrten Zuschauern den angenehmsten Anblick ge-

117

Theaterzettel vom 6. November 1834. Das „privilegirte Puppentheater" ist von der Blindgasse „an klein Martin" in die „Wahlengasse Nro 1 (nahe dem Heumarkt) bei Herrn Schreinermeister Welter verlegt". Es wird älteres Repertoire gespielt.

währen. Für Ruhe und gute Ordnung ist gesorgt. Des Sonntags sind ebenfalls Extra-Vorstellungen, als wie auch in den Wochentagen." So annoncierte das „Privilegierte Puppentheater in Köln" zum 20. Oktober 1852 mit gebührendem Herausstreichen aller nur erdenklichen Vorzüge.
Um 1855 ließ sich die Bühne in der Maximinenstraße 32 (gegenüber dem damaligen Botanischen Garten) und Weißbüttengasse 8, nieder um danach für längere Zeit zur Wehrgasse 1 überzusiedeln (früher Harffscher Saal). Das unstete Suchen nach Lokalitäten stimmt nachdenklich. War es Streitsucht, die dazu zwang – Mietversäumnis, Raumnot? Gingen Beschwerden der Nachbarn ein? Oder ist es einfach die grundlose Lust am Vagabundieren gewesen –, Trieb vieler Komödianten?! Auch darüber gibt es weder offizielle noch private Nachrichten.
Der Maler Josef Passavanti ließ sich im nachhinein (1906) inspirieren, ein Interieur Winters'scher Spiellokale zu rekapitulieren: Das „Kölner Hänneschen" in der Wehrgasse (so die Tradition) erscheint in leicht romantisierter Darstellung: eine Art Heuboden mit Holzbalkendecke, auf den die klapprige Stiege führte. Unten rechts die Kasse (mit der tüchtigen, manchmal zänkischen Frau Prinzipalin, die man getrost als „Hausdrachen" bezeichnen darf), links der „Platzanweiser", die von Winters häufiger benannten „Aufpasser". Und dann die Bühne in der Höhe des Heubodens, aus dem Hintergrund sichtbar. Davor die sehr vergnügten Zuschauer. Dazumal alles mehr als improvisiert, auf raschen Wechsel eingerichtet, von finanziellen Drangsalen wohl auch diktiert. Aber vielleicht gerade darum anziehend. Während sich draußen Nüchternheit und Kahlheit einer zunehmend technifizierten Welt aufdringlich breit machten, bewahrte das „Hänneschen"-Theater ein spezifisches Klima heimatlicher Geborgenheit, nach der die Zeit auf der Suche war, wenn auch die „eigentliche" Romantik lange zurücklag und als überwunden galt.
Übrigens hatte dies nicht nur für Köln Geltung. Hermann Siegfried Rehm erinnerte sich lebhaft des „Kölner Hänneschen" in Aachen, als eines „merkwürdigen Kunstinstitutes auf dem Büchel" (W. Hermanns). „In den Augen von uns Jungens strahlte das Dreikönigenhaus in besonderem Glanze, denn sein Saal mit den krummen Deckenbalken und holperigen Dielen war der Ort einer Schaustellung, deren Ankündigung allein genügte, wahre Schauer des Entzückens in uns wachzurufen. Es wurde hier nämlich fast alljährlich in den Wintermonaten „Kölner Hänneschen" gespielt, und zwar von einer Truppe, die ihren Sitz in der rheinischen Metropole hatte, so daß die Echtheit der Darstellung unbedingt verbürgt war. Geleitet wurde die Truppe von dem geistigen Erben des trefflichen Winter, der darauf bedacht war, alles Anstößige und Unziemliche aus seinen Darbietungen fernzuhalten..., und so konnte denn auch die Aachener Jugend unbedenklich an den Hänneschen-Vorstellungen, für die ihr Urheber einen szenisch überaus wirksamen, an die mehrteilige mittelalterliche Mysterien-

bühne erinnernden Spielraum geschaffen, teilnehmen. Die Zuschauer waren fasziniert vom Ritterspiel und anderem."
Die „Wehrgasse" verband ehedem „Mühlengasse" und „Große Neugasse". Sie lag zum Teil auf dem Gelände des heutigen Brügelmann-Komplexes. Winters mitunter erbärmliche Spiellokalität wurde erst 1935 niedergelegt. Das Gebäude zeigte im Innern „einen großen, stallartigen Raum. In der Mitte stand eine dicke Holzsäule. Alt, grau und verstaubt waren die Wände. Mit großer Wahrscheinlichkeit hatte man im wesentlichen noch die Ausstattung belassen, wie sie uns in alten Beschreibungen überliefert ist." (Peter Paul Trippen)
Hierher gehört nun die pralle Erzählung von Otto Nettscher aus Kölner Sicht: Wie Winters abends seine Frau mit dem bescheidenen Erlös „in einer unter ihrem Kleide versteckten Hängetasche" vorangehen ließ, um selbst, mit einem Knüppel bewaffnet, den Transport der Tageskasse durch die kaum erleuchteten Gassen zu sichern, weil ihn die Angst vor räuberischem Überfall bedrängte. Nettscher porträtierte amüsant „Frau Directorin" – „eine Frau für alles". Obst und gekochte Eier bot sie feil „in schönster Behäbigkeit". Der Handel florierte, die Kontrolle des Publikums inbegriffen. Da kam Frau Winters ein offenbar gut trainiertes Gedächtnis zustatten: Niemand wagte es, das Lokal ohne Bezahlung zu betreten. Wie lange sie das betrieben hat? Gewiß bleibt, daß Winters' Frau Lisette am 22. November 1856 in der Wahlengasse Nr. 1 starb, womit eine der „Säulen" des Theaters fiel und Winters wenig später vollends aufgegeben haben mag.
Doch kommen wir nochmals auf Nettschers Studie zurück, die schon 1887 in der renommierten „Kölnischen Volkszeitung" erschien, deren Mitarbeiter Männer vom Fach waren, also keine Allerweltsjournalisten. Nettschers Rückblick muß – als Selbsterfahrung – bei allen unterhaltenden Details doch so eingestuft werden, wie er es verdient: nämlich als authentische Quelle für die „Hänneschen"-Historie zur Zeit Johann

Das „Hänneschen" in der „Wehrgasse". J. Passavanti

Christoph Winters'. Die Lektüre ist auch für den heutigen Leser immer noch von unerhörtem Reiz, illustriert eine düster-bedenkliche Welt, die als Kontext zur Atmosphäre des Theaters manchmal beängstigend wirken konnte, fragwürdige „Vergnügungen" in einem verrufenen Stadtquartier anpries. „Romantisch" war eben längst nicht alles.
Carl Niessen fügte nur einen Teil des Nettscher-Dokuments – denn als solches ist es durchaus zu werten – seinem „Rheinischen Puppenspiel" (1928) bei. Er verzichtete auf die Wiedergabe „der politischen und lokalen Satire, die weder vor Amt noch Geld Halt machte". Trotzdem bemerkenswerte Passagen, denen heute unser Interesse gilt. Und die theatergeschichtlichen Aperçus sind ebenfalls nicht von der Hand zu weisen. „Damals also [...] befand sich das Krippchen (unter diesem Namen allein kannte und kennt es die Kölner Jugend) in einem jener Gäßchen, welche die westliche Häuserreihe des Heumarktes quer durchschneiden. Sie zwängen und winden sich sehr bescheiden durch die vier- bis fünfstöckigen Gebäude hindurch, so daß man ihre Einmündung fast bei Tage nur mit der Laterne suchen muß, als schämten sie sich ihres dunklen Daseins, und sicherlich wären sie

119

auch gar nicht zur Existenz gelangt, wenn sie nicht für die lokalkundigen und eiligen Fußgänger eine Abkürzung des Weges in die innere Stadt bedeuteten, aber auch nur für diesen. Andere Leute, die auf blanke Stiefel und trockene Füße halten, oder deren Geruchssinn das künstliche Kölnische Wasser dem natürlichen vorziehen, lassen sich lieber den Umweg über den Malzbüchel oder die Bolzengasse gefallen. Für Sonnen- und Mondschein gleich unerreichbar, befindet oder befand sich wenigstens der Boden in einem Zustande dauernder Durchweichung, der am besten mit Gummi-Elasticum zu vergleichen wäre, wenn nicht die der Länge nach in der Mitte durchlaufende Sod (Gosse) zahlreiche Pfützen auf ihren beiden Ufern gespeist hätte, zwischen denen das defecte Pflaster, aus sehr ungleichen Unkelsteinen bestehend, dem vorsichtig tastenden Fuße des Wanderers die nötigen Etappen geboten hätte. Von den Besäumungen der Mauern schweige ich ganz. Wenn mich mein Gedächtnis nicht täuscht, bargen sich keine menschlichen Niederlassungen in diesen Gäßchen, wenigstens in dem einen nicht, welches ich zu jener Zeit fleißig besuchte. Nur Stallungen und Remisen der reichen Fuhrherren vom Heumarkte reihten sich da aneinander, die meisten überbaut von mehrstöckigen Lagerhäusern; denn damals, als erst die einzige Eisenbahnlinie nach Aachen von hieraus lief, hatte der bedeutende Überlandtransport und Speditionsverkehr für Köln seine Centralstelle eben auf dem Heumarkte, wo das Auf-, Ab- und Überladen der schweren, sogenannten Brabanter Frachtfuhren sich unter freiem Himmel vollzog.

Zu Allerheiligen eröffnete das Krippchen seine Saison. Dann konnte man uns Kinder von damals in hellen Haufen gegen sechs Uhr abends jenes Gäßchen aufsuchen sehen [...] Direktor Winters sorgte durch einige melancholische Laternen für das nötige Zwielicht vor dem Eingang so gut, daß ich von Arm- und Beinbrüchen nie gehört habe, obschon die Sache doch nicht immer ganz ungefährlich war. Indeß, unser Kunstenthusiasmus setzte sich über jede Schwierigkeit tapfer hinweg. Ungefähr in der Mitte der Straße empfing uns eine hell erleuchtete, offene Türe, die zu einem Pferdestall gehörte. In diesem gings eine Treppe ohne Geländer hinauf, wobei wir uns mit den Händen an den Stufen festhielten. Sobald wir die letzte hinter uns hatten, standen wir in einem großen, frischgekälkten Raum, ursprünglich wohl ein Lagerspeicher. Hier brannten an den beiden Langwänden Kellerstümpfchen in genügender Anzahl; im Hintergrunde aber zeigte sich unserm erwartungsvollen Blicke die dreiteilige Bühne und winkte uns der rote Vorhang des mittleren Teiles vielverheißend entgegen. Die Plätze, von ungehobelten Brettern gezimmert, stiegen in der Art der Zirkus-Einrichtung nach hinten treppenförmig in die Höhe; nur mit dem Unterschiede, daß die Bänke sich nicht im Halbkreise ausbogen, sondern gerade Linien bildeten. Die hintere Abteilung, die Galerie, hatte nur Stehplätze; sie war durch ein hohes und breites Brett von dem davorliegenden zweiten Range getrennt, was aber größere Knaben nicht hinderte, im günstigen Moment, wenn die Wachsamkeit der Frau Directorin einmal nachließ, auf den teueren Platz hinüber zu voltigieren. Doch wurden diese Übertretungen fast immer bemerkt, und wurde der Schuldige stets mit Protest zurückspediert [...] Hatten wir, von links kommend, die Kasse passiert, so sahen wir (zur) Rechten an der Wand einen kunstreichen Aufbau von großen Körben, aus welchem uns die Äpfel, Birnen und Wallnüsse entgegenlachten, während der einladende Geruch gerösteter Kastanien, wie Perlschnüre auf Fäden gereiht, unsere Geruchsnerven angenehm anregte. Vor Beginn der Vorstellungen und in den Zwischenacts-Pausen blühte das Speisengeschäft, denn dann gab's eine kleine Völkerwanderung von den Plätzen und wieder zurück [...] Wallnüsse fanden stets eine starke Nachfrage von seiten der Galeriebesucher, und das hatte seine guten Gründe. Wenn nämlich später während der Vorstellung auf der Bühne eine spannende oder rührende Szene sich abspielte, geschah es nicht selten, daß im Olymp eine Nuß unter einem benagelten Stiefelabsatz heillos krachte und natürlich einen plötzlichen Umschlag der Stimmung hervorrief. Gegen solche Gepflogenheiten war sogar die Frau Directorin ohne Waffen, denn durch ein Brett konnte sie eben nicht sehen. Fast mehr noch aber ärgerte sie sich über die jugendlichen Rauchverbote. Verriet sich so ein angehender Paffer durch den Duft seines stinkenden Krautes, so erhob sich Frau Winters vom Zahltisch in ihrer ganzen Größe, schnupperte mit der Nase in der Luft herum und hatte auch bald den Verwegenen herausgewittert. Heda, rief sie ihm dann mit sehr bezeichnenden Gebärden zu, seht ihr nicht, was da angeschlagen steht? [...] Nein, ich kann die großen Buchstaben nicht lesen [...] Nun, hier steht, daß das Rauchen verboten ist. Macht die Pfeife gehörig aus und steckt sie nur ja nicht in die Tasche, bis sie kalt ist. Das habe ich nicht gewußt rief der Raucher keck hinab. Dann gebt mir lieber mein Eintrittsgeld heraus, so gehe ich wieder. Dazu hatte Frau Winter(s) nun doch einen zu stark entwickelten Erwerbssinn...

Unter dem wibbelstertzigen Völkchen verstand die energische Frau musterhafte Zucht und Ordnung zu halten [...] Das war wahrlich keine Kleinigkeit; denn unsere ungeduldige Erwartung trieb uns regelmäßig eine Stunde zu früh in den Musenspeicher, und wir mußten doch zu Beginn unseren Zeitvertreib haben. Dann aber mit dem Glockenschlag sieben war's wie durch Zauberei mitten in dem schönsten Allotria plötzlich so still, daß man konnte die Flöhe husten hören. Nur Frau Winter(s) atmete hörbar erleichtert auf, als sich jetzt alle [...] Augen der Bühne zuwandten.

Diese letztere nahm die ganze hintere Breite des Raumes ein; sie bestand, wie schon erwähnt, aus drei nebeneinanderliegenden Abteilungen. Ungefähr in Mannshöhe vom Boden zog sich vor ihr waagerecht eine Latte quer durch das Zimmer, an jeder Seite in der Mauer befestigt. Von ihr herunter hing ebenfalls in ganzer Breite ein dunkelgrüner Baumwollstoff bis auf den Fußboden herab. Er verbarg die Spieler und Puppenführer, da diese von unten agierten. Auf gleicher Höhe mit der Latte hatte sich der Zuschauer das Podium für die Figuren zu denken. Das rechte Drittel zeigte eine offene Dorfstraße, das linke eine Straße der Stadt. Die Mitte, durch den roten Vorhang noch verdeckt, lag etwa einen Fuß breit zurück, also weit genug, um die Puppen bequem vom Dorfe zur Stadt und vice versa spazieren zu lassen. Die Figuren hatten etwa einen Fuß Länge, die Größe der Pappdeckelhäuser war ihnen entsprechend. An der inneren Fläche der Latte hingen, uns unsichtbar, eine Anzahl kleiner Illuminationslämpchen, die einzige Erleuchtung der ganzen Herrlichkeit.

Da lag sie nun vor uns, die märchenhafte Welt der Wunder und Schauern, aber auch die der lustigen Faxen und Schwänke. Auf der Hauptbühne gabs Dramen von sechs Acten zum mindesten, oft bluttriefenden, oft hochdramatischen Inhalts, Haupt- und Staatsaktionen, selten Lustspiele; Dramen, in welchen zuweilen der Gottseibeiuns leibhaftig in die Handlung eingriff, und gewiß hätten wir uns meustens die Augen rot und die Taschentücher naß geweint, wenn nicht noch just im rechten Augenblick nach jedem Actschlusse das Hänneschen nebst Gefolge im Dorfe erschienen wäre und durch schnurrige Zwischenspiele das ergriffene Kindergemüt wieder aufgerichtet hätte.

Was die künstlerische Ausstattung der Figuren betrifft, so lag diese noch in den Windeln. Offenbar hatte Director Winter(s) nicht Anatomie studiert. Die hölzernen Untergestelle, an welchen Arme und Beine recht lose und beweglich herunterbaumelten, zeigte von den eckigen Schultern bis auf die Hüften herunter, wie sie sich auch drehen und wenden mochten, von jeder Seite eine senkrecht abfallende gerade Linie, ohne eine Andeutung von Brustkasten oder Hüfte. Das meiste Kopfzerbrechen mußten dem Tausendkünstler Winter(s) die Köpfe verursacht haben; denn auch sie gingen aus seinem Atelier hervor. Über das normale Größenverhältnis weit hinausreichend, erinnerten sie auffallend an die bildhauerischen Versuche, welche von strebsamen Knaben mit einem weicheren Stoffe als Holz, nämlich der Kartoffel, angestellt zu werden pflegen. Auf der eirunden Gesichtsfläche zeigten sich ohne plastische Vertiefung die Augen nur angemalt, die Augäpfel starr, vorleuchtend, die Brauen breit und schwarz gezogen, der Mund von echtestem Zinnober, nur die Nase war durch ein aufgeklebtes Holzstückchen von entsprechender Form den Anforderungen der Plastik gerecht geworden. Zwei runde Flecken von intensivem Rot bezeichneten die Stelle, wo beim gewöhnlichen Sterblichen die Wange sich wölbt. Von ausgebildeterer Technik zeugten schon die von der Frau Directorin angefertigten Kostüme [...] Mechanische Bewegungen kannte Winters nicht. Außer den bei der Führung der Puppen schlotternden Beine, die den Gehschritt markieren sollten, beschränkte sich die Gesticulation auf die Bewegungen des rechten Armes; diese wurden durch einen am Handgelenk befestigten Draht von unten ausgeführt [...] Es kam mitunter in den Raufszenen vor, daß ein nicht hinreichend niet- und nagelfester Kopf über die Rampe hinüber ins Parterre flog. Dann kroch einer der Spieler auf allen Vieren unter der grünen Gardine hervor, holte ihn zurück und setzte ihn wieder auf, ohne daß dadurch die Handlung unterbrochen oder unsere Täuschung zerstört worden wäre [...]"

Nettscher hat Winters in höchsteigener Person erlebt, er hat ihn gesehen, „ein Riesenhaupt mit üppigem weißen Haarwuchs" und „tiefem Bierbaß".

„Es verstand sich ganz von selbst, daß der beim Spielen gebräuchliche Dialect die echte Kölnische Muttersprache war; nur die Respectspersonen: der Amtmann, der Magister, der Affekat (Advokat), der Doktor Fauzius, der Apotheker Piefekopp, der Herr Graf und die Gemahlin, sowie die gelegentlich erforderlichen Figuren redeten ein Hochdeutsch, welches dem Härrn Antun Meis zum Vorbilde gedient, vor diesem aber das Eine voraus hatte, daß es kein gemachtes, sondern die beste Wortwahl und Aussprache war, über welche die aus dem Volke hervorgegangenen Puppenspieler verfügten. Sie verstanden es eben nicht besser, das Huhdütsch war ihnen eine fremdartige, ungeläufige Sprache, und sie selbst hatten keine Ahnung von der ungewollten Komik ihres in breitem Pathos vorgetragenen Gemisches von Bücherdeutsch und gefirnißtem Kölnisch, in localen Anschauungen befangen und mit localen Redeblumen und Sprichwörtern reich durchwebt. Geschriebene Stücke gabs nicht, nur die Acteinteilungen und die Folge der Szenen waren vorher vereinbart. Die Spieler verließen sich auf die Begeisterung des Augenblicks und flochten ihre zufälligen Einfälle frisch hinein. Sie brachten dadurch immer wieder neues Leben in die Darstellungen, die sie vor Erstarrung bewahrten, ganz so wie es in der deutschen Stegreif-Komödie des siebzehnten und noch zu Anfang des achtzehnten Jahrhunders üblich war [...]"

Aus dem Repertoire der damaligen Zeit nennt Nettscher „Romeo und Julia". Hänneschen avisiert „vor dem Vorhang" „Donschuang der steine Gaß, großes Ritterschauspiel in sechs Acten; es komb ein Turnier darin vor un et wird geschossen; die kleine Kinder, die dat nich verdrage könne, die sollen sich esu lang unterducke, bis dat es Schießen aufhört, – Mir haben Oemmerjöhncher anplaatz Kugeln in die Läuf gedahn [...]"

„Nach dem Grundsatz: ‚Eines paßt nicht für Alle' oder ins Kölnische übersetzt: ‚Je nachdem der Mann, je nachdem stopft man ihm die Wurst', schied Winter(s) sein Publikum in drei bestimmte Gruppen: Kinder, Erwachsene und Sonntagsbesucher. Den letzteren, die vorzugsweise aus den roheren Elementen der Bevölkerung sich recrutierten und schon einen ordentlichen Puff vertragen konnten, bot er die derbste Kost und zwar zu ermäßigten Preisen. Ich habe mir sagen lassen, daß Winter(s) an Sonntagen per Stunde zu sechs Pfennigen spielte, und daß jede Stunde das Publikum wechselte. Die besseren Elemente blieben solchen

Aufführungen fern, schon wegen dieser Zuhörerschaft, und gingen nur an Wochentagen hinein, weil dann auch der Ton ein besserer war [...] Um nun dem besser situierten Publicum gerecht zu werden und namentlich den Rücksichten für das jugendliche Alter Rechnung zu tragen, wurden wöchentlich ein- oder zweimal Extra-Vorstellungen eingerichtet, mit bedeutend erhöhten Eintrittspreisen und einem sorgfältig ausgewählten Programm [...] ‚Pour la noblesse de Cologne' waren diese Aufführungen in den desfallsigen Inseraten in der ‚Kölnischen Zeitung' überschrieben [...] Es wurden dann meist dramatisirte Märchen geboten oder Kölnische Sagen, wie die Weckschnapp, auch Bearbeitungen à la Don Juan, von Theaterstücken, z. B. der Freischütz mit Hänneschen als Max oder gar Hamlet ... Auch die Zwischenactposse zeigte einen harmlosen Charakter; nur die Prügeleien blieben als die besten Knalleffecte bestehen [...] In den kurzen Schwänken während der Zwischenacte bildeten natürlich ‚die biederen Landleute' die Hauptacteurs, an ihrer Spitze Meister Nicolas mit seiner Frau Marizebill, dem Enkel Hänneschen, Nohber Tünnes nebst Gattin, dem losen Vogel Pitter Mählwurm, Wirt ‚zur glaasere Trapp', dann kam der Spei-Manes, seines Zeichens Schneider, der stotterte und seinem Gegenüber beim Sprechen einige feine Speicheltropfen ins Gesicht spie, zugleich der Typus der Hasenherzigkeit; ferner der Michel aus der Portz, welcher den Laut des ‚ch' nicht aus dem Halse zu würgen vermochte, der Amtmann und der Scharschant, allenfalls noch das Jumpfer Drückchen, sämtlich aus dem Dorfe. Diesen stehenden Figuren gesellten sich noch einige andere, namentlich aus der Stadt, nach Bedarf wechselnd hinzu [...]

Die ‚Komödienkerls' Winters' rückten heiklen Dingen zu Leibe nach dem Motto: ‚Vor dem nivellirenden Gerechtigkeitssinn der vox populi gabs nur völlige Freiheit.' Freilich geschah das in vorsichtiger, verblümter Einkleidung und nicht nur recht geschickt, sondern auch im Gewande volkstümlicher

Das „Hänneschen"-Theater als Wanderbühne um 1870 von F. Beinke

Komik, unter welchem der Biß der Satire nur für den sprach- und ortskundigen Kölner erkenntlich blieb. Auch waren es weniger Gegenstände der hohen Politik, die hier behandelt wurden [...] aber städtische Einrichtungen unterlagen der Kritik des Meisters Nicolas und seiner Genossen. Und wenn gar ein Mitbürger ein Mal in unliebsamer Weise vorgetreten war, oder sich gründlich blamiert hatte, so konnte er sicher sein, im Hänneschen-Theater ein mit ihm sich viel beschäftigendes heiteres Nachspiel zu finden [...] Das Talent des Directors also, die Gemeindeschäden und die Lächerlichkeiten einzelner Individuen durch den verzerrenden Hohlspiegel harmloser Komik dem Zuschauer zu zeigen, das wars, was den Ruhm seines Theaters begründen half und ihm jene charakteristische Besonderheit verlieh, von deren Erinnerung es zum Teil heute noch zehrt [...]." Die war allerdings zum Teil sehr ferne gerückt. Als politische

Satire in mundartlicher Diktion entlud sich schon früher Protest gegen ungewollte Herrschaft. Napoleons Besatzungstruppen wurden zur Zielscheibe der Lächerlichkeit. Das „Hänneschen" begann 1802 auch als politisches Theater in der Opposition und gab anno 1848 erneut eine Probe davon, sogleich wegen „bedenklicher staatsfeindlicher Umtriebe" verdächtigt und „peinlich inspiziert". So der Polizeibericht. Zwar hielt sich Winters selbst heraus, und das Familienmitglied Peter Klotz steckte die Prügel ein, doch verdorrte ein Hang zur Kritik nie. Gesprochen wurde dabei jener „Geheimcode", von dem Heinrich Heine gehässig meinte: „Köln ist das Toskana einer klassischen schlechten Aussprache des Deutschen, und Kobes klüngelt mit Marizebill in einer Mundart, die wie faule Eier klingt, fast riecht."

Otto Nettscher vermerkt weiter „Innerbetriebliches" der Winterbühne, den akustischen „Beihau". Denn bei allen Aktionen konnte „Winters die Musik nicht ganz entbehren [...] befand sich unter seinen Mitspielern ein Guitarre-Virtuos, so mußte sein Instrument zu allen Liedbegleitungen herhalten. Besaß einer von ihnen eine Ziehharmonika, dann erfüllte sie den Beruf ein ganzes Orchester zu ersetzen, ja selbst die Violine hatte der Accompagnent zu spielen, wenn Noth am Mann ging. Nur an den Noblesse-Abenden wirkte eine extra engagierte Kapelle, aus Clarinette, Violine und Baß bestehend, in den Opern und bei den Ständchen mit. Bei den Opernbearbeitungen waren nämlich die populären Melodien, z. B. aus dem ‚Freischütz' beibehalten, und ohne ein im Chor gesungenes Ständchen vor dem Haus der Jungfer Drückchen war diese Vorstellung nicht complet [...]"

Der greise Winters blieb Johann Jakob Merlo (1810–1890), dem Heimatforscher und Kunstsammler – wir verdanken ihm in zum Teil handschriftlichen Aufzeichnungen wichtige Nachrichten zur neueren Kölner Stadthistorie sowie die ältere „Zeitungsausschnittsammlung" der Kölner Universitäts- und Stadtbibliothek als heute unverzichtbare Quelle –, lebhaft im Gedächtnis: „Wenn er viele Jahre hindurch als Senior der 72 Greise gespeist wurde", wobei es um die „Greisenspeisung" des „Bürger-Comitês" anläßlich der Kardinalerhebung des Kölner Erzbischofs Johannes von Geissel am 12. November 1850 ging. Winters hielt bei dieser Gelegenheit „im Geisterstätz, später auf dem Domhof bei Metz (jetzt Domhotel) die Ansprache an den hochseligen Herrn Kardinal. Dieser nahm ein sehr großes Interesse an der hohen Gestalt des Seniors mit seinem Barte. Ich habe wiederholt Sr. Eminenz Vortrag über Winters und seine Schwänke gehalten, wobei der hohe Herr sich ungemein ergötzte."

Daß Winters in diesen Kreis gebeten wurde, zeugt einerseits von einer gewissen Reputation, doch ebenso war es ein allzu offenkundiges Zeichen für die miserablen finanziellen Verhältnisse, mit denen der nun schon Hochbetagte immer noch belastet blieb. Die Stiftungsurkunde der Greisenspeisung schreibt nämlich vor, daß diese ein wohltätiger Akt zu sein habe, bei dem die Teilnehmenden „aus den verschiedenen Armenbezirken der Stadt festlich bewirtet und beschenkt werden" sollten. (Otto Pfülf) Überdies standen nach den Statuten Mittel zur Verfügung, „um die Armen zu jenem schönen Tage der Jahresfeier auch mit noch anderweitigen Spenden zu beglücken". „Verschämte Personen" wie es andernorts heißt. Pastor Heinrich Broix von St. Maria in Lyskirchen bescheinigte in einem Vorschlag an das „Bürger-Comité" seinem „treuen Pfarrkind Johann Christoph Winters" die Notwendigkeit der Hilfe. Mit dem „Hänneschen" war eben zeitlebens kein Vermögen zu machen gewesen. Als „guter – vorsichtiger – Haushalter", (Broix) der jedes Risiko scheute, schon gar nicht. Winters' wirtschaftliche Existenz blieb auf fatale Weise permanent bedroht. Bis zuletzt übrigens, als er auf der Mauthgasse 15/17 spielte. Bis zuletzt? Undenkbar eigentlich, daß er – der nun Neunzigjährige – noch selbst zur Stelle war, das Puppenspielerhandwerk ausübte. Selbst bei äußerst strammer Gesundheit ist die Vermutung angebracht, daß er sein Theater nicht mehr eigenhändig besorgen konnte. Mag sein, daß er einem fremden Unternehmen seinen Namen lieh, was auf eine Art Pacht hinausgelaufen wäre, wovon in den letzten Lebensjahren der Unterhalt bestritten wurde. Zudem wird es kleine Zuwendungen aus dem Fonds der Kölner Armenverwaltung, vom örtlichen Vinzenzverein, mildtätige Gaben gutgesonnener Bürger gegeben haben – vielleicht, denn die Urkunden schweigen darüber. Im Kölner Adreßbuch fehlt mit dem Jahr 1859 der Name „Christoph Winters". Die Feststellung Niessens: „Winters' Tätigkeit fand in der Mauthgasse 15/17 ihr Ende" ist karg und nichtssagend. Sie bedarf der Ergänzung.

Als Todestag von Johann Christoph Winters ist der 5. August 1862 vermerkt. Er wohnte damals in der Follerstraße Nr. 56, wie die biographische Notizensammlung Joseph Bayers meldet.

Fünf Tage später, am 10. August 1862 notierten die „Kölnischen Blätter" im Anzeigenteil unter der regelmäßig wiederkehrenden amtlichen Bevölkerungs-Rubrik „Civilstand der Stadt Köln vom 5. August 1862" „Christoph Winter (sic!). Witwer. Ohne Gewerbe. 91 Jahre alt. Follerstraße" als verstorben. Dessen Name schien so in Vergessenheit geraten, daß selbst die korrekte Schreibweise den Behörden unbekannt war. Kein Totenzettel, kein ehrender Nachruf künden von seinem Hinscheiden. Der Begräbnisplatz blieb unbekannt. So wie die Dinge liegen, wird es sich um eine Armenbestattung auf dem Kölner Friedhof Melaten gehandelt haben.

Aus der Sicht späterer „Hänneschen"-Euphorie mutet dieses Ende beklemmend an. Winters war kein Glückskind. Im Anfang noch von Gönnern ideell unterstützt, fehlte es an finanzieller Hilfe fast zeitlebens. Wo blieb da die besitzende Kölner Bürgerschicht, von der wir wissen, daß sie nach der Jahrhundertwende das „Hänneschen" fast schwärmerisch plakatierte? Die Zeitgenossen jedenfalls berührte das Schicksal seines Gründers wenig. An einen Schönheitsfehler

„Kölner Hänneschen". Zeichnung von H. Kroh um 1925

mag ich da nicht glauben. Es steht zu befürchten, daß man sich des „plebejischen" „pauvren" Winters schämte, ihn schlicht vergaß und endlich alleine hieß. Einsam war es um ihn geworden. Er selbst dürfte seinem Theater kaum Zukunftschancen eingeräumt haben.

Der Streit um die Nachfolge schlug unter den Epigonen prompt hohe Wellen. Auf Winters fällt dabei im Nachhinein helles Licht, insofern er der ursprünglichen „Hänneschen"-Idee zeitlebens treu blieb, bisweilen zwar dem Zeitgeschmack Tribut zahlend, ohne indes modischen Albernheiten anzuhängen. Es gab nun das Theater „J. Schreiner (früher Winters)", dessen Lokalität Winters' letzter Spielort, die Mauthgasse, später An Lyskirchen 14, wurde. In der alten Wahlengasse 19 ließ sich das „Neu privilegierte Puppentheater" „Meyer & Comp., Familie von Christ. Winters" nieder.

125

Wanderbühne „Original Kölner Hänneschen". Zeichnung von H. Kroh um 1925

Die Ansprüche der Millowitschs liefen ebenfalls in diese Richtung: „Erster rechtmäßiger Nachfolger von Chr. Winters" (Auf dem Rothenberg 9). Alle schöpften mehr oder weniger aus dem Repertoire und Fundus des „Hänneschen"-Gründers. Mit ihm machte man noch immer Staat, und „pingelig" war da niemand. Sein Einfall wurde nur vordergründig zu einem Programm, einer Devise. In der Praxis aber regierte meist schnöder Mammon, billiger Tand, auch Schlimmeres. Es begann der unaufhörliche Abstieg in eine wahre „Hänneschen"-Niederung. Vom Tummelplatz der „strotzenden Unflätigkeiten", vom „ordinären Charakter des Kirmeshänneschen" berichten entrüstet etliche Journale vor und um die Jahrhundertwende. Oder: „Um die Wirkung und Anziehungskraft der Vorführungen zu steigern, schlug das Kölner Hänneschen-Theater in den sechziger Jahren zeitweise eine so drastische Richtung ein, daß sich der von allzu scharfen und derben Witzen oft gekränkte Lokalpatriotismus und vielfach auch das Familiengefühl verletzt fühlten. Die besseren Elemente zogen sich von den Darbietungen zurück." Wurde die Obrigkeit herb attackiert, waren dem vorlauten Opponenten „Schwedische Gardinen", „Bleche Botz" – wie das Kölner Gefängnis im ehemaligen Klarissenkloster auf der Krebsgasse–Schildergasse im einschlägigen Jargon hieß – sicher.
Und die „echten" Nachfahren – Winters „Kandidaten" wo blieben sie?
Vieles spricht dafür, daß es Winters an der nötigen Energie hatte fehlen lassen, die „rechtmäßige Erbfolge" zu sichern. Fraglich auch, ob er überhaupt je sein Unternehmen „kommerziell" betrieb, lebensklug genug war, etwas Gewinnbringendes, Lukratives daraus zu machen. Es war doch immer nur ein Von-der-Hand-in-den-Mund-Leben gewesen. Unser „tumber" Prinzipal hat auch des öfteren unverschuldet den traurigen Weg zur Pfandleihe gehen müssen, wo pure Not auf letzte Habseligkeiten Hand legte.
Carl Niessen und Joseph Bayer verfolgten die Spur der späteren „Hänneschen"-Theater. Winters brachte posthum eine wahre Flut zuwege. Und der obskuren Schmieren mit erbärmlichen Stücken unterster Stufe gab es über und über genug – kurzlebige Erscheinungen, über die zu berichten nicht lohnt. Legitim auf Winters berufen durften sich die Familien Klotz und Königsfeld.
So stand der Steinhauer Peter Joseph Klotz – 1830 in Mainz geboren – in direkter verwandtschaftlicher Beziehung zu Winters. Er heiratete am 19. September 1849 dessen Enkelin, geborene Königsfeld. Als Achtzehnjähriger wagte er sich mit einem eigenen Theater ins politische Getümmel und brachte „nach Ansicht der damaligen Kölner Behörde durch seine schlechten Witze über den König Friedrich Wilhelm IV. das Staatswesen ins Wanken". Ihn ereilte sogleich ein striktes Spielverbot, das auch den vorlaut-aggressiven Dekorateur Kleinenbroich betraf. Der Polizei war dieser kein unbeschriebenes Blatt. Gelegentlich einer „peinlichen" Befragung entwischte er auf Nimmerwiedersehen. Klotz tauchte damals

im Buchhandel unter. „Erst Jahre nachher, als man die zwerchfellerschütternden Bemerkungen der hölzernen Künstler nicht mehr für staatsgefährdend hielt, durfte der Musentempel wieder aufgemacht werden." (Hermann Becker) 1863 geschieht das auf der Glockengasse 13. Seine Witwe Maria Magdalena führte die Spieltradition lange fort. So auf dem Filzengraben und in der Severinstraße. Dort begegnete sie Carl Niessen „als alte, würdige Bürgersfrau". „Sie konnte mir die Aufzeichnung einiger Faxen geben, darunter die köstliche antifeministische Posse von der Weibertreu". Eine ganze „Kiste mit großen Wandplakaten" hatte er bei dieser Visite entdeckt. Aber: „Als ich diesen Schatz sichern wollte, war der Tod schneller gewesen. Ich fand die Wohnung leer. Es ist ein Jammer, daß ich diese Kiste nicht bergen konnte. Wir wüßten dann mehr über die Zeit nach Winters", resümiert er bekümmert. Der Vorgang charakterisiert die Sammelleidenschaft des ungewöhnlichen Mannes und die Einschätzung der Institution „Hänneschen" als Forschungsauftrag. Niessen stellte schließlich „bei Kerzenlicht" einen „letzten Rest" des Theaters Hamacher sicher. Es mutet die

„Aeltestes Kölner Hänneschen Theater unter Direction von Wwe P. Klotz". Ankündigungszettel zur Internationalen Gartenbau-Ausstellung in der Kölner Flora. Lithographie von H. Richters

Das „Kölner Hänneschentheater von Wwe Klotz". Rosenmontagszugwagen um 1900. Aquarellierte Federzeichnung von H. Recker

Vergnügungspark und Botanischer Garten am nördlichen Kölner Stadtrand. Internationale Ausstellung 1892. Rechts im Bild das „Kölner Hänneschen". Aquarell von W. Scheiner

Situation beinahe gespenstisch an. Vieles blieb dennoch auf immer verschollen.
Frau Klotz war noch am Großen Griechenmarkt zu finden. Endlich zog sie in die „Villa Blatzheim" nach Ehrenfeld, womit auch die Kölner Innenstadtbezirke verlassen wurden. Dieser „Exodus" verweist symptomatisch auf eine Entwicklung, die bei vielen der Wintersschen Nachfolgetheater den Prozeß einer allmählichen Entlokalisierung einleitete.
Im verschwommenen, vagen Fotodruck ist das Bild der Klotz-Bühne auf uns gekommen: Deren „klassische" Dreiteilung war selbstverständlich. Als Mittelteil diente eine Art Bogenarchitektur mit phantasievollen Bemalungen. Im Prospekt der linken Seite glaubt man ein modern anmutendes Kölner „Dreifensterhaus" zu erkennen, im benachbarten die Fassade des mittelalterlichen Patrizierwohnsitzes mit hohen Kreuzfenstern und Treppengiebel. Auf der rechten Seite geht es sehr viel einfacher zu. Hier stehen Fachwerkbauten, und jemand lehnt sich zum Fenster heraus (Tünnes?) – die Sippschaft aus Knollendorf musternd. Sie paradiert aufrecht hinter der „Britz" in der ganzen Breite des Theaters.
Dem Enkel Heinrich Josef Königsfeld verdanken wir ein Versenbuch, das von 1852 datiert. Sein Bruder Everhard versuchte sich kurzfristig „als Besitzer eines Puppentheaters". Das Kölner Adreßbuch nennt beide „Schaubudenbesitzer". Sie zog es zu den vertrauten Spielplätzen: in die Wahlen- und Wehrgasse. Doch nicht für ewig, denn der Erbe Heinrich war ganz aufs Umherziehen eingestellt. Nur kurz wurde nochmals in Köln Halt gemacht: anläßlich der berühmten Werkbund-Ausstellung 1914 und wenig später am Pfeiler der Hohenzollernbrücke. Wieder begann die unstete Wanderschaft. Sie führte endlich nach Bottrop. Hier gab es seit 1925 unter dem Sohn Heinz ein „Rheinisches Puppenspiel", das manchmal im Kölner Kaufhaus Peters gastierte. Dies und

Das „Hänneschen" auf der Deutschen Werkbund-Ausstellung in Köln. H. Königsfeld zeichnet als „Direktor" und „Urenkel von Christoph Winters. Gründer des Theaters in Köln im Jahre 1802–1803"

Ankündigung der Dülkener Narrenakademie vom 16. April 1827 zur „Installirung des neuen Directors"

alles andere gehört längst der Vergangenheit an. Heinz Königsfeld starb im Februar 1973 – letzter Sproß einer alten Kölner Puppenspielersippe. Auf meine Initiative gelangte der Fundus seines Theaters zum größten Teil in den Besitz des Kölnischen Stadtmuseums.

Auch Spieltexte sind über die Königsfelds aus Winters Zeiten erhalten geblieben. Zum Beispiel das erwähnte „Versenbuch Nr. 4 H.J.K." (Königsfeld). Auf der inneren Umschlagseite steht handschriftlich ein „Register". Anderes wurde im „Sammelband von Hänneschen-Stücken von G. J. Klotz und Jan Hamacher" aufgezeichnet. Die Niederschrift beginnt 1880. Immer noch spielten darin Ritter, Zauberer, die schöne Harfnerin oder auch Anklänge an das ursprüngliche Krippenspiel – wenngleich ins Faxenhafte verkehrt – eine Rolle: „Lustspiel in 1 Aufzuge" mit „Besteva als König Herodes oder die drei Weisen aus dem Morgenland". Gleich neunundsiebzig Stücke sind in einem Textbuch notiert, das unbewiesen Christoph Winters selbst zugeschrieben wurde. Es gibt nämlich zwei Handschriften darin. Allerdings paßt die Titelsammlung zu dem, was Winters bevorzugte: „Kaiser Karl der 5te", „Die Kreuzfahrer", „Der Fürst und der Eselsreiter", „Der König Herodes".

Ganz anders steht es mit dem von Heinrich Königsfeld der Stadt Dülken überlassenen Textbuch älteren Datums. Es zeigt mit einiger Sicherheit als „Stücker zum Puppentheater im Jahre 1819" den Schriftzug Winters.

Das jüngere Büchlein trägt auf der Vorderseite die Jahreszahl 1820, eine flüchtig skizzierte Narrenkappe sowie den Namen Dani. Hage. Dieser war bei Winters Puppenspieler

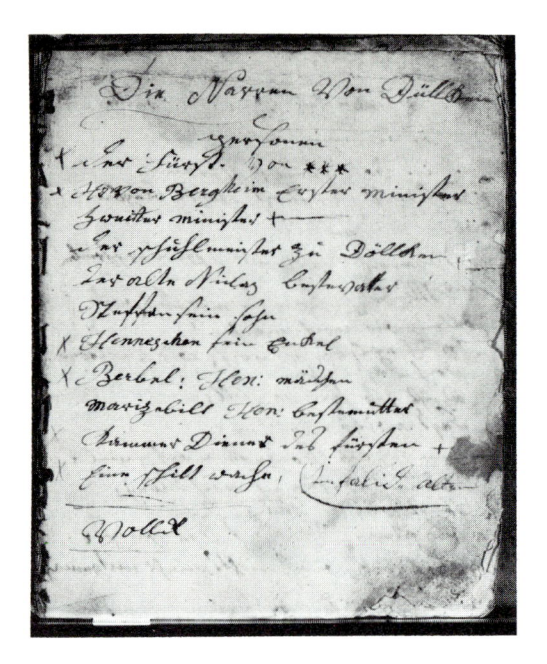

"Die Narren von Dülken". Handschriftliches Verzeichnis der handelnden Personen. Darunter „der alte Niclas bestenvater" – „Steffan seine Sohn" – „Henneschen sein Enkel" – „Berbel: Hen. Mädchen" u a.
Die Vorderseite des Textbuches ist mit der Narrenkappe geziert. Signiert von Dani. Hage. Dieser war bei Winters Spieler und zeitweise Mitdirektor. Datiert 1820

und zeitweise Mitdirektor. Als „Personen" sind die „Hänneschen"-Typen „Bestenvater", „Hänneschen sein Enkel", „Berbel" und „Marizebill" genannt.
Behandelt werden die „Narren von Dülken in Knittelversen und drei Aufzügen". Die Verskomödie ist einer der gelungensten älteren Puppenspieltexte. Dülken war wie Köln Narrenstadt. Die Dülkener Narrenakademie pflegte zu Köln Beziehungen. Hier wohnten Träger des Dülkener Narrenordens – Mitglieder der Kölner „Olympischen Gesellschaft". Die Narren von Dülken sind Schildbürger und entsprechend verläuft die Spielhandlung.
Wiederum war es Carl Niessen, der das Material vor dem Untergang bewahrte.
„Kronzeuge" der Wiedergeburt des „Hänneschen" unter der Obhut der Stadt Köln wurde das Theater Klotz.
Nach dem einhelligen Urteil aller in „Hänneschen"-Sachen maßgeblicher Zeitgenossen brachte die „Witwe" (als welche sie in der Literatur fortlebte) Klotz „das Spiel inhaltlich doch wieder auf ein höheres Niveau und zwang dadurch die anderen, ein Gleiches zu tun". (Hermann Becker)

VI. Renaissance – „Puppenspiele der Stadt Köln"

Frau „Witwe Peter-Joseph Klotz" – so nämlich kannte sie das Publikum –, resolut und von äußerst praktischem Sinn, war Inhaberin des „ältesten Kölner Hänneschen-Theater(s)". Mit vollem Recht übrigens, wie der Familientafel zu entnehmen ist, die bis Christoph Winters lückenlos zurückreicht, ohne mit Detailliertem aufzuwarten.

Das „Rubenshaus" auf der Sternengasse und die „Naturbühne im Stadtwald" sind die letzten Wegstrecken ihres „Hänneschen" gewesen, ehe sie am 17. Mai 1919 im Kölner Vinzenzhaus das Zeitliche segnete. Anfänge der Puppenspiel-Renaissance, freilich durch den Ausbruch des Ersten Weltkrieges unglücklich unterbrochen, gehen noch in die letzten Lebensjahre der Veteranin zurück. Sie erfreute sich des Wohlwollens der Stadtverwaltung und der Zuneigung kölnischer Bürger von Rang, zum Beispiel des Industriellen Max von Guilleaume.

So standen die Dinge, als analog den Tendenzen von vor hundert Jahren im August 1912 zwei der Geschichte Kölns eng verbundene Vereine – der Heimatverein „Alt Köln" und der „Kölnische Geschichtsverein", beide nach der Jahrhundertwende gegründet – für das „Hänneschen" aktiv wurden. Unter dem engagierten Protektorat des Oberbürgermeisters Max Wallraf und seines Beigeordneten Laué konstituierte sich ein Ausschuß, „um das früher von jung und alt so bevorzugte Kölner Hänneschen in alter, gediegener Form zu neuem Leben zu erwecken..." Und weiter: „... Die Stadtverwaltung hat vorläufig auf der kleinen Wiese im Stadtwald einen Raum einzäunen lassen, wo bei gutem Wetter von Frau Wwe Peter Joseph Klotz mit ihren Leuten bei geringem Eintrittsgeld Sonntags Nachmittags Vorstellungen gegeben werden. Die Stücke sind so gewählt, daß die Eltern ihre Kinder unbesorgt den Vorstellungen beiwohnen lassen können. Für den Herbst ist die Unterbringung des Hänneschentheaters in der Stadt selbst in Aussicht genommen; ebenso werden voraussichtlich Vorstellungen in Schullokalen, Kranken-, Waisenhäusern stattfinden."

Ein erster Anlauf. Verklausuliert deckt die Bekanntmachung alte Mängel der Puppenspielerei auf. Insofern nämlich, als aktuelle Belange erst gar nicht wahrgenommen wurden, die „Reformer" zuversichtlich nur an das „ehrwürdig Alte", „Gediegene" glaubten. Es mutet wunderlich an, wie sie davon geplagt waren in einem so entscheidenden Augenblick des totalen Neubeginns.

Den nächsten Schritt tat der Heimatverein „Alt-Köln" am 2. Oktober 1913. Zwei Stücke von Wilhelm Räderscheidt sorgten – von der Bühne Joseph Peter Klotz gespielt – für durchschlagenden Erfolg. Die Themen: „Et Gespens beim Mählwurm" und – nach Grimms „Gevatter Tod" – „Hänneschen un d'r Dud".

Wilhelm Räderscheidt (1865–1926) war Lehrer, zuletzt Direktor der Städtischen Handelsschule. Seine Texte lassen eine Richtung erkennen, von der sich die Verfasser nachfolgender Hänneschenkomödien nicht mehr lösten: nämlich die Verkölschung tradierter Märchenstoffe und Kultivierung des Possenspiels. Das war gut, nur allzugut und „original" gemeint, doch unterblieb eben die zeitgemäße Umdeutung.

Das stadteigene „Kölner Hänneschen" kam schon damals ins Gespräch, die Möglichkeit dazu wurde erwogen. Als Standort war an den „Bogen der Dombrücke" gedacht, wie Peter Paul Trippen sich erinnerte, worunter nur einer der Brückentürme verstanden werden kann. Der Plan scheiterte bei Kriegsausbruch.

Die um jene Jahre entwickelten Initiativen fanden einen – sozusagen denkmalmäßigen – Niederschlag im „Hänneschenbrunnen" des Bildhauers Simon Kirschbaum auf dem Platz „Im Dau", angeregt durch den Beigeordneten Rehorst und Baurat Verbeek. Er hat den Zweiten Weltkrieg überdauert. Aus einer „Pumpensäule" des vergangenen Jahrhunderts entwickelt, wurde er doch in neobarocken Formen ausgeführt. Besteva „mit Pfeife und derbem Schirm in altväterlicher Gewandung", vom treuen Spitz begleitet, „scheint [...] ins Gespräch mit seinem Enkel Hänneschen vertieft." (H. Brands) Dieselben Kreise wie zur Jahrhundertwende nahmen nach Kriegsende in der „Kommission zur Wiederbelebung der Kölner Puppenspiele" den vor Jahren gesponnenen Faden erneut auf. Räderscheidt, Schneider-Clauß und Niessen waren unter ihnen. Das Institut für Theaterwissenschaft an der wiedergegründeten Kölner Universität (1919) gab dem Vorhaben eine wissenschaftliche Grundlage und präsentierte auf der „Jahrtausendausstellung" im Jahre 1925 das alte, nach „Pferdestallmuster" aufgebaute „Hänneschen" mit dem unverwechselbaren Kolorit Winters'scher Spielpraxis.

Wieder rückte das „Rubenshaus" in der Sternengasse als ideale Spielstätte in den Kreis der Überlegungen. Das historisch Angehauchte des Stadtquartiers – man denke an Maria von Medici, Peter Paul Rubens, den jungen Beethoven (der in der Sternengasse sein erstes öffentliches Konzert gab) und Goethe – mochte dafür entscheidend sein und beeinflußte wohl ebenso die Initiatoren der jetzt ins Leben tretenden „Städtischen Puppenspiele".

Hier ist nun wieder – seit Niessens Buch über „Das rheinische Puppenspiel" – eine wesentliche Ergänzung vonnöten.

Unsere Quellen sind vor allem die umfänglichen Akten des Historischen Archivs der Stadt Köln, weniger die Niederschriften der Kölner Stadtverordnetenversammlungen (Ratssitzungen). Hier findet man nur ab und an einen Hinweis, der das Thema „Hänneschen" wie selbstverständlich abhandelt. Erst

Das „Kölner Hänneschentheater" im Pferdestall- oder Heuschobermilieu auf der Jahrtausendausstellung der Rheinlande 1925 (Kölner Messehallen)

Ankündigungszettel von 1932 „Das alte Kölner Hännes'chen-Theater". Zur Aufführung kommt „Die Wunderlampe". „4000 ausverkaufte Vorstellungen – 2 Millionen Besucher in sechs Jahren"

„Das alte Kölner Hänneschen-Theater von der Jahrtausend-Ausstellung". Ankündigungszettel „Die Stumme von Portorico". 1925

ab 1945 werden die Auskünfte wieder detaillierter.

Nach zäh sich hinziehenden Verhandlungen und den notwendigen bühnentechnischen Einbauten begannen die „Puppenspiele der Stadt Köln" (auf Plakaten und sonstigen Ankündigungen anfangs „Städtische Puppenspiele" genannt) unter dem Spielleiter Fritz Danz, der sein Handwerk bei den alten Bühnen Klotz und Königsfeld, zuletzt noch im Theater Bongardt gelernt hatte. Sechs Jahre zuvor spielte er noch (1920) vor mehrfach ausverkauftem Haus (Aula der Ursulinenschule) im „Doktor Faust" das Hänneschen in der Maske des Hanswurst, als „Lustigmacher". Das Wahlamt der Stadt Köln gab Danz eine vorläufige berufliche Zuflucht; er befand sich sozusagen im „Wartestand", bis das „Sternengassen-Hänneschen" seine Arbeit aufnehmen und die Winters'sche Tradition fortsetzen konnte. Vorher beschäftigte den Kölner Rat die Sache. „Instandsetzung der beiden Kölner Puppenbühnen" heißt es im Sitzungsbericht vom 17. Juni 1926. Näheres wird nicht gesagt.

„Herrichtung eines Raumes und Einbau einer Bühne für die Kölner Puppenspiele im Rubenshaus, Sternengasse, sowie Bewilligung eines Bestuhlungszuschusses", vermerkt das Protokoll vom 9. September 1926.

Das „Hänneschen" in der Sternengasse eröffnete am 9. Oktober 1926. Ein denkwürdiger Tag! Neben Danz wurden drei Spieler und eine „Artistin" (wir werden gleich sehen, daß diese Vokabel für alle „Acteurs" hinter der Spielleiste zutreffend war) engagiert.

Die Probe aufs Exempel ließ sich erfolgver-

"Das alte Kölner Hänneschen-Theater von der Jahrtausend-Ausstellung". Ankündigungszettel "Der grosse Zauberer Tartüffel". 1925

"Das alte Kölner Hänneschen-Theater von der Jahrtausend-Ausstellung". Ankündigungszettel "Die Räuber". 1925

sprechend an – und übertraf die daran geknüpften Erwartungen bei weitem. Das Ensemble konnte bald (1927) erweitert werden – auf insgesamt sechs hauptamtliche Spieler, wenngleich geeignete Interpreten der "Typen" rar waren und das Resultat sorgfältiger, von einer Kommission in engen Grenzen durchgeführter Eignungsprüfungen dürftig blieb.

Die erwählte Bühnenkarriere forderte "einwandfreies Sprechen des Kölner Dialektes" sowie "schauspielerische Begabung für die Führung der Puppen".

Beides wurde von den Laien- und Berufsschauspielern längst nicht immer zur Zufriedenheit erfüllt, ist heute noch gleichermaßen schwer zu beherrschen, zu erlernen nur sehr bedingt.

Dem "Hänneschen"-Mimen – wenn dieser Ausdruck erlaubt ist – muß ein starkes Gefühl für die Besonderheit dieser Bühne, die ihn mit Haut und Haar beansprucht, sozusagen von zu Hause eingeimpft sein.

Was man darunter zu verstehen hat? Eine Aktennotiz vom Juli 1927 mag das erläutern: "Der Bühnenbetrieb in den städtischen Puppenspielen bringt es mit sich, daß die Mitglieder des Spielkörpers nicht nur ihre Rollen zu spielen haben, sie sind verpflichtet, auch die zu den Vorstellungen nötigen Vorbereitungen zu treffen, z. B. Aufbau der Dekorationen, Bereitstellung der Hilfsmittel, bühnenfertige Herrichtung der Puppen, Kostüme usw. Ferner müssen die Spieler die Musik ausführen und die technischen Hilfsmittel, wie Beleuchtung, Blitz, Donner, Wind, Regen usw. bedienen [...]."

Im übrigen waren die Puppenspieler "für

die Aufrechterhaltung der Ordnung in den Pausen und auf der Straße" verantwortlich. Alleskönner sind gefragt, „Artisten" im weitesten und wahrsten Sinne des Wortes. Fritz Danz führte die nun kommunalen Amtsbereichen angegliederte Stockpuppenbühne mit der „Weckschnapp" – dem alten und vorher häufig gespielten Sagenstoff – ein, rief sie in das Bewußtsein der Kölner Bevölkerung als Institution von geschichtlichem Rang zurück. Neben vereinzelten Versuchen mit Stücken aus „Hänneschens Urzeit" – etwa dem Marckensteiner", „Goldgräber", „Teufelsmühle" oder „Tartüffel" – war es zuerst Wilhelm Räderscheidt, der ahnte, was auf die Bühne in nicht allzuferner Zeit zukommen werde. Er drängte – anders als noch vor Jahren – unentwegt auf eine Erneuerung des Spielplans, aber er kam damit nicht durch. Wenn der Spielleiter Fritz Danz zur Fastnacht 1930 „ein nach alten Motiven bearbeitetes Spiel" mit dem Titel „Et Kirmesgeld" produzierte, folgte er nur dem seit 1926 (und schon vorher) eingeschlagenen Weg.

Das „Hänneschen" auf der „Sternengasse" im „Rubenshaus" (seit dem 9. Oktober 1926)

Autoren, die in der Kölner Mundartdichtung etwas galten, hatten sich nicht anders entschieden: Wilhelm Schneider-Clauß, Jakob Rasquin, Wilhelm Boes und Heinrich Hack. Das sind die bevorzugten „Hänneschen"-Stückeschreiber jener Jahre, meist aus dem Lehrerstand kommend.

Unentschieden blieb der Erfolg, nach älteren Vorlagen Neues zu schaffen, anderes

Plakat der Städtischen Puppenspiele aus der „Sternengasse". 1930

umzuschreiben. Es war übrigens vorwiegend die Praxis, der man unlängst noch folgte. Also: kölnische Sagen- und Legendenüberlieferung, die Märchenwelt, das Opernrepertoire, Orientalisches, Rittergeschichten wurden jene Bereiche, aus denen sich die Stoffe für eine Bühnenbearbeitung rekrutierten – alles überzogen mit einem sentimentalen Firnis romantisierten kölnischen Milieus. Nichts war dabei, was Zeitluft atmete. Das hätte stutzig machen müssen. Die Kölner Stockpuppenbühne zeigte während des Dezenniums ihrer „Wiedergeburt" einen Immobilismus bis zur Pedanterie. Es sollte alles nur allzu getreu, „stilecht", „à la Winters" sein. Eine möglichst strenge, brave Kopie des Grundmodells, das geistliche Erbauungs-Schauspiel der frühesten „Hänneschen"-Ära inbegriffen.

Jedermann weiß, daß solchem Tun Mangel anhaftet, ihn nachgerade heraufbeschwören muß. Millowitsch zum Beispiel erkannte die Gefahr, verhielt sich dementsprechend, beugte der drohenden Langeweile vor.

Wer genauer hinschaut, entdeckt gleichfalls schon bei Winters Ansätze zur „Reform", einer mäßigen, nicht himmelstürmenden, versteht sich: Als er „gegen Ende der vierziger Jahre [...], um sein Institut auf der Höhe der Zeit zu halten, eine Sprachreinigung mit demselben vornahm", wenn auch auf Kosten des Lokalkolorits, doch ganz im Sinne damals gängiger Bildungsabsichten. „Er zog nach und nach Dom-Steinmetzen, als Mitspieler heran" (Nettscher), Zunftgenossen, die sich zu Höherem geboren glaubten, ohne Zweifel auch von anderem Holz waren und einen besseren Bildungsstand besaßen als solche denen Winters sonst genötigt war, eine Rolle in seinem Theater anzubieten. Im Prinzip – und darauf kommt es vor allem an – wirkte hier bereits die Erkenntnis, das nicht ad infinitum Theater wie anno 1802 gespielt werden konnte. Ob im Augenblick des Neubeginns unter völlig anderen Voraussetzungen – wir meinen 1926 – der Rückgriff aufs Nurhistorische ratsam glücklich war, mag dem Urteil des kritischen Lesers überlassen bleiben.

Die gefürchtete „Verfremdung" blieb freilich nicht aus und vollzog sich vor allem im technischen Apparat als Widerspruch, Inkonsequenz.

Eine – notwendige – Erneuerung hätte durchaus kein radikaler Umsturz zu sein brauchen, nichts partout Revolutionäres, sondern die behutsame Anpassung des „Hänneschen" ans Gegenwärtige, vielleicht in einer Annäherung an den Stil des Kabaretts der „golden Twenties".

Man machte es sich damals zu einfach, unterließ den Versuch des Aufspürens neuer Ausdrucksformen dem „Hänneschen" gemäßer, moderner Kunstmittel. Das Bedürfnis danach meldete sich auch jetzt, zaghaft vorgetragen, ohne indes auf Grundsätzliches gerichtet zu sein: „Den Anforderungen der Neuzeit entsprechend", brachte da jemand nicht ganz überzeugt und frohen Herzens zu Papier, „wurden die Städtischen Puppenspiele mit allen technischen Neuerungen ausgestattet. Die daselbst zur Aufführung gelangten Stücke sind infolge der technischen Ansprüche sowie der vorkommenden Massenszenen mit den älteren Puppenspielen nicht zu vergleichen. Während früher bei einem Puppentheater meist drei Personen zur Durchführung der Stücke genügten, sind heute im Städtischen Puppentheater 12 Personen tätig [...] Es ist nicht selten, daß ein Spieler 2 Puppen und andere Hilfsmittel bedienen muß [...]" (Fürwahr, auch dies eine „artistische" Leistung!) Die Anmerkungen betreffen nur den Apparat, bewegen sich an der Peripherie. Und „Massenszenen" waren gerade ein Mittel, das als Debut nicht hätte sein dürfen. Dem „Hänneschen" steht die Kleinkunst besser an. Solch delikate Gedanken, die auch heute noch mitunter auf heftigen Widerspruch stoßen und „verdächtig" machen, bedrängten um jene Jahre fast niemanden, zumal die beachtliche öffentliche Resonanz der Puppenspiele alle weitergehenden Auffassungen bezüglich der Erneuerungsbedürftigkeit des Theaters Lügen zu strafen schien.

Nachzulesen ist dies und mehr in den leicht zugänglichen Journalen der zwanziger Jah-

Szenenbild aus eine „Dombaumeister"-Inszenierung auf der Sternengasse-Bühne

re. Auch die noch lebenden Augenzeugen werden keine andere Erinnerung haben können.

Damals jedenfalls, eine – übrigens begreifliche – „Hänneschen"-Euphorie ohne jede Schönfärberei. Die trockene Amtssprache der Verwaltungsberichte, nüchterne Zahlenkolonnen präsentieren zuweilen mit unterschwelligem Stolz das Zuwegegebrachte: „Der Andrang ist wider Erwarten derart stark, daß zeitweise (vorwiegend mittwochs und sonntags) Sonderveranstaltungen eingelegt werden mußten. Auch hat der Ausschuß für die Städtischen Puppenspiele in seiner letzten Sitzung beschlossen, für Vereine und Schulen dreimal wöchentlich Sondervorstellungen zu veranstalten [...]", zu „volkstümlichen Preisen", sei am Rande vermerkt. „Kinder zahlen zwanzig Pfennige und Erwachsene fünfzig Pfennige bis eine Reichsmark."

In der Spielzeit 1928/29 kamen in 323 Abendveranstaltungen (20 Uhr), Nachmittagsvorstellungen (17 Uhr) und 78 Sondervorführungen 73 551 Erwachsene und 62 203 Kinder. Eine Bilanz, die sich sehen lassen konnte, in der Tat. Und die Erwachsenenwelt zeigte sich demnach noch stärker interessiert als das jugendliche Publikum.

Die Spielzeit 1927/28 brachte den lange nachher nicht mehr erreichten Besucherrekord: 86 078 Erwachsene und 83 870 Kinder wurden gezählt. Aber da spielte das Neue an der Einrichtung wohl die primäre Rolle. Es lockte die bloße Neugier. Derlei Andrang konnte nicht die Norm bleiben.

Die Puppenbühne im Theater auf der Sternengasse war dreiteilig angelegt. Sie bestand aus einer Mittel- und zwei Seitenbühnen, die „Stadt" und „Dorf" darstellten. Bei Benutzung der Mittelbühne wurden die Seitenbühnen durch Vorhänge verdeckt.

Auch hier waltete historische Treue: „Die Bühne ist genau nach dem von Christoph Winter(s) überlieferten Vorbild hergerichtet. In der Mitte ist eine perspektivische, mit Vorhang, Hauptkulissen und Prospekt versehene Bühne, an die sich seitwärts rechts und links im stumpfen Winkel eine Häuserreihe mit beweglichen Türen und Fenstern anschließt: rechts ist das ‚Dorf' und links die ‚Stadt' [...] Die Bühnenumrahmung zeigt nach dem Zuschauerraum einen gemalten roten Vorhang mit dem Kölner Stadtwap-

pen in der Mitte. Über den Seiteneingängen zur Bühne sieht man die Bilder von Tünnes und Schäl [...]".
Carl Niessen allerdings witterte eine „große Wandlung im Szenischen". Die „dreiteilige Bühne" sei „aufgegeben worden", eine Angleichung an das „große Theater" insofern eingeleitet, als „man den Vorhang der Mittelbühne zum Hauptvorhang werden ließ". Ich kann das noch nicht als Neuerung verstehen, zumal der eigentliche Bühnenprospekt davon unberührt blieb. Anders verhielt sich das 1938 mit dem Theater am „Eisenmarkt".
Die „große Bühne" war jedoch in anderer Hinsicht beteiligt. Die „Vereinigten Stadttheater" in der Person der Direktoren Rosenberg und Rudolf Hraby kümmerten sich um technische Einrichtungen und die Kulissenmalerei. Garderobe-Inspektor Haag entwarf und schneiderte Kostüme. „Die besten Figuren schuf Holzbildhauer Franz Böckeler", wie Niessen meinte. Hinter deren Qualität standen diejenigen von Karl Schmoll, Emil Hauswald und Josef Weineck aber keineswegs zurück. Die technische Installation sparte nicht mit modernen Effekten, wozu die umfangreiche Beleuchtungsanlage gehörte, auch der begehbare Schnürboden „mit 22 Zügen, die 7 Zentner Gegengewicht erfordern. Ferner werden benutzt: 1 Donnermaschine, 1 Windmaschine, 1 Blitzapparat (bei den ‚Dampfkästen' handelt es sich um die Erzeugung weißer Wolken aus Ammoniak und Salzsäure!)."
Von einer „Schnee- und Wellenmaschine" ist im Inventarium die Rede, „4 fahrbare und 9 eingebaute Scheinwerfer" sind genannt sowie „60 Puppen von Kölner Künstlern geschaffen".
In der Tat: Modernes allenthalben. „So können die Dekorationen heute durch eine einfache Zugvorrichtung ohne Schwierigkeiten hin- und hergezogen werden. Die Prospekte und Seitenkulissen hängen oben an einer Gleitschiene, die mittels einer mit Gegengewichten versehenen Schnur von den Seiten aus vor die Bühnenöffnung und wieder zurück gezogen werden kann. Auf diese Weise kann man heute allein acht Hintergrundbilder gleichzeitig hintereinander aufhängen und das Bühnenbild bei offenem Vorhang achtmal verwandeln. Acht große und acht kleinere Seitenkulissen können auf die gleiche Art bedient werden. Außerdem besitzt diese Puppenbühne auch eine tadellose, moderne Beleuchtungseinrichtung mit Widerständen und Scheinwerfern, so daß es der Spielleitung ermöglicht ist, den Stimmungsgehalt jeder Szene mit Hilfe des Lichts individuell anzudeuten." Soweit eine Pressenotiz, in der wiederum Achtung über das Erreichte deutlich mitschwingt.
Der Kostümfundus enthielt etwa 300 vollständige Monturen mit 100 Einzelheiten wie Röcke, Hosen, Mützen, Helme etc. [...] 85 Perücken. Für 48 Stücke besaß das Sternengassen-„Hänneschen" komplette Dekorationen.
In einem Schreiben vom 3. Juni 1947 – die Autoren sind Eingeweihte der „Hänneschen"-Materie – erfährt man, daß die Hilfestellung städtischer Ämter eine permanente war: „[...] Die für die Stücke notwendigen Dekorationen wurden teils in Werkstätten der Städtischen Bühnen, teils in Privatwerkstätten hergestellt." Das Personal des „Rheinischen Museums" unter Emil Hauswald wurde ebenfalls mit seinen qualifizierten Restaurierungswerkstätten eingespannt. Die Verfasser des amtlichen Rapports wissen um die Gegebenheiten des Theaters auf der Sternengasse kurz vor dessen Umsiedlung zum Eisenmarkt am 29. Juli 1938. Aus dieser Quelle geht hervor, daß sich der Dekorations- und Kostümfundus seit 1926 beträchtlich vermehrte. Nun besaß das „Hänneschen" „für etwa 100 Stücke vollständige, kunstvoll ausgeführte Dekorationen, nebst etwa 100 von Künstlerhand geschnitzten Köpfen, rund 400 Kostümchen mit Kopfbedeckung, Perücken und Bärten. Ein großer Bestand von Helmen, Säbeln, Diademen, Kronen usw. ergänzte die Ausstattung. An Musikinstrumenten waren 1 Harmonium, 1 Klavier, 1 Akkordeon, 1 Gitarre, vollständiges Schlagzeug mit zwei kleinen und gro-

Gruppenbild vom Umzug des „Hänneschen" aus der „Sternengasse" zum „Eisenmarkt". Dritter von links der spätere Spielleiter Karl Funck. Rechts Spielleiter Hans Berschel. 1938

ßen Glocken vorhanden. Das Theater hatte 231 Sitzplätze."
Als Fritz Danz, unter dem sich das Kölner „Hänneschen"-Theater nach Charakter und Erscheinung so formierte, wie wir es im Prinzip heute noch kennen, am 6. Mai 1933 starb, übernahm Hans Berschel das Amt des Spielleiters.
Nur wenige Wochen später bewarb sich ein später Abkömmling der Winters'schen Familie um den Posten, ohne allerdings sein Ziel zu erreichen. Es war Heinz Königsfeld junior, „einzig notariell beglaubigter Nachfolger des Begründers Christoph Winters 1802 in Cöln". Für Königsfeld ein springender Punkt. Er bot „unter Berücksichtigung einer evtl. Anstellung" sein „gesamtes Puppenmaterial ca. 100 Puppen, ca. 400 Kostüme" an. Die Stadtverwaltung wies die Offerte zurück. Sie befürchtete, daß sich unverhofft neue Querelen wegen der Priorität einer Nachfolge daraus ergeben könnten.

Hans Berschel sah sich schon bald jener Situation konfrontiert, die zum gegenwärtigen Zeitpunkt erneut die Puppenspiele beschäftigt und, recht besehen, an die Existenzfrage des Theaters rührt. Das „Hänneschen" war danach bereits 1935 in Gefahr, „wegen Mangels an neuen Stücken seine Zugkraft" einzubüßen.
Es war also die inhaltliche Reform tatsächlich ausgeblieben, hatte nicht Schritt halten können mit den technischen Errungenschaften. Und niemand bot eine rechte Antwort darauf oder hatte Patentrezepte parat.
Statt dessen griff man wieder einmal auf die oftmals bewährten Winters'schen Faxenspiele zurück – ein kläglich es Eingeständnis von Unvermögen, mit des Pudels Kern fertig zu werden – und zeigte am 4. März 1936 „zügige Einakter, die schon vor hundert Jahren von Christoph Winters, dem Gründer des Kölner Hänneschentheaters gespielt worden sind und deren Wiederaufführung nur be-

Die „Puppenspiele der Stadt Köln" am „Eisenmarkt". Links der Eingang zum Zuschauerraum. Rechts Spielerunterkunft, Verwaltungstrakt, Kostümkammer etc. 1976

grüßt werden kann". So ein amtlicher Vermerk von gewisser Hilflosigkeit.
Doch 1936 war nicht 1802. Das kam spürbar nach 1945 ans Licht und wurde, wie wir noch sehen werden, auch so erfahren.
Die latente Misere war damit keineswegs behoben und blieb drängend aktuell. Doch zunächst stand anderes im Vordergrund, ließ eigentlich Wichtiges vergessen machen, erregte die Gemüter.
Das „Hänneschen" bereitete sich auf seinen Umzug zum Eisenmarkt vor, stieg zum Aushängeschild der damaligen „Altstadtsanierung" auf, wozu sein moralisches Ansehen nicht wenig beitrug. Denn das Stadtviertel, dem es bald zugehören sollte, genoß seit Jahren schlechten Ruf, wurde von der Bürgerschaft gemieden.
„Der neuerstandene Platz zwischen Heumarkt und Rothenberg hat den Namen Eisenmarkt erhalten, den im Mittelalter der anstoßende Teil des Heumarktes nach dem Eisenhandel und der Eisenverarbeitung in den Gassen dieses Blockes führte, in denen Schmiede, Schwertfeger und Lanzenmacher seit dem 13. Jahrhundert bezeugt sind. Der Eisenhandel und die Eisenverarbeitung waren im alten Köln von so großer Wichtigkeit, daß eine besondere Gaffel danach den Namen Eisenmark führte; sie bekunden die enge wirtschaftliche Verbindung des Kölner Raumes mit dem Bergisch-Märkischen, Westfalen und Siegerland. Der neu zum Leben erweckte Namen soll an diese Beziehungen erinnern, andererseits die im Viertel übliche Namenform der Plätze und Gassen [...] fortführen." So der für die Altstadtsanierung -verantwortliche Stadtkonservator Hans Vogts.
An anderer Stelle seiner Überlegungen kommt Vogts zum Detail. „An der Ecke Rothenberg und Friedrich-Wilhelm-Straße war schon vor Beginn der Sanierung durch Abbruch zweier baufälliger Häuser eine Baulücke entstanden; davon war das Haus Rothenberg 1, das übrigens der Straße den

140

Namen gegeben, ein stattliches, spätmittelalterliches Haus gewesen. Es wurde nun noch ein anstoßendes Haus am Rothenberg 1a, das aus dem späteren 19. Jahrhundert stammte, niedergelegt und an seiner Stelle von der Grund- und Boden-GmbH ein Mietshaus mit drei Wohnungen in jedem Stockwerk und Läden an der Friedrich-Wilhelm-Straße errichtet, dessen Aufteilung dadurch bestimmt wurde, daß es im Erdgeschoß auch das Kölner Puppentheater aufnehmen sollte, und zwar so, daß dieses vom Binnenplatz aus zugänglich ist und sich die vorgeschriebenen Ausgänge zum Rothenberg hin entleeren. Der Binnenplatz bietet besonders für die Kinderwelt, die zu den Nachmittagsvorstellungen die größte Zahl der Besucher stellt, einen idealen, vom Verkehr unberührten Warteraum. Mit dieser Unterbringung kehrt das „Hänneschen" in das Herz der Altstadt zurück, von dem es ausgegangen, und in eine Umgebung alter Giebelhäuser, wie sie das typische Bühnenbild des Puppenspiels darstellen."

Aus dem auf „sechs Kölner Architekten beschränkten" Wettbewerb ging Herr Kosch als Sieger hervor und erhielt den Auftrag „zur endgültigen Plangestaltung", die nicht im Sinne Vogts' gelang. Der Bau geriet ihm „zu hoch und an beiden Längsseiten zu ungegliedert, um sich in das Straßen-Platzbild recht einzufügen".

Die herbe Kritik tat dem Festtag des Umzuges – es war der 29. Juli 1938 – keinerlei Abbruch. Er wurde zu einem Ereignis, an dem die Bevölkerung lebhaft Anteil nahm, ihre uneingeschränkte Sympathie für die heimische Stockpuppenbühne bekundete.

Et Hännesche eß ömgetrocke!
Melodie: Fiakerleed von Körschgen

Wat wor dat vürr'ge Summer för e Levve,
Wie't Hännesche he singen Ömzog hat,
Do eß doch bahl kein Minsch derheim geblevve
Un op de Bein wor rack de ganze Stadt.
De Sonn vum Himmel brannt, mer stund am Stroßerand,
Un jeder op dä Ömzog wor gespannt.
Vun der Stänegaß, wo et maht su off uns Spaß,
Et Hännesche trok us – en dat staatse neue Huus.
Bei dem Zog hät mer gelaach – un hät dobei sich gedaach,
Dat mer dann un wann
Och 'ne Fastelovendszog em Summer mache kann!

Et wood noh'm Ihsermaat – dat Poppespill verlaht.
Do weed jitz jeden Dag – laut gelaach – dat et kraach,
Wann vun der ganze Schwitt – dä Schäl sing Knuuze kritt.
Su weed op kölsche Aat – sich Freud gemaht!

Vörop soch mer Fanfareblöser rigge,
Dobei hoot falsche Tön mer dann un wann.
Dann Originale uus vergange Zigge,
Su wie mer sei noch en Erenn'rung han.
De Böckteröck-Wauwau – drungk uus d'r Flasch Schabau,
Un och dä Maler Bock wor zemlich blau.
Drop dä Nikola – stief un staats als Besteva,
Met dem Marizzenbell – dem de Muul steiht niemols stell,
Hännesche, dä löst'ge Stropp, met der Zibbelsmötz om Kopp,

Tünnemann un Schäl
Un dä Schutzmann Schnäutzerkowsky, stramm als änze Kääl!

Et wood noh'm Ihsermaat – dat Poppespill verlaht.
Do weed jitz jeden Dag – laut gelaach – dat et kraach,
Wann vun der ganze Schwitt – dä Schäl sing Knuuze kritt.
Su weed op kölsche Aat – sich Freud gemaht!

De rut un wieße Funke, die zo Kölle
Bei jedem richt'ge Zog mer finge kann,
Die worfe gar met Strüßcher un Kamelle
Un zeigten och beim Bütze sich als Mann.
Vun Salzgaß, Bottermaat, – die mer jitz frei gelaht,
De „Dame" mahte fing em Bettjack Staat.
Su uus dem Milljö – kom de ganze Hottfulee
Un zeig uns klipp un klor – wie't em ale Kölle wor.
Doch dä Trump vum ganze Zog – wor et Engk, wo schließlich noch
En 'nem Wage fohr
Staats uns ehzte richt'ge Jungfrau met dem Kölsche Boor!

Et wood noh'm Ihsermaat – dat Poppespill verlaht.
Do weed jitz jeden Dag – laut gelaach – dat et kraach,
Wann vun der ganze Schwitt – dä Schäl sing Knuuze kritt.
Su weed op kölsche Aat – sich Freud gemaht!

Om Ihsermaat de Poppe sin am Danze,
Dä Pänz un Ahle weed do Freud gemaht,
Un en de Kinderhätze deit mer planze
De kölsche Klaaf un ächte kölsche Aat.
Et Hännesche dat bliev – nit blos 'ne Zickverdriev,
Wer sich dobei nit freut, dat eß 'ne Stief.
Wer dat nit versteiht – eß verkalk un deit uns leid,
Weil su 'nem ärme Penn – nit noh'm laache steiht d'r Senn,
Wer blos schängk un kühmp un kiev – hält mer besser sich vum Liev.
Su ene Zemöd
Sich als hölze Popp bewäg doch selver wie an Dröht!

Et wood noh'm Ihsermaat – dat Poppespill verlaht.
Do weed jitz jeden Dag – laut gelaach – dat et kraach,
Wann vun der ganze Schwitt – dä Schäl sing Knuuze kritt.
Su weed op kölsche Aat – sich Freud gemaht!

Ausführlich erzählt davon der schön gebundene Bildbericht. Er überdauerte den Krieg in der ausgelagerten Bibliothek des Kölnischen Stadtmuseums. Alle Phasen sind minutiös festgehalten: Das Aufstellen vor dem Dreikönigenpförtchen bei Sankt Maria im Kapitol ebenso wie die einzelnen „Szenenfolgen". Vom „Mer hat et geschaff" bis zum Schlußakkord „Mer trecken öm". Ein riesiger Möbelwagen war mit den unterschiedlichsten Requisiten der Sternengassenbühne garniert. Es blieb dieser Zug voll der ungetrübten Freude und Erwartungsstimmung: die sehr spontan ausgesprochene Liebeserklärung der Kölner an „ihr" Nationaltheater. Nochmals, wie so oft schon, ehe der Krieg über die Stadt hereinbrach und alles zerstörte . . .

„Ein der Neuzeit entsprechendes Theater" war angestrebt worden. Wieder meinte man nur das Äußere, den technischen Aufwand: „[...] Hier hatte das Theater 266 Sitzplätze. Die [...] Bühneneinrichtung war wesentlich verbessert. Der Zuschauerraum hatte eine prachtvolle Decke (des Malers Straußfeld), bemalt mit Kölner Originalen und historischen Begebenheiten [...]"6, „Komfort" beherrschte weithin das Feld. Das bereits auf der Sternengasse angebahnte Kokettieren mit dem „großen" Theater fand seine Fortsetzung durch Aufgabe der bislang dreigeteilten Bühne und der Tendenz zum perspektivischen Bühnenaufbau.

Um die „Puppenspiele der Stadt Köln" auch außerhalb des Theaters „öffentlich" zu machen, schuf der Bildhauer Willi Klein am Haus Ecke Friedrich-Wilhelm-Straße (Markmannsgasse) – Rothenberg eine Hänneschen-Figur, aufrechtstehend, den Daumen zum „Eisenmarkt" gehoben und von sehr zurückhaltendem Temperament. Es ist zuviel „Erwachsensein" darin. Und seit dem 5. Februar 1939 präsentierte sich der Held auf Kölns Stockpuppenbühne mitsamt den „Typen" als Brunnenschmuck, geschaffen von Lambert Schmithausen. Die „Säulenform" des Brunnens entsprach den schmalen, hochgezogenen Häuserfronten der Nachbarschaft. Als Material war Muschelkalkstein gewählt worden. „Auf dem Sockel, am Fuß der Säule, sitzt mit dem Rücken sich anlehnend, die Knie halb angezogen und im linken Arm die obligate Schnapsflasche, der Tünnes. Breit und gemächlich hockt er da, ganz und gar Ruhe und Gemütlichkeit ausstrahlend und die lustig in die Luft gestuppte große Nase kennzeichnet ihn eindeutig als die Figur des Kölner ‚Hänneschen', die am meisten Lebensfreude um sich verbreitet. In halber Höhe ist aus der rechten Eckkante der Brunnensäule ein halbrunder, kanzelartig geformter kleiner Erker vorgekragt, auf dem vorne Bärbelchen und rückwärts Marizzebill mit Besteva zu sehen sind, an der rückwärtigen linken Ecke der Säule befindet sich in gleicher Höhe dieselbe kanzelartige Ausbuch-

Hänneschenbrunnen am Eisenmarkt vom 5. Februar 1939 (Kriegsaufnahme)

tung, nur daß aus dieser die Figuren des Schnäuzerkowski und des Schäl herauswachsen. Etwas höher, und zwar auf einer abgesetzten Stufe der linken, vorderen Eckkante sitzt Hänneschen und macht auf Lausbubenmanier allen eine Nase, während es die Beine frei herabbaumeln läßt. Bärbelchen mit den langen Zöpfen hebt die Hand zu ihm empor, als ob es zu ihm möchte. Marizzebill auf der rechten Seite läßt den Besteva fast ganz in den Hintergrund treten, während sie selbst vorne ein Nachttöpfchen unbekümmert ausleert. Der Kopf des Speimanes wächst etwas tiefer rund und voll aus der Säule heraus. Auch seinem Mund entfährt ein heller Wasserstrahl, der ebenso wie der aus Marizzebills Topf in das tiefer gelegene Becken fällt." (Westdeutscher Beobachter vom 6. Februar 1939.)

Es gibt sehr glaubwürdige Lobpreisungen des gelungenen Kunstwerkes. Im nachhinein bleibt unerfindlich, warum die Reste des zerstörten Standbildes nicht nach 1945 wieder aufgerichtet oder ergänzt wurden. Die

damalige Stadtverwaltung konnte offenbar die Hürde einer unbewältigten Vergangenheit nicht überwinden. Sie stand begreiflicherweise unter dem furchtbaren Schock der Zeit zwischen 1933 und 1945 wofür selbst ein so harmloses Brunnendenkmal Indiz sein konnte. Aber noch hat unsere Erzählung mit dem Jahr 1938 zu tun.
Soweit schien damals alles bestens, als kurz vor Ausbruch des Zweiten Weltkrieges neben der Sorge um zugkräftige Stücke die des geeigneten Nachwuchses auf den Nägeln brannte. Immerhin hing das Damoklesschwert der Einschränkung des Spielbetriebs über den Verantwortlichen.
Die Stadtverwaltung wurde solcher Überlegungen seit dem 3. September 1939 (Tag der Kriegserklärung der Westmächte) enthoben. Noch zwar nahm der Krieg kaum direkten Einfluß auf den Theaterbetrieb: Erst von Juni 1941 an mußten die Aufführungen endgültig eingestellt werden.
Es scheint nun an der Zeit zu fragen, wie die politische Situation des „Hänneschen" während der dunklen Jahre deutscher Geschichte – zwischen 1933 und 1941 (als die Puppenbühne ihr Spiel einstellen mußte) – beschaffen war. Hatte es einen Zweck, sich querzustellen und dem furchtbaren Hokuspokus paroli zu bieten, nachdem der Zeitpunkt des möglichen Widerstandes ein für allemal verpaßt war?
Noch können zwei unverdächtige Zeugen über das „Hänneschen" während der Unglücksjahre 1939–1945 Auskunft geben. Es sind dies der ehemalige Spielleiter Karl Funck sowie sein Mitspieler Friedrich Beyer.
Funck erinnerte sich lebhaft an die alljährlich wiederkehrende Extravorstellung für die Damen und Herren der Nazi-Parteihierarchie. Sie fand als geschlossene Veranstaltung am Karnevalsdienstag gegen 11 Uhr statt. Man fuhr im „Horch" mit Stander vor. Uniformen waren in der Mehrzahl. Das Normalpublikum wurde auch darum ausgeschlossen, weil die Spieler vorher interne Informationen erhielten, um diese als „Faxen" in das programmäßige Karnevalsstück einzuflechten. Es ging dabei um Fehler oder Versäumnisse gewisser Parteigrößen. Man nahm sich offensichtlich ungeniert selbst auf die Schippe. Scheute auch nicht davor zurück, den amtierenden preußischen Ministerpräsidenten Hermann Göring ob dessen Prunk- wie Prahlsucht anzuprangern. Es fielen die Namen Goebbels und Ley als Zielscheibe des Spottes. Immerhin brisante Themen. Funck weiß zu berichten, daß derlei gefährliche hektographierte Interna anschließend eingesammelt und vernichtet wurden. Nichts drang davon an die Öffentlichkeit. Ein geradezu groteskes Exempel, wie weit Mißtrauen und Angst in den eigenen Reihen kursierten und man sich gegenseitig argwöhnisch musterte wenn der politische Alltag wieder begann.
Funck betreute damals den Kostüm- wie Kulissenfundus. Er versichert ausdrücklich, daß keinerlei Hakenkreuzfahnen z. B. bei den im „Hänneschen" beliebten Kirmesszenen gezeigt oder auch nur versuchsweise dafür angeschafft wurden. Es gab desgleichen keinerlei Parteiuniformen, mit denen die „Knollendorfer" zu Propagandazwecken hätten ausstaffiert werden können. Doch blieb auch die politische Opposition aus. Das „Hänneschen" war genauso „gleichgeschaltet" worden wie andere öffentliche Institutionen, allerdings mit dem bemerkenswerten Unterschied, daß es in die Nazi-Ideologie von „Blut – Boden – Brauchtum und Sitte" paßte. Als „Feierabendgestaltung unseres Volkes" wird es häufig genug apostrophiert, mit dem ganzen unseligen Wortschwall „echter deutscher, unverfälschter Volkstümlichkeit" bedacht. Man unternahm verschiedentlich den Versuch, die Stockpuppenbühne der Organisation „Kraft durch Freude" einzuverleiben, was indes ebensowenig gelang wie beim Kölner Karneval.
Übrigens hatte das „Hänneschen" allen Grund, sich zurückzuhalten. Während der turbulenten Wahlkämpfe vor dem 30. Januar 1933 machten einige Spieler – unter ihnen Fritz Danz – von der „Britz" her mutige „Ausfälle" gegen Hitler und warn-

ten das Publikum, die „Partei" zu wählen. Dem Spielleiter Fritz Danz blieb durch frühen Tod Entlassung oder Verfolgung erspart.

Funck weiß von keinem Druck, der auf das Ensemble ausgeübt wurde, um der „Partei" beizutreten. Wie er erzählt, war der Spielkörper in seiner politischen Färbung uneinheitlich. Es kam häufiger zu heftigen Kontroversen. Aus eigenem Erleben gibt Funck zum besten, sozusagen als Test, das Publikum vor der „Britz" einmal mit „Heil Hitler" statt dem üblichen „Sitt er all do!?" begrüßt zu haben. Empörte Rufe aus dem Zuschauerraum hätten ihn belehrt, daß man dies auf keinen Fall dulde. War es wirklich eine spontan geäußerte Ablehnung gegenüber einem ungewollten politischen System? Oder aber paßte der fatale Gruß nicht ins historische „Hänneschen"-Bild?

Zu Aktivitäten bei besonderen Anlässen, deren die Zeit ja übergenug zählte, ist es nicht gekommen. Fritz Beyer berichtet von einer Benefizvorstellung für das „Winterhilfswerk".

Ebenso übte das „Hänneschen" bei hochpolitischen Vorgängen Abstinenz. Etwa beim Einmarsch der Wehrmacht ins Rheinland, oder dem „Anschluß" Österreichs. Es nahm keinerlei Notiz vom Besuch Hitlers in Köln. Allem Anschein nach zog man sich mit stillschweigender Billigung der „Oberen" auf eine „Märcheninsel" zurück. Man wollte (und sollte) ein Reservat ungetrübter Freude, harmlosen Vergnügens bleiben, auch, als „draußen" die Welt sich schrecklich zu verändern begann. Auf recht spezielle Art praktizierte das „Hänneschen" innere Emigration, genoß relative Narrenfreiheit. Klugheit gebot, garstige Politik zu meiden. Im übrigen wären die „Knollendorfer" soviel Bosheit auch gar nicht gewachsen gewesen, verstanden sie vermutlich nicht, sahen nur ihr „Hänneschen" und wollten überleben. Für halsbrecherische Kapriolen war da kein Platz, und dennoch lauerte überall das Verhängnis.

Was danach kam, hat auch das „Hänneschen" an sich erleben müssen: Die Demaskierung, das Inferno – Verwüstung des alten, gewachsenen Stadtbildes: der „Hänneschen"-Theaterbau zerstört, totaler Verlust des Bühnenfundus –, nichts konnte gerettet werden. Manches noch fiel Plünderern in die Hände.

Nach 1945 dann die Odyssee, das unstete Umherziehen wie anno dazumal. Wieder stand die Improvisation hoch im Kurs – auch davon erzählen die Akten. Vom mühseligen Herbeischaffen des Handwerkzeuges, der Materialien. Die Installation technischer Effekte, einst das Paradepferd des Theaters am „Eisenmarkt", war nahezu unmöglich.

Nochmals völliger Neuanfang also. Und das in einer aus den Fugen geratenen „alten" Welt, deren Orientierung noch vornehmlich dem „Historischen" galt. Konnte das „Hänneschen" in so veränderter geistiger (gar nicht zu sprechen vom Materiellen) Umwelt eine „Renaissance" wie weiland 1926 erwarten, für sich erhoffen?

Die Kölner Universität bot zunächst eine Möglichkeit des Spielbeginns. Hier eröffneten die Puppenspiele am 15. August 1948 im Hörsaal I nach der über die Stadt hereingebrochenen Katastrophe. „Meister Nikola" stand auf dem Programm, womit die zukünftige Spieltendenz kreiert war. An Flexibilität demnach nicht zu denken!

Die Universitäts-„Hänneschen"-Bühne blieb ein unbefriedigendes Provisorium, wie gleichermaßen die Gastspiele der folgenden Jahre im Klettenberger „Bruno-Saal".

Doch beschloß der Kölner Rat am 23. Februar 1950 ohne Debatte den Wiederaufbau des „Hänneschen"-Theaters am „Eisenmarkt" 2, der Spielstätte seit 1938.

Zur 1900-Jahr-Feier der Kölner Stadtgründung (1950) etablierte sich das „Hänneschen" als wichtiges stadthistorisches Bekenntnis im Gelände der Kölner Messe, von wo einst die Renaissance ausgegangen war (der „Jahrtausendausstellung der Rheinlande" nämlich, 1925).

Das Publikum akzeptierte die Bühne zunächst in ihrer Vorläufigkeit. Entdeckte sie zum Teil wohl auch ganz neu und auf besonders zeitgemäße Weise. Lange genug hatte ja überhaupt nicht gespielt werden können. Da anzuknüpfen also, wo 1941 aufgehört worden war – wer möchte irgendwem das verübeln? Es liegt in des Menschen Natur, eine ihm unheimliche, unverständliche Vergangenheit vergessen zu machen, so zu tun, als sei im Grunde genommen nichts passiert, alles ein makabres Mißverständnis gewesen. Das „Hänneschen" schien vielen noch einer halbwegs heilen Welt angehört zu haben, die, recht besehen, keineswegs dies Attribut verdiente. Illusion, Sichflüchten in einen quasi „romantischen" Zauber – das vor allen Dingen sind damals unverkennbare Triebkräfte des Interesses an der Kölner Stockpuppenbühne. Man wollte für wenige Stunden dem grauen, bedrückenden Mangel entfliehen.

Aus solchen Kriterien indessen, sollte keine „Renaissance" konstruiert werden. *Die* gab es entschieden nicht!

Und dann kamen der Wiederaufbau, die Neueinrichtung. Warten auf die Zukunft!

Aber da war inzwischen der Wettbewerb für Puppenspielstücke gewesen (1950). *Er* eigentlich rückte das vordringliche Problem des „Hänneschen" in helles Licht, gibt heutzutage noch zu denken.

71 Arbeiten von sehr verschiedener Qualität beschäftigten das Gutachtergremium. Die Richtung der Teilnahmebedingungen stand von vornherein fest, der Spielraum freier Überlegungen blieb dabei erschreckend minimal. Sinngemäß wurde formuliert, forderte die Stadtverwaltung: „[...] die Stücke müssen der künstlerischen und technischen Eigenart der Kölner Stockpuppenbühne entsprechen und auf die Spielmöglichkeit der derzeitigen Wanderbühne (um diese Zeit besaßen die Puppenspiele noch nicht wieder ihr eigenes Haus) abgestellt sein. Sie müssen in Kölner Mundart geschrieben sein. Einzelne Rollen in hochdeutscher Sprache können eingeflochten werden. Die Handlung der Stücke für Erwachsene muß sich in einem kölnischen Milieu abspielen. Hauptträger des Stückes müssen die alten, überlieferten Figuren Hänneschen, Bärbelchen, Besteva, Marizebell, Tünnes, Schäl, Manes usw. sein, die indessen verschiedene, dem Spiel jeweils entsprechende Gestalt annehmen können. Für die Kinderspiele können Märchenschauplätze genommen werden, doch muß auch hier der kölnische Einschlag gewahrt bleiben, insbesondere müssen Hänneschen und Bärbelchen die Hauptfiguren sein. Ferner ist bei den Kinderstücken zu beachten, daß sie die Erziehungsarbeiten von Elternhaus und Schule unterstützen sollen, auf keinen Fall aber gefährden dürfen. Haupterfordernis beim Kölner Puppenspiel ist die Volkstümlichkeit und gesunder Humor, der mit entsprechender kölnischer Eigenart sich vornehmlich aus dem Charakter der Figuren, aus der Situation und aus dem Wortspiel ergibt. Anspielungen auf Zeitereignisse und lokale Begebenheiten sind in der Grenze des Anstandes und des gebotenen Taktes gestattet [...]."

Programmatische Sätze vor mehr als dreißig Jahren! Die Maxime der absoluten Traditionstreue wird postuliert, ethische Grundsätze erinnerten im Tenor an längst vergangene Bittgesuche umherziehender Puppenspielkomödianten – blieben Katechismus wie Wertmaßstab. Übrigens nicht ohne Grund und heute noch legitim, wie jeder „Hänneschen"-Besucher weiß. Die derbobszönen Sprüche sind leider unausrottbar und können abstoßen.

Bemerkenswert bleiben die Preisausschreiben-Richtlinien, weil ohne Experiment und Wagnis. Sie lassen den schalen Beigeschmack von „alles soll so bleiben, wie gehabt" zurück. Das Theater aber braucht gerade das Lebenselement des Neuen. Für die Kölner Stockpuppenbühne bietet sich darin die Chance des Überdauerns. Und zwar ohne die notwendig-richtige Traditionsgebundenheit aufgeben zu müssen.

Roh, naiv – ein Spektakulum, bei dem man nicht oder kaum mehr zu denken, nur noch zu sehen braucht – das sind Merkmale einer „Hänneschen"-Historie, die sehr weit zurückliegt. Das „Hänneschen" also aufs Intellektuelle getrimmt? (wobei angemerkt

sei, daß es auf Verfälschung des Theaters hinausliefe, ihm einen sozusagen intellektuellen Salto mortale zuzumuten) wird man einwenden können? Es gibt auch da Grau- und Zwischenzonen. Die Prügelszene ist jedenfalls nicht mehr Non plus ultra des Spielablaufes. Heute wird anderes gefragt, gewünscht bei weitgefächertem Bildungsangebot oder hochentwickelten Informationstechniken und touristischen Erfahrungen.
Nicht so in dem sehr bekannt gewordenen, liebenswerten „Hänneschenlied" von Albert Schneider: „Wann alle Pöppcher danze, zom tri, zom tru, zom tralala, dä Schäl geiht op et Ganze, zom tri, zom trudera. Un wann dä Mählwurms Pitter su löstig spillt de Zitter un wann et Hännesche se all dann öm de Lappe schleit, Jung, dann ha'mer Freud, dann ha'mer Freud, wann et Hännes'che se all dann öm de Lappe schleit, Jung, dann ha'mer Kinder Freud'." Man muß die Melodie dazu hören. Hier steht das kindliche Allotria im Vordergrund, die ganz und gar unverbildete Freude an der Nuraktion, wie sie Kinder empfinden können.
Nicht ausgeschlossen, daß Josef Vonderbank dem Theater der Kölner „Helden" schon vor Jahren einen auch für das Heute brauchbaren Weg aufzeichnete, ohne die „Typen" in ihrer Substanz anzutasten. Da ist dann das Hänneschen mit dem Polarforscher Amundsen am Nordpol unterwegs.
Suitbert Heimbach versuchte das „Hänneschen" der Verkehrserziehung nutzbar zu machen (1952). Und auch Hans Schiffer aus dem Ensemble der Puppenspieler beschritt 1970 mit dem Stück „Miß Colonia" anderes Spielterrain als das bislang übliche. Karl Funck berücksichtigte 1976 ein Wildwestszenarium und arrangierte dies geschickt für das „Hänneschen". Geschickt? Es gab hernach Kritik von Leuten, die ein feines Gespür für die Bühne und ihre Besonderheiten haben. Ute Kaltwasser äußerte: „Daß er mit seinem Programm richtig liegt, glaubt Funck mit der Besucherzahl (Saison 1975/76: 81 565) beweisen zu können. Die Zeiten, wo sie auch schon mal vor fast leeren Bänken spielten, sind lange vorbei – wie er sagt.

Das Stück Em welde Weste ... scheint offenbar seinen Vorstellungen vom heutigen Hänneschen zu entsprechen. Da wurde viel geprügelt und geschossen, wenig gesprochen. Eine Beobachtung, die zu denken geben sollte: Die Kinder waren vor allem bei jenen Szenen unruhig, in denen es krachte. Wenn Bärbelchen, Hänneschen oder Tünnes sprachen, hörten sie dagegen aufmerksam zu und waren ruhig. Vielleicht müßte sich doch einiges hinger d'r Britz ändern, damit die Puppenspiele wieder wie vor 175 Jahren etwas mehr in den Mittelpunkt des Kölner Theaterlebens rücken."
Wir haben vorgegriffen und sind der Zeit vorausgeeilt. Es war das methodisch wohl gerechtfertigt, um darzutun, wie das Gefühl für einen vorsichtigen Wandel, die Korrektur an Zurückliegendem allmählich sich durchsetzte. Es nicht ums Nur-Mäkeln ging. Nochmals wird von alledem auch in der Nachfolge Funck gesprochen werden müssen.
Dem Kölner Rat war das „Hänneschen" öfters Sorgenkind. In erster Linie während der Etatvorlagen kam man unverblümt darauf zu sprechen. So am 24. Mai 1953: „Wegen des Spielplans der Puppenspiele noch einige Bemerkungen" meldete sich Theo Burauen zu Wort. „Wir haben vor Jahren einen Preiswettbewerb beschlossen, um neue Stücke zu erhalten, weil uns das Repertoire abgeklappert schien. Es sind eine Menge Einsendungen eingegangen und auch honoriert worden. Aber erstaunlicherweise kommt keines dieser neuen Stücke auf den Spielplan. Es muß doch eines Tages so weit kommen, daß sich auch die Puppenspiele des einen oder anderen Stückes annehmen, um es der Öffentlichkeit zu präsentieren. Man hat den Eindruck [...] als ob es sich hier um eine Art Hierarchie handelt. Man redet in der Bevölkerung sogar von einer gewissen Protektion, die verschiedene Personen dort fänden [...]. Das Hänneschen ist kein Experimentierfeld für Bühnenkunst im kleinen. In den Puppenspielen sieht man jetzt alle möglichen Finessen, die, von der großen Bühne abgesehen, auf die

kleine Bühne übertragen werden. Das entspricht durchaus nicht dem Charakter dessen, was die Puppenspiele in Köln sein sollen. Hier kann nur die natürliche Wiedergabe des Milieus den Bestand der Puppenspiele auf die Dauer sichern [...] sonst hätten wir ein allgemeines Kasperle- oder Marionettentheater [...]. Was wir hier wollen ist das eigenständige Kölsche Hänneschen." Und wiederum im darauffolgenden Jahr: „Das Hänneschen steht und fällt mit den tragenden Rollen, nämlich des Hänneschens und des Bärbelchens. Hier müssen wir eventuell ein Experiment wagen. Ich habe empfohlen, in den Oberklassen unserer Schulen Umschau zu halten, ob sich dort zwei junge Leute finden, die sich stimmlich und nach ihrer Begabung dazu eignen, diese Rollen später einmal zu spielen. Zweifellos ist darin ein Risiko enthalten."

Nicht nur im personellen Bereich gibt es Probleme. „Beim Hänneschentheater herrscht eine gewisse Krise, die auf den Mangel an neuen Stücken zurückzuführen ist", protokolliert die Ratsversammlung am 30. Januar 1957.

Die „Puppenspiele der Stadt Köln" gastieren am 12. August 1958 in Lüttich vor einem internationalen Publikum mit „Hänneschen un Bärbelche em Hexehuus" nach „Hänsel und Gretel". Die angekündigten Stücke der vergangenen Jahre lagen ungefähr auf derselben Linie. Zum Beispiel „Der Dombaumeister", „Schneewittchen" (beides von J. Rasquin). „Et verzauberte Hänneschen" nach dem Vorbild des „Zwerg Nase" (K. Axmann), „Kölsche Carmen" (H. Schmitz). „Der Zigeunerbaron" – es gibt davon mehr. Über die Vorstellungen zum Preisausschreiben für neue Puppenstücke anno 1950 war man demnach nicht viel hinausgekommen. Und noch auf lange erhob sich die Frage: Wollte man sie überhaupt hinter sich bringen?

Der einigermaßen rigoros anmutende Anlauf, die Kölner Stockpuppenbühne „mit aktueller Thematik, ohne Aufgabe der Puppentypen" zu modernisieren war – wenigstens vorerst – ein Schlag ins Wasser und rief heftigen Unmut hervor. Dieser entlud sich nicht ohne emotionale Polemik. Landauf landab kam es damals zu einem unüberhörbaren Echo, das im Rheinland und darüber hinaus Gesprächsstoff blieb. Ein Werbeeffekt für das „Hänneschen" am Rande mit nachhaltiger Wirkung. Gemeint ist hier das Experiment „Schaarwächter". Hans Schaarwächter wurde am 1. April 1965 als Dramaturg an die Kölner Stockpuppenbühne verpflichtet. Dahinter stand der Kölner Kulturdezernent Kurt Hackenberg, dem man allerdings kein besonderes Verständnis für das „Hänneschen", und Zuneigung schon gar nicht, bescheinigen durfte.

Unter solch ungünstigen Prämissen trat Schaarwächter sein Amt an und „stellte" sich mit dem Stück „Pst – Jeheimnisverrot". Heinz Stephan hat aus der intimen, langjährigen Kenntnis der Kölner Theatersituation damals (1965) formuliert: „Als nach der Katastrophe des Hitlerkrieges der Wiederaufbau begann, begnügte man sich in den Kölner Puppenspielen, wie zunächst in vielen Sektoren des kulturellen Lebens, im Sinne der restaurativen Tendenzen der Zeit mit der Wiederherstellung des Gewesenen. Die Kinder hatten nach wie vor ihren Spaß an den spannenden und meist etwas märchenhaften Geschehnissen um Hänneschen und Bärbelchen, um Tünnes und Schäl, um Besteva und Speimanes mit den lustigen Keilereien. Aber in den Kreisen der Erwachsenen war die Zufriedenheit keineswegs einhellig. Man fragte nach Stücken, die nicht so befremdend veraltet wirkten. Man suchte neue Formen; der Einfall der karnevalistischen Puppensitzungen mit oft etwas satirisch gewürzten Bezügen zu den Karnevalssitzungen der Professionellen erwies sich als recht glücklich. Aber wo blieben im übrigen das Bild und die Probleme der Gegenwart? Man schaute auf die Produktionen anderer Puppenspieler: auf die Augsburger Puppenkiste, die mit der Aufführung eines so modernen Stückes wie Saint-Exupérys Märchenspiel „Der kleine Prinz" außerordentlichen und anhaltenden Erfolg errang. Auf die Hohnsteiner Puppenspiele oder auch die

Puppenführung hinter der „Britz" (Spielleiste). Nach 1951

einfallsreichen tschechischen Puppenspieler, etwa Joseph Trnka, die sich bis zu Ausdrucksformen, wie sie das moderne Theater kennt, vorgearbeitet haben. Um eine stärkere Anteilnahme, ein unmittelbares Erlebnis zu erreichen, erscheint eine innere Erneuerung der Kölner Puppenspiele durchaus angebracht und wünschenswert. Soweit das Kölner Hänneschen ein Stück Volkstum ist, wird man kaum verhindern können, daß es mehr und mehr an Boden verliert; man kann ja auch die alten Volkstrachten nicht erhalten, und die künstliche Wiederbelebung des Volkstanzes erweist sich als romantische Spielerei. Aber das Puppenspiel ist mehr. Wenn man von den berühmten Figuren des Marionettentheaters, dem Guignol in Frankreich, dem Karagöz in der Türkei und dem Petruschka in Rußland sagen darf, daß sie zu Nationalhelden geworden sind, weil sie als Persönlichkeit des Wesens und die Haltung, die guten und die schlechten Eigenschaften der Völker in sich vereinen und dadurch überzeitliche Bedeutung haben, so kann man ähnliches wohl auch von den Figuren des Hänneschen behaupten. Sie verkörpern das Wesen des Kölners. Das ist der Grund, warum sie nicht in ihrem besonderen Typus verändert oder beliebig durch andere Figuren ersetzt werden können.

Die durchaus begründeten und berechtigten Bemühungen, das Hänneschen stärker in der Gegenwart zu verankern und die Thematik der aufgeführten Stücke zu aktualisieren, müssen also darauf hinzielen, die traditionellen Figuren in die neue Welt hineinzustellen, ohne ihr Wesen zu verfälschen. Die bisherigen Versuche haben nur zu Teilerfolgen geführt. Für Puppenspiele, deren Grundstruktur eine andere ist, ergibt sich für die Beschaffung neuer Textunterlagen die Möglichkeit, Texte anderer Puppenspiele zu übersetzen oder sich anzuverwandeln. Das ist beim Hänneschen ebensowenig möglich wie etwa bei der Millowitschbühne, die an dem gleichen Mangel geeigneter Stücke leidet, wahllos Texte der niederdeutschen Bühnen, zum Beispiel des Hamburger Ohnsorgtheaters, ins Kölnische übersetzen kann. Wenn es aber nicht gelingt, in Köln neue Autoren und neue Stücke ausfindig zu machen, die aus dem Geist der Stadt erwachsen und in ihren Schöpfungen von ihm getragen sind, die Tradition und heutiges Leben verbinden, dann wird das Hänneschen das 20. Jahrhundert nicht überleben. Ein von vornherein zum Scheitern verurteiltes Unternehmen wäre der Versuch, das Kölner Hänneschen in ein modernes Puppentheater mit zeitgenössischen Figuren und aktuellen Themen umzumodeln. Wenn man glaubt, daß in Köln die Voraussetzungen für eine Puppenbühne solcher Art gegeben sind, dann muß man etwas grundlegend Neues aufbauen. Dazu gehört mehr als ein Dramaturg, der den Auftrag erhält, dem Hänneschen den Odem der neuen Zeit einzuhauchen.

Es gibt sicher genug Leute, die mit der Entwicklung des Puppenspiels genau vertraut sind und weitere Möglichkeiten anzusehen vermögen. Es ließe sich zweifellos auch ein plausibles Konzept für ein modernes kölnisches Puppentheater erarbeiten. Entscheidend ist aber der geniale Einfall der künstlerischen Persönlichkeit, wie sie in Frankreich mit Yves Joly in Erscheinung trat.

Das kann nicht geplant werden wie der Bau einer Kunsthalle. Es kann nicht durch organisatorische Maßnahmen wie die Bildung eines neuen Theaterensembles. Es setzt den schöpferischen Akt voraus, in dem sich der Geist zu seiner Stunde manifestiert."

Aber kommen wir nochmals auf das Fazit des Wettbewerbs um neue Stücke zurück. Er berührte nämlich die Position des „Hänneschen" an einem weiteren neuralgischen Punkt, der ebenfalls des Überdenkens wert bleibt: „Die Puppenspiele neueren Datums" – heißt es da – „und die besonders im letzten Wettbewerb preisgekrönten Stücke verlangen durchweg einen gewissen technischen Aufwand. Sie kommen damit den Wünschen der Besucher entgegen. Die Verfasser setzen eine gute technische Ausstattung in ihren Stücken einfach voraus und

Aufbau der Requisiten vor dem Kulissenbild und Puppenführung. Nach 1951

übersteigern oft ihre Anforderungen, so daß mehrere Stücke bereits aus diesem Grunde abgelehnt werden mußten. Andererseits muß gesagt werden, daß die naiven und flachen Faxenspiele des früheren Jahrmarkt-Hänneschen beim heutigen Publikum keinen Anklang mehr finden. Auch hier läßt sich die Entwicklung nicht zurückdrehen, da die Besucher ausstattungsmäßig durch den Film und neuerdings durch das Fernsehen in ihren Ansprüchen zwangsläufig gesteigert worden sind. Die Puppenbühne ist noch mehr als die Normalbühne auf ein gewisses Maß an Illusionstechnik angewiesen, wenn das Gebotene beim Zuschauer ankommen soll [...]" (Josef Klersch, 1955).

Die Klagen sind nicht neu, offenbaren kluge Einsicht in die prekäre Situation, und die jüngere Generation der Kölner Mundartdichter weiß das längst. Nur über den Schatten einer scheinbar mächtigen und verpflichtenden Tradition vermag – gewiß aus „Schwellenangst" – niemand zu springen. Vieles trägt im „Hänneschen" immer noch den Hauch von Mumifizierung an sich.

Vielleicht sollte eine wissenschaftliche Bestandsaufnahme – und um die geht es ja hier – auf zeitkritische Passagen verzichten, sie allenfalls gelegentlich einflechten. Aber das ist in unserem Fall schlechterdings unmöglich, weil der Verfasser einmal „dienstlich" mit dem „Hänneschen" zu tun hatte, es darum verwunderlich wäre, wenn er seine Meinung hinter dem Berg zurückhielte.

Rennt er offene Türen ein? – Nun gut. Auf schlechten Fuß schon sieht er sich mit den unnachgiebigen „Traditionalisten" gestellt. Und die Diskussion, ob das „Hänneschen" weiterhin „simples" Theater bleiben soll – es ist damit der karge Zuschauerraum, die harte Sitzgelegenheit angesprochen – flaut ebenfalls nicht ab. Der größeren Bequemlichkeit, modernem Aufwand wird das Wort geredet, am wirklichen Kern der Sache vorbeidebattiert. Kommt Zeit, kommt Rat, hört man auch hier.

Auf ganz anderem, doch nicht minder wichtigem Feld liegen die Überlegungen, das „Hänneschen" in die Kölner Vororte, den mit der kommunalen Gebietsreform erweiterten Kölner Stadtraum zu schicken. Hier böten sich neue Formen einer Kontaktaufnahme, von der man sich auch werbewirksame Erfolge versprechen darf.

Am 1. August 1951 konnte das „Hänneschen" sein wiedererrichtetes Haus am „Eisenmarkt" beziehen. Als Architekt war Hubert Molis tätig, dem man bereits maßgebend bei der Kölner „Altstadtsanierung" vor dem Zweiten Weltkrieg begegnet. Molis zeigte sich nicht nur mit den Örtlichkeiten vertraut, er kannte ebenso die räumlich-praktischen Nöte der Bühne von Grund auf. Mit einigem Erfolg war er unter die „Hänneschen"-Stückeschreiber gegangen (sein Erfolgsstück „Kirmes om Kregmaat" erschien mehrfach auf dem Spielplan; Hubert Molis starb am 19. Mai 1969) und schon von daher prädestiniert, die architektonischen Entwürfe für die Bedürfnisse der Stockpuppenbühne kompetent zu überwachen.

Zusätzlicher Grundstückserwerb vergrößerte das Fassungsvermögen des Zuschauerraums auf eine Kapazität von über 300 Plätzen. Nicht geringe Erwartungen setzte man städtischerseits in die Zugkraft der Bühne. Daß sie lange ausblieb, steht auf einem anderen Blatt – wie dargestellt.

Historisches „Ausrufe-Zeichen" der Fassade des neu erstandenen „Hänneschen" ist das Portal des ehemaligen Hauses „Zum Pfauen", „im 16. Jahrhundert Besitz der Ratsfamilie Sudermann" und von De Noël als „byzantinisch" klassifiziert.

Der letzte Spielleiter Hans Berschel war im Krieg gefallen. Seine Nachfolge trat als „künstlerischer und zugleich technischer Leiter" Karl Funck an, ein zweifellos virtuoser Beherrscher des Metiers, ein „Vollblutspieler", der sich indes, was die heiklen Belange einer dringend gebotenen „Hänneschen"-Reform betraf, überfordert sah. Er war ja selbst noch Repräsentant jener Spielregeln, wie sie seit der „Sternengasse" üblich wurden, zählte ganz zur „alten Garde". Schattierungen blieben ihm unzugänglich. Und man wird auch insofern Karl Funck Gerechtigkeit widerfahren lassen, als er die

Karl Funck „hinger d'r Britz" beim Führen der Figur „Hänneschen". Links „Bärbelchen", rechts „Speimanes".
Nach 1945

überaus schwierige Phase des Wiederaufbaues der „Puppenspiele" durchzustehen hatte. Funck sammelte bereits als vierzehnjähriger Lehrling bei den Puppenspielen in der Sternengasse Erfahrungen, diente also „von der Pike auf", absolvierte die unteren Chargen mit Bravour und blieb durch fünfzig Jahre ein bisher unerreichtes Hänneschen, ganz abgesehen davon, daß „sein" Speimanes Theatergeschichte machte.

„Bei der Durchführung seiner künstlerischen Absichten kommt dem Spielleiter allerdings die recht gute technische Ausrüstung des Theaters zustatten, das über einen Schnürboden mit 24 Zügen und über Beleuchtungsbrücken mit einer eigenen Loge für den Beleuchtungstechniker verfügt. Im Hause selbst besitzt das Theater einen Abstellraum für Kulissen, Dekorationen und Versatzstücke, zwei Requisitenräume, einen Kostümraum, einen Puppenraum und eine gut eingerichtete Werkstatt. Das alles komplettiert ein Magazin für abgestellte Kulissen, zwar außerhalb, aber doch in der unmittelbaren Nähe des Theaters. Bei aller technischen Vollkommenheit ist es aber beim „Hänneschen" so wie überall. Die Spieler sind zugleich Bühnenarbeiter und Bühnenhandwerker, und die Zahl der ursprünglich erlernten Berufe ist mannigfaltig. Die Stockpuppe kann völlig auseinandergenommen werden. Rumpf, Kopf und Kleidung sind auswechselbar, deren Aufbewahrung getrennt möglich. Die Puppenspiele verfügen so über 250 Rümpfe, 218 Köpfe, 450 Perücken und 600 Kostüme. Der Fundus wird ständig erweitert bzw. ergänzt. Für jedes Stück müssen die Puppen entweder neu beschafft oder aus diesem Fundus zusammengestellt werden. Vor der Aufführung sind sie wie richtige Schauspieler zu schminken."

Die jetzigen Puppen stammen fast alle von der Hand des Bildhauers Willi Müller, der über seinen Tod hinaus Maßstäbe auch dem jetzigen Puppenschnitzer Werner Schulz setzte und das „Puppenimage" im Bewußtsein der Kölner entscheidend prägte. Müller verwendete Linden- und Kastanienholz, um der Puppe ein entsprechend leichtes Gewicht zu geben, sie in der Führung handlich-flexibler zu machen.

„Da die Verwaltung der Puppenspiele mit der Gesamtverwaltung der Städtischen Bühnen verbunden ist, so erfordert sie keine eigenen Räume. Dem Spielleiter steht ein eigenes Dienstzimmer zur Verfügung, für den übrigen Spielkörper sind geräumiger Aufenthaltsraum und eine Reihe gesonderter Umkleidekabinen vorhanden." „Es werden einschließlich Verwaltungspersonal (Kasse, Aufsicht, Arbeiter) 21 Mitarbeiter beschäftigt." (J. Klersch) Es sind da auch immer wieder Veränderungen im Gange. Der Personalbestand bleibt nicht konstant. Soweit der Rahmen. Interessant und wissenswert nur im Vergleich zu dem, was früher war.

Nun aber die Gretchenfrage nach den Besuchern.

Ihre Frequenz lag während der Jahre 1953 bis 1958 bei insgesamt 584 880 Personen. Nicht so gering wie vielleicht angenommen, rangiert sie in der Kölner Theaterstatistik für 1969/70 mit insgesamt 99 302 zahlenden Jugendlichen und Erwachsenen. Im darauffolgenden Jahr besuchten 104 186 Personen das „Hänneschen". Der Rekord wird während der Spielzeit 1971/72 mit 120 069 Hänneschenfreunden erreicht. Dann sinkt die Zahl wieder: 1972/73 sind es 105 189 Interessenten, 1975/76 „nur" 81 565, wozu ergänzt werden muß, daß in diesem Jahr keine „Hänneschen"-Sitzung zur Karnevalszeit stattfand, mit der das Kölner Stockpuppentheater bekanntlich alljährlich brilliert. Die Besucherquote erreicht dann jeweils Gipfelpunkte. Diese können aber keinesfalls als repräsentativ für das Zuschauerinteresse im Gesamtresultat angesehen werden. Der Publikumserfolg bleibt zu abhängig von starken Konzessionen an Nur-Fastnachtliches, das freilich vorübergehend faszinieren, vielleicht sogar Reformelemente aufzeigen mag. Über die Krisis im „Hänneschen" ist damit – im positiven wie im negativen Sinne – nichts oder doch nur sehr wenig ausgesagt. Die breite Öffentlichkeit hono-

Auswechselbare Puppenköpfe. Fundus „Puppenspiele der Stadt Köln". 1970

riert nämlich weniger das Kölner Stockpuppentheater an sich, als daß sie ihren kalendergebundenen und finanziell tragbaren Tribut an ein harmloses karnevalistisches Amüsement entrichtet. Es bleibt die Stimulans für ein günstiges „Hänneschen"-Gesamtklima aus.

Dieses Verhalten zeugt also nicht uneingeschränkt von reflektiertem Jasagen zur kölnischen Volkskultur, zu Stadthistorie und -tradition, von „Stadtgesinnung". Aber es offenbart ungeteilte Zustimmung. Das „Hänneschen" schuf mit der Puppensitzung ein solides Fundament, von dem es sich auch für die Zukunft Optionen offenhalten könnte. Die Idee dazu hatte Karl Funck. Gleichwohl: „Soweit bekannt, hat nie ein Puppenspieler einen theoretischen Zugang zu seinem Theater eröffnet – auch Funck nicht. Er blieb mit seinen Puppen grundsätzlich allein. Wo noch bis zum Zweiten Weltkrieg eine Bildungsschicht das Hänneschen mitgetragen hatte, fand er sich plötzlich mit Kindertheater und Gossensprache gleichgesetzt. Aus diesem Getto war weder eine Erneuerung des Puppenspiels noch der Entwurf neuer Typen möglich ... Seit einigen Jahren hat sich die Einschätzung des Publikums offensichtlich gewandelt. Sein Verhältnis zur Mundart, die übrigens am Eisenmarkt unter Funck eine vorzügliche Pflegestätte behalten hat, ist wieder positiv; die alten Bilder der Stadt und ihrer Figuren werden in ihrem Wert wieder anerkannt. In den Typen des Hänneschen ist doch alles drin, sagt Funck. Auch die Kölner von heute lassen sich von diesen Puppen her verstehen.

Vielleicht hatte er recht, und die neue Zustimmung, die das Puppentheater jetzt findet, ist der notwendige Boden, aus dem Neuerungen erst wieder wachsen können." (Gérard Schmidt)

Rosenmontags- wie Aschermittwochsstimmung – Karl Funck hat beides in seiner langen Dienstzeit (als für die Puppenspiele verantwortlicher Leiter seit dem 1. August 1948) und über die Altersgrenze hinaus an sich erlitten. Da gab es 1975 die von Jan Brügelmann als Vorsitzendem des „Vereins der Freunde und Förderer des Kölnischen Volkstums e.V." und anderen Kölner Bürgern getragene Aktion „Rettet das Hänneschen!" Eine Kölner Tageszeitung zog damals ganz entscheidend mit am gleichen Strang. Und wieder aufs Tapet kamen die altbekannten Forderungen nach zeitgemäßen Stücken, Verjüngung des Spielkörpers, Wanderbühne, Renovierung des Theaters, Ausstattung. Plakatwettbewerb, Preisausschreiben, Neugestaltung der Programmhefte, eine gezielte Werbekampagne – alles dies sollte Impulse geben. Einiges davon wurde auch gleich in die Tat umgesetzt. Besonders der Schallplatte mit dem „Speimaneslied" war unerwarteter Applaus beschieden. Die Kölner Fachhochschule (Fachabtlg. Graphik und Design unter Prof. Anton Wolff) lieferte gleich eine reiche Palette gelungener Plakatentwürfe. Den ersten Preis erzielte Josef Schaller, den zweiten und dritten Walter Pfaff und Jürgen Schöley. Heribert Brands gab den Programmheften unter der Redaktion von M. L. Schwering und Katharina Sürth (heute Berni Klinkenberg und Katharina Sürth) die dem „Hänneschen" angemessene Aufmachung. Von einem „künstlerischen Beirat" war dann die Rede. In summa zwar gute Absichten – auch mit Resultaten und Hoffnungen, die etwas in der Zukunft bewirken konnten. Aber für den Augenblick änderte sich bei den zentralen Fragen wiederum nur wenig oder gar nichts. Desgleichen blieb die 175-Jahr-Feier der Gründung des „Hänneschen" 1976 ohne entscheidendes Echo. Sicherlich, der Rosenmontagszug geriet zur wohltuenden Reverenz, wie überhaupt die ganze Fastnachtssession hindurch das „Hänneschen" zum Gesprächsthema Nr. 1 aufrückte. Und endlich die Ausstellung der Historischen Museen in der Kölner Kunsthalle: „Das Hänneschen läßt die Puppen tanzen." Letztere kamen denn auch aus aller Welt und machten den staunenden Besucher mit weiten kulturhistorischen oder völkerkundlichen Horizonten bekannt. So harmlos-erheiternd, wie zunächst angenom-

Prinzenproklamation im Kölner Gürzenich. Sessionsmotto „Mer loße de Pöppcher danze" aus Anlaß der 175-Jahrfeier des „Hänneschen". 1977

Figurengruppe aus „Hänneschens Verzällcher" oder „Dat Offenbach-Fess vum Greechmaat" (Theo Rausch). 1980

Das Ensemble der „Puppenspiele der Stadt Köln" im Jubiläumsjahr 1976. V.l.n.r.: Karl Funck, Gisela Funck, Hans Friedrich, Hans Schiffer, Erwin Heine, Uschi Schwieger, Hans Bedbur, Heinz Plinke, Peter Ulrich, Heribert Brands (verdeckt), Grete Zimmermann, Gisela Specht

men, war die Beschäftigung mit der Puppenkomödie also gar nicht.
Zweifellos, die „Puppenspiele der Stadt Köln" nahm man zur Kenntnis. Ob aber das Publikum für die Probleme des „Hänneschen" sensibilisiert wurde?
Auch die regelmäßig veranstalteten „Kirmesse" am Eisenmarkt, bei denen sich das Ensemble im Originalkostüm unter die Zuschauer mischte, wurden Bestandteil der öffentlichen Werbeaktion. Es herrschte drangvolle Enge, und der Besucher „hinger d'r Britz" gab es Ungezählte.
Karl Funck nahm im April 1980 Abschied vom „Hänneschen". Der treffliche Mann diente ihm schwierige Jahrzehnte hindurch. Ihm war diese Bühne Beruf und Berufung zugleich geworden. Einstimmig beschloß der Kölner Rat, „dem Spielleiter Karl Funck anläßlich seines 65. Geburtstages am 17. Dezember 1979 die Ehrenmitgliedschaft der Puppenspiele der Stadt Köln zu verleihen".
Der „Neue" in der Nachfolge Karl Funcks heißt Berni Klinkenberg. Kein Unbekannter übrigens für den kölnischen Theaterfreund. Einst spielte er bei Franz Goebels im „Altermarkt-Spielkreis", anschließend den „Baas" der „Kumede" des Heimatvereins „Alt-Köln". Die Puppenführung hat er nicht gelernt. Doch gibt es andere, in der jetzigen Entwicklung sicherlich wichtigere Qualitäten, die der Leiter der Puppenspiele aufweisen muß: Die Mannschaft der Puppenspieler zu motivieren ist wohl nur eine. Kontaktfreudigkeit nach draußen eine andere. Nöte und Ängste des „Hänneschen" waren zu eindringlich in der Öffentlichkeit diskutiert worden, als daß sie dem Funcknachfolger verborgen geblieben wären. Zum Schluß hatte sich immer mehr quälende Ungewißheit breitgemacht.

Klinkenberg griff herzhaft zu, packte ungeniert das heiße Eisen an und scheute die damit verquickten Risiken nicht. Sein Debut: „Dä Haupgewenn". Hatte die Autorin Gabi Amm – im Stil und Inhalt moderner kölnischer Mundartpoeterei – wirklich das große Los gezogen, sozusagen einen Volltreffer plaziert? In der Presse jedenfalls wurde ihr unterschiedliche Resonanz zuteil, das Wagnis als solches aber belobigt. Noch schien über zukünftige Wege nichts entschieden, alles offengelassen. Dem genauer Hinschauenden konnte indes kaum entgehen, daß tastend-vorsichtig, sehr behutsam Neuland gewonnen wurde.

Schärfere Umrisse gewann jenes „Neuland" mit „Hänneschens Verzällcher" oder „Dat Offenbach-Fess vum Greechenmaat", verfaßt von Theo Rausch. „Auf bekannte Offenbach-Melodien aus ‚Hoffmanns Erzählungen', ‚Orpheus in der Unterwelt' und ‚Pariser Leben' mixte Rausch ‚Parodien' und eine ‚Story zu einem kölnischen Puppenspiel' für das Hänneschentheater." (Klinkenberg) Der Stoff bot sich an zum Gedenken des vor 100 Jahren verstorbenen Komponisten. Bekannt sind dessen Ambitionen für die ihm vertraute Stockpuppenbühne seiner Geburtsstadt Köln.

„Im Hänneschentheater ist tatsächlich so etwas wie eine neue Zeit angebrochen" – „Glanzvolle Offenbach-Premiere" – das sind Schlagzeilen im Oktober 1980.

Wie das? „Galt bisher die Puppensitzung im allgemeinen Bewußtsein als der Höhepunkt dessen, was man am Eisenmarkt einmal gesehen haben mußte, so ist jetzt etwas Gleichwertiges, wenn nicht gar Besseres hinzugekommen." (Gérard Schmidt)

„Vielfältige Anspielungen auf Aktuelles aus Köln runden das pralle Vergnügen ab." Es war die ganze Skala dessen ausgeschöpft worden, was auf einer Bühne von der Art des „Hänneschen" überhaupt möglich sein kann. Sogleich entdeckte auch das Fernsehen sein Herz für die „Knollendorfer". Zu Rosenmontag 1982 wurde „Dat Offenbach-Fess vum Greechenmaat" abendfüllend ge-

Der langjährige Spielleiter Karl Funck inmitten „seiner" Puppen.

sendet. Und erneut war ihm ein großer Erfolg beschieden.

Klinkenberg jedenfalls hatte für seinen Reformkurs eine Spur entdeckt, die er bei Amtsantritt noch vage im Vorhaben einer „kölschen Wochenschau" umschrieb. Auch wollte er ein Show-Programm vom Schlag der „Muppets" ausprobieren – sicherlich ein recht problematisches Unterfangen, dem sich bei allen gutgemeinten Erneuerungsabsichten doch erhebliche Bedenken entgegenstellen.

Ansätze einer zeitgerechten Aufarbeitung enthielt dann das dritte „Paradestück" nach dem Spielleiterwechsel. Geschrieben wurde es von Peter Ulrich, der selbst dem „Hänneschen"ensemble angehörte und von solcher Position her die Kniffe, Ränke, das schier undefinierbare, mit Stolperdrähten nur so angefüllte Terrain kennt, mit dem er sich da einließ. Doch: in frischem Anpassen an die veränderten Verhaltensweisen einer sich permanent wandelnden Umwelt – nicht ausgenommen der Sprachgebrauch – ging er die Sache an. Fast eine Quadratur des Kreises und kein leichtes Geschäft, denn altüberlieferter Märchenstoff war umzumodeln. Wie ein roter Faden zieht sich seit der „Hänneschen"-Renaissance das Problem durch alle Diskussionen über Für und Wider der Kölner Stockpuppenbühne. Was herauskam? „Verblüffung und Jubel der Pre-

Der Spielleiter Berni Klinkenberg (seit 1980) mit seinem Puppenkonterfei

miere (und Uraufführung)." „Peter Ulrich schrieb eine ganz eigenwillige Fassung des Grimm'schen Märchens ‚Wie et Dornröschen befreit wood' (so der Titel) [...]" „Jubel, weil das Ensemble ... phantasievolle Einfälle beisteuerte." „Angesichts der sozialkritischen Töne war Spielleiter Klinkenberg sogar bereit, von einer ‚Revolution' am Eisenmarkt zu sprechen." (Gèrard Schmidt) Und in der Tat, Erstaunliches passierte. Gegenwärtiges wurde nicht nur kommentiert, sondern im wahrsten Wortsinn gespielt, nach „Knollendorf" verpflanzt.

Und noch etwas beschäftigte in jenen Wochen der Aufbruchstimmung den Spielleiter: Die Idee nämlich, ein Kölner Puppenspielerseminar einzurichten. Als die Bekanntmachung herauskam, zeigte sich erneut, daß genügend Interessenten zur Stelle waren, die Nachwuchsfrage nicht daran zu scheitern brauchte. Grete Zimmermann und Hans Bedbur als gescheite „Hänneschen"pädagogen waren im Dezember 1981 damit beschäftigt, in zehn Doppelstunden ganz unterschiedliche „Unterrichtsfächer" einzupauken. „Tradition und Geschichte des Kölner Hänneschen-Theaters" hieß eines davon. „Atem- und Sprechtechnik" wurden vermittelt, die „Technik des Stockpuppenspiels" mitsamt „echtem Kölschsprechen" exerziert. Man tat die ersten Schritte, sich einer Reserve zu versichern. Die allmähliche Überalterung des Spielkörpers (bis 1985 werden sechs Spieler in Pension gehen können) zwingt dazu. Das Seminar war sicherlich auch so etwas wie eine „Uraufführung", bislang unbekannt in der „Hänneschen"geschichte. Amateure lernten „alle zusammen [...] eine frühere Welt kennen, die sich fast nur unter den Bedingungen dieses kleinen Theaters erhalten hat. Alles wird hier von Hand gemacht, nichts entstammt einer Industrieproduktion, selbst die Geräusche kommen nicht aus einer Tonkonserve, sondern – beispielsweise – aus einem alten Zinkeimer", schrieb Gérard Schmidt, der in die Rolle des „Schnäutzerkowski" geschlüpft war. Er tat es dann nochmals während der Kölner Fastnachtstage 1982. Jetzt aber auf der Straße, im Gewühl der Masken und Narren. Ob ihn seine Mitbürger als „Hänneschen"type erkannten, wollte er wissen. Mitnichten! Da stellte sich ein unverständlich anmutender historischer Substanzverlust heraus. Nicht bezogen auf die Figuren Hänneschen und Bärbelchen. Wohl aber für die anderen Typen. Um so erstaunlicher, als das „Hänneschen"theater doch gerade während der „Session" als immer überfüllte Schaubühne von sich reden macht. Das Fazit einer solchen Erkundung „vor Ort": Man täte gut daran, bei jedem Stück die „Hänneschen"-Figurenwelt zu erläutern!

Mit einer völlig neuen Version der „Puppensitzung" überraschte das „Hänneschen" 1982. „Prinzenproklamation" und „Strunzsitzung" in einem als persiflierte „Bildschirmsendung". Der offizielle Karneval mußte dabei gehörig Federn lassen. Seine Prunksucht und Selbstgefälligkeit nahmen die „Knollendorfer" ins Visier. Sie entdeckten perfekt die Urfunktion der „Bütt" als einer Reinigungsanstalt im Levitenlesen. Fast nichts blieb unerwähnt und ungeschoren. Erwin Heine mimte den exzellenten, immer schlagfertig-wortgewandten Präses der Knollendorfer Korona. Die Rolle war ihm auf den Leib geschnitten.

Man sieht, die Dinge sind im Fluß. Doch wäre der Autor vermessen, ein abschließendes, endgültiges Urteil zu fällen, gar das Prophetenroß zu besteigen.

Der „Verwaltungsbericht über die Spielzeit 1980/81" notiert in trockenen Zahlenkolonnen, wie es um die Besucherfrequenz im „Hänneschen" steht: „Von den 76 164 (im Vorjahr 79 955) waren 29 783 (im Vorjahr 36 065) Jugendliche und 46 381 (im Vorjahr 43 890) Erwachsene". Noch bleibt hier also die entscheidende Wende aus. Ein Menetekel braucht dies gewiß nicht zu sein. Gut Ding will Weile haben! Das „Hänneschen" bedarf dazu eines langen Atems. Indes weht ihm die allgemeine Luft nicht mehr ganz so dünn entgegen, wie noch vor Jahren, als der Zeitgeist das Wort „Heimat" dem „Zurückgebliebensein" (Martin Walser) gleichsetzte. Heute erleben wir den großen Verwandlungsprozeß, wo es um die „Volkskultur" in der technischen Welt geht. „Abschied vom Volksleben" (Hermann Bausinger) will wieder neu definiert sein. Brauch und Volkstum, lange mit der unheilvollen Hypothek nationalsozialistischer Ideologie befrachtet, werden jetzt unvoreingenommener betrachtet und einer „humanen Infrastruktur" zugeordnet, die das Miteinander meint, Geborgenheit verspricht.

Die augenblickliche Entwicklung des „Hänneschen", die ihm zugedachte warmherzige Anteilnahme mag von daher etwas Symptomatisches an sich haben.

Am 2. November 1954 erinnerten die „Puppenspiele der Stadt Köln" mit der Enthüllung einer bronzenen Gedenktafel des Bildhauers Elmar Hillebrand an ihren Gründer Johann Christoph Winters vor mehr als 180 Jahren. Die Tafel wurde rechts neben dem Eingang der Puppenspiele angebracht und trägt die Aufschrift: „1802 gründete Johann Christoph Winter das Hänneschen". Über die Schreibweise des Namens war man sich offenbar immer noch uneins, was den dafür Verantwortlichen entweder als Unkenntnis oder Desinteresse angekreidet werden könnte. Sechs stilisierte Stockpuppen unter einer angedeuteten Vorhangdekoration stellen das „Typentheater" „Hänneschen" vor.

Ausgewählte Literatur

Alewyn, R., Schauspieler und Stegreifbühne des Barock, in: Mimus und Logos. Eine Festgabe für Carl Niessen, Emsdetten, 1952, S. 3

Arndt, F., Geschichte und Wandlung der Gestalt des Kaspar, in: Der Puppenspieler, 4, 1949

Asper, H.-G., Hanswurst-Studium zum Lustigmacher auf der Berufsschauspielerbühne in Deutschland im 17. und 18. Jahrhundert, Emsdetten 1980

Bachem, Carl, Köln vor 80 Jahren, in: Kölnische Volkszeitung v. 17. Sept. 1980 Nr. 257f.

Bayer, J., Die Franzosen in Köln. Bilder aus den Jahren 1794–1814, Köln 1925

–, Das Kölner Hänneschen im Jahre 1834, in: Alt-Köln, 5, 1928, S. 141 ff.

–, Ein Hänneschen-Spiel, in: Alt-Köln-Kalender, 1918, S. 39–48

–, Aus der Kindheit des „Kölner Hänneschen", aus alten Papieren mitgeteilt, in: Alt-Köln, 18, 1929, S. 41 ff.

–, Köln um die Wende des 18. und 19. Jahrhunderts, Köln 1912, S. 147

–, Kölner Originale und Straßenfiguren, 2. Auflage, Köln (1959)

–, Kölner Hänneschen und Karneval, in: Beiträge zur kölnischen Geschichte, Sprache und Eigenart, I. Bd., H. 4 + 5, 1915, S. 238f.

–, Stammbaum der Puppenspielerdynastie Winters mit ihren Zweigen Königsfeld und Klotz, in: Alt-Köln, 12, 1919, S. 36f.

Becker, H., Köln vor 60 Jahren, Köln 1922, S. 17f.

–, Et Kreppche. Ein Beitrag zur Geschichte des Kölner Puppentheaters, in: Kölner Tageblatt 1905, 159/162

Berliner, R., Die Weihnachtskrippe, München 1955, S. 27

Bittner, K., Beiträge zur Geschichte des Volksschauspiels vom Doctor Faust, in: Prager deutsche Studien, 27, Prag 1922

Blümmel, E. K., und Gugitz, G., Alte Wiener Krippenspiele. Kultur und Heimat I, Wien 1925, S. 32

–, Alt-Wiener Thespiskarren. Die Frühzeit der Wiener Vorstadtbühnen, Wien 1925

Boehm, M. von, Puppenspiele, München 1929

Bogner, G., Das große Krippenlexikon, München 1981, S. 54 und S. 182

Boisserée, S., Briefwechsel – Tagebücher (2 Bde.), hrsg. v. Willy Killy, Göttingen 1970 (Faksimiledruck der Ausgabe Stuttgart 1862)

–, Tagebücher, Bd. I (1808–1823), hrsg. v. H.-J. Weitz, Darmstadt 1978

–, Tagebücher, Bd. II (1823–1834), hrsg. v. H.-J. Weitz, Darmstadt 1981

Borger, H., Zu einem Skizzenbuch von Johann Christoph Winters, in: Kölner Geschichtsjournal, 1, 1976, S. 76–83

Chezy, W. von, Erinnerungen aus meinem Leben. Helle und dunkle Zeitgenossen, Bd. 2, Schaffhausen 1864, S. 276

Catholy, E., Fastnachtspiel, Sammlung Metzler 56, Stuttgart 1966

–, Das Fastnachtspiel des Spätmittelalters. Gestalt und Funktion, in: Hermea. Germanistische Forschungen 8, Tübingen 1961

–, Das deutsche Lustspiel. Vom Mittelalter bis zum Ende der Barockzeit, Stuttgart–Darmstadt 1969, S. 118 ff.

–, Karl Philipp Moritz und die Ursprünge der deutschen Theaterleidenschaft, Tübingen 1962, S. 3

Chohen, A., Englische Komödianten in Köln (1592–1656), in: Jhrb. d. dt. Shakespeare-Gesellschaft, 21, 1886, S. 260 ff.

Contryn, J., Het Volksaspert van het Poppenspel in onze gewestern, Mechelen 1976

Corsten, K., Das Fortleben der Antike im mittelalterlichen Köln, in: Jhrb. d. Kölnischen Geschichtsvereins, 33 (1958), S. 85–98

Döderlein, W., Alte Krippen, München 1960

Driesen, C., Der Ursprung des Harlekin, Berlin 1904

Dshiwelegow, A. K., Commedia dell'arte. Die italienische Volkskomödie, Berlin 1958

Ennen, L., Die Olympische Gesellschaft zu Köln, Köln 1880, S. 4f.

–, Zeitbilder aus der neueren Geschichte der Stadt Köln mit besonderer Rücksicht auf Ferdinand Franzs Wallraf, Köln 1857

–, Das Theater im alten Köln, in: Kölnische Blätter 1868, Nr. 65f.

Floss, H.-J., Dreikönigenbuch, Köln 1864

Förster, O. H., Kölner Kunstsammler vom Mittelalter bis zum Ende des bürgerlichen Zeitalters, Berlin 1931

Fritz, A., Theater und Musik in Aachen zur Zeit der französischen Herrschaft, in: Ztschr. d. Aachener Geschichtsvereins, 23, 1910, S. 31 ff.

Glock, A., Über den Zusammenhang des römischen Mimus und einer dramatischen Tätigkeit mittelalterlicher Spielleute mit dem neuen komischen Drama, in: Ztschr. f. vgl. Lit. gesch., NF XVI, Berlin 1906, S. 25–45 und S. 172–179

Goepper, R., Das chinesische Schattentheater, in: Kölner Geschichtsjournal, 1, 1976, S. 130–137

Gothein, E., Die Stadt Köln im ersten Jahrhundert unter preußischer Herrschaft 1815–1915, hrsg. von der Stadt Köln (3 Bde.), Erster Bd., I. Tl., Köln 1916

Greis, E., Rettet das Hänneschen, in: Kölnische Rundschau Nr. 17 v. 10. Jan. 1975

Grässe, G., Zur Geschichte des Puppenspiels und der Automaten, in: Die Wissenschaften im 19. Jhdt., Leipzig 1856, S. 7

Hansen, G., Dokumente zur Kölnischen Theatergeschichte 1732–1843, in: Jhrb. d. Kölnischen Geschichtsvereins, 41, 1967, S. 182–196

–, Formen der Commedia dell'arte in Deutschland, Habilitationsschrift (MS), 1968

Henseler, A., Der junge Offenbach (Kölner Jugendjahre), Diss., Bonn 1930

Hermanns, W., Aus der Frühgeschichte des Aachener Puppenspiels, in: Rhein. Jhrb. f. Volkskunde, 1. Jhrg., Bonn 1950, S. 101 ff.

Heyden, O., Das Kölner Theaterwesen im 19. Jahrhundert 1814–1872, in: Die Schaubühne, Bd. 31, Emsdetten 1939

Hinck, W., Das deutsche Lustspiel des 17. und 18. Jahrhunderts und die italienische Komödie, in: Germanistische Abhandlungen, 8, Stuttgart 1965

Hönig, F., Kölner Puppentheater, 3. Auflage, Köln 1913, 10 T., 50 Abb. (1. Auflage 1884)

–, Wörterbuch der Kölner Mundart (Neuauflage), Köln 1952, S. 122

Hofmann, H., Die Heiligen Drei Könige (Rhein. Archiv 94), Bonn 1975, S. 156f.

Hohenemser, H., Pulcinella, Harlekin, Hanswurst. Ein Versuch über den zeitbeständigen Typus des Narren auf der Bühne, Emsdetten 1940

Jacob, M., Kölner Theater im XVIII. Jahrhundert bis zum Ende der reichsstädtischen Zeit (1700–1794), in: Die Schaubühne, 21, Emsdetten 1938

Kaltwasser, U., Das Hänneschen und sein Publikum, in: Kölner Geschichtsjournal, 1, 1976, S. 87–89

Karasek-Langer, A., Stand und Aufgaben historischer Krippenforschung am Niederrhein, in: Rhein.-Westf. Ztschr. f. Volkskunde, 14. Jhrg., 1967, S. 31 f.

Kasten, O., Das Theater in Köln während der Franzosenzeit (1794–1814), in: Die Schaubühne, 2, Bonn 1928

Kayser, W., Das Groteske in Malerei und Dichtung, München 1960

–, Das sprachliche Kunstwerk, 11. Auflage, 1966

Kindermann, H., Theatergeschichte Europas (VIII Bde.), V. Bd., Salzburg 1962, S. 693

Klersch, J., Beiträge zur Geschichte der kölnischen Prozessionen, in: Alt-Köln, 6. Jhrg., H. 3, 1913, S. 36ff.

–, Beiträge zur Geschichte der Puppenspiele in Köln, in: Figurentheater, 7. Jhrg., H. 3, S. 327 ff.

–, Puppenspiele der Stadt Köln, in: Meister des Puppenspiels, H. 3, Bochum 1959

–, Das rheinische Stockpuppenspiel, in: Mensch, Puppen, Narr, Spieler, Weiser. Festgabe für Max Jacob zum 70. Geburtstag, Kassel–Basel 1958, S. 115–118

–, Volkstum und Volksleben in Köln (3 Bde.), Köln 1965

Korn, A., „Hänneschen", in: Alt-Köln, 3. Jhrg., Nr. 4, 1910, S. 5 ff.

Kristeller, H., Der Aufstieg des Kölner Jacques Offenbach, Berlin 1931

Krafft, L., Puppenspiel im Museum, in: Deutscher Heimatbund, Jhrb. 1964, S. 90 f.

Kuckhoff, J., Die Geschichte des Gymnasium Tricoronatum, Köln 1931

Küpper, G., Aktualität im Puppenspiel. Eine stoff- und motivgeschichtliche Untersuchung, in: Die Schaubühne, 65, Emsdetten 1966

–, Soziale und politische Auseinandersetzungen auf der Puppenbühne, in: Figurentheater, 8. Jhrg., H. Mai 1955, S. 63

Kuphal, E., Das älteste Doktoressen an der Kölner Universität aus dem Jahre 1469, in: Jhrb. d. Kölnischen Geschichtsvereins, 13 (1931), S. 100–104

Kutscher, A., Die Commedia dell'arte in Deutschland, Emsdetten 1955

Malik, J., Das Puppenspiel in der Tschechoslowakei, Prag 1948

Maslinski, M., Weihnachtskrippen aus Polen und Westfalen. Katalog einer Ausstellung in Telgte (Westf.) 1969/70, Telgte 1969

Merlo, J. J., Kunst und Künstler in Köln, Köln 1850, S. 240

Mies, P., Das Kölnische Volks- und Karnevalslied von 1823–1923, in: Denkmäler rhein. Musik, hrsg. v. d. Arbeitsgemeinschaft f. rhein. Musikgeschichte, Bd. 2, Köln–Krefeld 1951, S. 20 f.

Müller, J., Rheinisches Wörterbuch (8 Bde.), Bonn 1928–1958

Nettscher, O., Das Kölner Hänneschen vor 40 Jahren, in: Kölnische Volkszeitung v. 8., 10., 11., 15. u. 17. Februar 1887

Neu, H., Zur Geschichte des rheinischen Puppenspiels, in: Jhrb. d. Kölnischen Geschichtsvereins, 42, (1968), S. 261–264

Niessen, C., Dramatische Darstellungen in Köln von 1526–1700, in: (Veröffentlichungen d. Kölnischen Geschichtsvereins, 3), Köln 1917

–, Das rheinische Puppenspiel. Ein theatergeschichtlicher Beitrag zur Volkskunde, Bonn 1928

–, Ein bedeutsamer Fund zur Geschichte des Kölner Puppenspiels, in: „Ist Köln eine Theaterstadt?" – nebst anderen verworfenen Aufsätzen, Emsdetten 1963, S. 45 ff.

–, Nachträge zur alten Kölner Theatergeschichte, in: Jhrb. des Kölnischen Geschichtsvereins, 40 (1966), S. 130–178

–, Nachträge zur alten Kölner Theatergeschichte Tl. 2, in: Jhrb. des Kölnischen Geschichtsvereins, 42 (1968), S. 199–260

–, Offenbach und das Hänneschen – Eine Hypothese, in: Jhrb. des Kölnischen Geschichtsvereins, 42 (1968), S. 265–272

Niessen, C. und Schwering, M.-L.: Zur Geschichte Kölnischer Puppenbühnen. Ausstellungskatalog, Köln 1968

Obbrazow, S.: Chinesisches Puppentheater, in: Figurentheater, 7, H. 1, 1964, S. 226

Pink-Wilpert, C.: Schattentheater außereuropäischer Kulturen, in: Kölner Geschichtsjournal, 1, 1976, S. 90–107

Purschke, H. R.: Puppenspiel in Deutschland, Darmstadt 1957, S. 7

–, Liebenswerte Puppenwelt, Hamburg 1962

Rommel, O.: Die Alt-Wiener Volkskomödie, Wien 1952, S. 162 ff.

Rudin, B.: Puppenspiel als Metier. Nachrichten und Kommentare aus dem 17. und 18. Jahrhundert, in: Kölner Geschichtsjournal, 1, 1976, S. 2–11

Schmidt, G.: Ein Mann verläßt seine Puppen, in: Kölner Stadt-Anzeiger, Nr. 91 v. 18. April 1980

–, Alte Puppen sprechen mit neuer Stimme in: Kölner Stadt-Anzeiger, Nr. 147 v. 25. Juni 1980

–, Die Puppen sollen ganz anders tanzen, in: Kölner Stadt-Anzeiger, Nr. 269 v. 17./18. Nov. 1979

Schmidt, L.: Dämonische Lustigmachergestalten im deutschen Puppenspiel des Mittelalters und der frühen Neuzeit, in: Ztschr. f. Volkskunde, 56, 1960, S. 226–235

–, Das deutsche Volksschauspiel. Ein Handbuch, Berlin 1962, S. 46

Schwering, M.-L.: Fastnachtliche Bild – und Literaturtradition in Köln, in: Masken und Narren. Traditionen der Fastnacht, Ausstellungskatalog, Köln 1972, S. 13–47

–, Geckenberndchen oder „morio vulgo", in: Museen in Köln, Bulletin, 1964/2, S. 255 f.

–, Eine „Hänneschenkrippe" aus dem Kölner Raum, in: Die Weihnachtskrippe, 35, 1968, S. 98 ff.

–, Das Kölner Hänneschentheater, in: Volkskunst aus Deutschland, Österreich und der Schweiz. Katalog einer Ausstellung des Kunstgewerbemuseums in Köln, 1968, S. 47 f.

–, Das Kölner Hänneschen, Geschichte und Deutung, in: Kölner Geschichtsjournal, 1, 1976, S. 76 ff.

–, Krippenkunst in Köln, Köln 1980

Schrörs, H.: Religiöse Bräuche in der alten Erzdiözese Köln. Ihre Ausartung und Bekämpfung im 17. und 18. Jahrhundert, in: Annalen d. Hist. Vereins f. d. Ndrh., 82, 1907, S. 149 ff.

Siebel, F. W.: Die Hexenverfolgung in Köln, Diss. (MS), Bonn 1959

Thissen, O.: Heimatpflege im Kölner-Männer-Gesang-Verein Cäcilia Wolkenburg, in: Hundert Jahre deutscher Männergesang, Köln (1942), S. 173 ff.

Vogts, H.: Die Kölner Altstadtgesundung als Aufgabe der Denkmalpflege, in: Rheinische Denkmalpflege, 10 (1938), S. 438 ff.

Werner, J.: Um unser Hännesgen-Theater, in: Unser Köln, 3, 1959, S. 5 ff.

Wedderkopp, H. von: Das Buch von Köln, Düsseldorf, Bonn (was nicht im Baedeker steht), Bd. V, München 1928, S. 130

Weyden, E.: Köln am Rhein vor hundertfünfzig Jahren, hrsg. v. M.-L. Schwering, Köln 1960

Wortelmann, F.: Vom flämischen Puppentheater, in: De Vlag, 1942, S. 13 ff.

Wrede, A.: Neuer Kölnischer Sprachschatz (3 Bde.), Köln 1956–1958, Bd. 2, S. 93, Sp. 2

Zoder, R. (Hrsg.): Das Traismaurer Krippenspiel, Wien 1920

Bildnachweis

Die Vorlagen zu den Illustrationen stellten freundlicherweise zur Verfügung: Historisches Archiv, Köln, Seite 83, 87, 88, 108, 109, 110; Kölnisches Stadtmuseum, Köln, Seite 22, 29, 30, 36, 39b, 54, 55, 59, 63a, 64, 65a, 66a, 69, 72, 73a, 73b, 119, 125, 126, 127b, 128, 132, 139; Puppenspiele der Stadt Köln, Seite 17a, 35, 37, 40a, 45, 47, 49, 52b, 57, 143, 149, 151, 153, 155, 157b, 158, 159, 160; Rheinisches Bildarchiv, Köln, Seite 24, 26, 27, 38b, 73c, 75, 82, 105a, 137, 140; Römisch-Germanisches Museum, Köln, Seite 46, 48, 50, 51; Theatermuseum Köln-Wahn (Schloß), Sammlung Carl Niessen, Seite 13, 14, 15, 16b, 17b, 17c, 18, 23, 32, 33, 34, 38a, 39a, 40b, 41, 44, 52a, 53, 56, 63b, 65b, 67, 68, 70, 101, 102, 103, 104, 105, 106, 107, 117, 118, 123, 127a, 129, 130, 133, 134, 135b. – Aus Privatbesitz stammen die Vorlagen zu Seite 16a, 25, 43, 66, 71, 157a.